書

|管|理|经|典|

管理者
GOVERNOR
如何有效决策与高效执行

青　松◎编著

时事出版社

图书在版编目（CIP）数据

管理者如何有效决策与高效执行 / 青松编著. -- 北京：时事出版社，2016.7
ISBN 978-7-80232-885-3

Ⅰ. ①管… Ⅱ. ①青… Ⅲ. ①决策学②组织管理学 Ⅳ. ①C934②C936

中国版本图书馆 CIP 数据核字(2016)第 070396 号

出版发行：时事出版社
地　　址：北京市海淀区万寿寺甲 2 号
邮　　编：100081
发行热线：(010)88547590　88547591
读者服务部：(010)88547595
传　　真：(010)88547592
电子邮箱：shishichubanshe@sina.com
网　　址：www.shishishe.com
印　　刷：北京建泰印刷有限公司

开本：787×1092　1/16　印张：22　字数：347 千字
2016 年 7 月第 1 版　2016 年 7 月第 1 次印刷
定价：35.00 元

前 言

Prefaces

管理，是一门技术，更是一门学问。作为一名优秀的管理者，要想在管理工作中游刃有余、得心应手地开展工作，就必须要有高效的决策。高效的决策是管理工作中十分重要和关键的内容，毕竟决策是管理的基础和核心，是实现管理的关键途径。因此，管理就是决策，决策的正确恰当与否将直接关系着管理的成败，对一个企业和团队的生存和发展有着不容忽视的影响。

而且，决策是管理者的主要职责之一。在企业生存和发展的过程中，对市场做出充分估计并制定正确的决策，抓准时机，便可以让一个企业迅速占领市场地位，赢得先机。相反，如果企业管理者不懂得科学地决策，不能掌握决策的程序、方法，对信息做出预判，制定科学客观的方案，那么管理将成为一件十分棘手且徒劳无功的事。

何况，管理大师彼得·德鲁克曾说过一句名言“做对的事情甚于把事情做对”。怎样去做对的事情？首先就是要有正确的思维能力，能够科学准确地进行决策。实际上，在决策由传统的经验决策发展到现代的科学决策阶段之后，领导者的理性思维能力对决策质量有着重要影响。从影响的作用来看，决策的成功是管理工作最大的成功，决策的失败是管理工作最大的失败。

因此，决策是企业做任何事情的第一步，如何有效决策切中了管理的要害。作为一位优秀的管理者来说，先决定要做什么，然后才是怎么做的问题。当然，决策是企业最费神，也是最具风险性的核心管理工作。实际上，企业里出的许多问题，如果仔细追究，大多是源头决策的问题。

同时，一位优秀的管理者还能够清楚地认识到，执行是正确决策的生命线。对于管理工作来说，仅有科学的决策还是远远不够的。要想决策真正落地，发挥效力，就需要强有力的执行力作为支撑。

事实上，对于现代管理者来说，其能力的差距往往表现在执行力的高低上。执行是一切正确决策能否实施的关键所在。做出决策和制定政策，其实事情只是做了一半，另一半而且是更重要的一半则是要努力地贯彻实施，强化执行。只有这样，一切的决策、计划才能够转化为现实，为企业的生存发展提供支撑和动力。

总之，管理要依靠科学的决策，决策最终要在执行中得以落实和发展。而作为企业和团队的管理者，决策力和执行力是成败的关键，一个管理者的决策力和执行力决定了一个企业和团队的生存与发展。因此，怎样提升决策力与执行力是摆在每一位企业管理者面前的一项极其重要的任务。

而本书就是一本针对广大管理者有效决策和高效执行的实用指南。本书以朴实且极具趣味性的故事切入，针对管理者所需要的决策管理和高效执行工作中所需的知识进行阐述，对企业管理智慧进行深入的剖析、分解，具有独到的智慧，切实地点中企业管理的精要。而且，本书所阐述的决策方法简便有效，实用具体。翻开本书，管理者定能对有效决策和高效执行有一个科学全面的认识，从而提高自身的管理技能，使之成为一名优秀卓越的管理者，对组织和企业进行更科学、更高效的管理。

目 录
Contents

第一章 科学决策是管理工作的核心

第二章 决策要遵循科学的程序

第九章 高效执行的重中之重是要到位

第一章

科学决策是管理工作的核心

管理者的主要职责之一是决策。决策正确与否，对一个单位和组织的建设和发展起着至关重要的作用。现代管理者不能做唯上的决策、专断的决策、情绪的决策、经验的决策、低能的决策。不能因目标不切实际引起失误、过程不合程序引起失误、责任不明确引起失误、职能不转变引起失误、信息不公开引起失误。管理者提高决策水平非常重要。

管理也就是决策

诺贝尔奖得主赫伯特·西蒙曾对管理下过这样的定义：管理就是决策。决策对管理是十分重要的。如果把一个企业比作一个人，高层管理者就是大脑，要思考企业的方向和战略，确定公司经营的大政方针、发展方向和规划，掌握政策，制定公司规章制度以及进行重要的人事组织及其创新等。

企业高层的决策要具有战略性。从时空上看，高层领导者不仅要对当前的大事进行决策，而且要对企业乃至行业的长远发展做出决策。从涉及范围看，领导者的决策，大则涉及国家的发展和稳定，小则涉及一个地区、部门、单位的重大且广泛的问题。从影响作用看，决策成功是最大的成功，决策失误是最大的失误。而在企业中，对市场的充分估计制定正确的决策，抓准时机，可以让一个企业迅速占领市场地位。

管理大师彼得·德鲁克曾说过这样一句名言——“做对的事情甚于把事情做对”。怎样去做对的事情？你首先要有正确的思维能力。在决策由传统的经验决策发展到现代的科学决策阶段之后，领导者的理性思维能力对决策质量有着重要影响。

现代决策技术就是运用一系列科学理论、方法和手段，对决策对象进行定性、定量分析，这就是通常我们说的思维技能表现的三个方面，即：拟订计划、制定决策、解决问题。

管理人员应该明白一个常理：管理决策活动绝不是一件偶然地、孤立地为了解决某个问题而进行的活动。管理决策也不只是限于从几个可供选择的方案中选定一个最优方案的简单行动，更不能误认为只有选定最佳方案才是管理决策。管理决策是一个复杂的全过程，并且贯穿于管理活动的各个阶段、每个环节，哪怕只是细微环节。

古人讲:“凡事预则立，不预则废。”管理工作的第一步就是拟订计划。只有预先做好了安排，有了准备，有了计划，才能把事情办好。明确了奋斗目标，有了具体的工作、活动程序，也就有了监督检查的依据，这样可以增强自觉性，减少盲目性，从而也就可以合理地安排人力、物力、财力、时间，使工作、活动有条不紊地进行，否则是办不好事情的。因此制订出切实可行的计划，是建立正常的工作秩序，提高工作效率必不可少的程序和措施，从而推动工作顺利进行。

在我们决策之前先要弄清楚问题的性质。作为管理者，制定决策和领导执行是我们的职责。决策的重要前提就是分析问题。不去追究问题的根源，不仅影响到问题的决策，而且还将耗费大量的时间和金钱。

没有不存在问题的组织，同样也没有不需要做出决策的管理者。发现问题，分析问题，做出决策，解决问题，是一个固定的流程。然而，如何高效而正确地完成流程的每一个环节，却并不是容易做到的事情。实践证明，科学分析问题与正确决策的能力，能够帮助管理者全方位提高日常管理效率。计划和执行的过程中有许多变量，这就要求我们慎重地进行决策。错误决策的后果是导致失败，正确的决策则是奠定成功的基础。

★★★★★★★★★★★★★★★★★★★★★★★★★★★★

管理一点通

管理就是决策，这一定义切中了管理的要害。因为决策是企业做任何事情的第一步，即先要决定做什么，然后才是怎么做的问题。决策是企业最费神，同时也是最具风险性的核心管理工作。实际上，企业里出现的许多问题，如果仔细追究，大多是源头决策的问题。

掌握有效的决策方式

企业决策要在良性循环的轨道上发展，给企业创造利润奠定坚实基础。因此，在做决定前请多考虑。但多数人做决定时是出于一时的意气，到头来需要花很多时间为这些决定产生的后果伤脑筋。

做决定最好的方法是在你下决心之前多做考虑。换句话说，先做好你所能做的每一件事，以保证能做出正确的决定，一旦有了决定，并安排好执行的日程表后，就不要再为其后果伤脑筋。

在做决定以前，请先回答下列五个问题：

（1）这种决定必须由你来做吗？需要先了解你的职权范围与限制，才能分辨哪些事情是由你单独做决定的，哪些是可委托员工的。

（2）你必须决定什么？换句话来说，这是不是值得你注意的问题？

（3）你必须在何时决定？在你的决定中时间是一个很重要的因素吗？需要立即做决定呢，还是可拖延而不会增加不良的后果？

（4）还有其他你必须要知道的吗？你是否掌握了做正确决定所必需的所有事实资料？或者可以从其他地方找到更多的情报？

（5）你将如何做决定？把所有收集得到的事实与后果资料在心里建立一个损益表，仔细地衡量每一种方案的优劣利弊，从许多可行的解决方案中挑选一种最合适的办法。若你已决定了行动方式，那么剩下的就是采取行动。

以上决策方式只是给管理者一个大概的规格，我们不能说一定要怎样做决策才正确，擅做决策的领导的确拥有一个共同点。他们能掌握信息，勇于授权，凡事都从大处着眼，勇于做出决定。这样的决策方式才能有效。

1. 掌握有利信息

市场信息是成功的平台，也是失败的陷阱。作为一名管理者，如果不能及时或提前捕捉到有利于自己做出经营决策的信息，就会被赶出这个无情的竞争场所。只有将获得的信息最有效地利用，才能将信息转化为有用的资本。

被称为香港“假发之父”的华裔富商刘文汉，就是在餐桌上凭一句话的信息而发家的。

1955 年的一天，刘文汉在美国克利兰市的一家餐馆里和两个美国商人共进午餐。席间，他们谈到如何开创一门新行业，使之在美国得以畅销，其中一个美国商人说了两个字“假发”。刘文汉反问了一句:“假发?”那人点点头说:“假发。”真是言者无意，听者有心。当时，连假发是什么都不知道的刘文汉凭着他敏锐的感觉和聪明的头脑，认为假发业一定会给他带来财富。于是，他千方百计地找到了当时在香港独一无二的假发制造师。经过假发师的帮助，刘文汉生产出了品质优良的假发。刘文汉的假发制造业为他开创了史无前例的黄金时代，香港也差不多在一夜之间成了世界假发制造业之都——香港的假发热，真像当年美国的“淘金热”一般啊!

信息对预测和决策是如此的重要，但预测和决策对所需的信息也有其要求，并不是随便什么信息都可以满足需要。信息有时候出于种种原因，使我们没来得及掌握全面的情况，不得不凭直觉做出各种决策。在这种情况下做出的决策极可能是错误的。

麦考梅克曾预测南美将掀起高尔夫球热，他的公司曾成功地在美国、欧洲、澳大利亚及日本主办过高尔夫球赛，取得了很好的经济效益，因此他们决定在秘鲁、委内瑞拉和巴西也搞一系列类似的活动。他们估算了一下：设置 5 万美元奖金吸引运动员参加比赛，再花 5 万美元用于比赛所需的各项费用。他们主办这次比赛大约将有 12.5 万美元的收入，公司可以从中获利 2.5 万美元。这不能不说是一个好策略。

但麦考梅克忽略了一个极为重要的事实。20 世纪 60 年代初，南美的经济发展不像世界上其他地方那样稳定，那里有着不可思议的高通货膨胀率。前一天赚得的利润也许会在第二天便化为乌有。后来公司非但没有嫌得 2.5 万美元，还白白赔了 4 万美元。

在高尔夫球方面，麦考梅克是专家，可他们并不是研究通货膨胀的专家。由于掌握的信息资料不全面，这一次就吃了大亏。

2. 善于决策，善于授权

管理就是决策。领导的决策合理、及时、有艺术，群众拥护，心情舒畅，就会政令畅通。领导的决策艺术主要表现在“谋”和“断”两个方面，多谋善断是领导决策艺术的基本素养，但决策的艺术性最终还是体现在“断”的艺术上，“断”就是拍板，有两种类型：一是关键时刻当机立断。这种决策是领导政治业务素质、能力、魄力在关键时刻的集中体现；二是容缓时刻深思熟虑。如制订规章制度，出台改革举措，要深入调查研究，广泛听取意见，分析得失利弊，切忌主观臆断，闭门造车，操之过急。

好的领导集中精力，抓主要矛盾，解决主要问题，他不可能事无巨细，项项亲自拍板决策。因此领导要懂得授权，他要授权给有关的人，使大家都承担一定的责任，并产生一定的动力，积极带领更多的人努力工作。领导者自己实际上用有限的力量做了很多重大的事情。

3. 细处着手，大处着眼

一般情况下，领导掌握的信息度比较高，因此在做决策或事情时，要从大局着眼，但真正切实地去做工作，还需要从一点一滴做起，马虎不得，从小处入手。只有这样，才能符合在大的计划下，一步一步完成每个小环节的工作，继而实现整体的工作。

从大处着眼，从小处着手，突破性地做好工作是管理者研究和解决各种问题，妥善处理各种问题的一个重要工作方法。

善于从大处着眼，认真研究和解决事关全局的重大问题。从大处着眼，强调的是管理者要有战略思维，深入研究具有全局性、战略性、前瞻性的重大问题，对事关全局的重大实际问题进行战略思考，突出党的工作大局和工作重点。

从大处着眼，特别要注意两个方面的把握：

（1）善于从全局上谋事。“不谋全局者，不足谋一域。”实践表明，有些事从局部看可行，从全局看不可行；有些事从局部看不可行，从全局看可行。这就要求管理者必须视野开阔，胸怀全局，科学地判断形势，正确地把握时代特征和本质，着重研究和解决事关全局的重大问题，不断提高驾驭全局的能力。

（2）善于从长远上谋事。“不谋万世者，不足以谋一时。”“议事要议大局，要把眼界放开阔些”。管理者要有长远的、超前的、发展的眼光，谋事既要立足当前，更要着眼长远，善于发现、研究和解决影响全局发展的一些前瞻性的重大问题。

管理者还要善于从小处着手，认真研究和解决具体实际问题。从小处着手，强调的是具体才能深入。管理者要善于从战术入手，从局部入手，从当前入手，研究和解决具体实际问题。一句话，就是要解决抓落实的问题。从细处着手，必须注意把握三点：

（1）明确任务。这实际上是重点解决“做什么”的问题。管理者要正确把握“上情”和“下情”，千方百计地找准结合点。结合点找得越准，工作任务越明确，工作就越有针对性和可操作性。

（2）强化责任。这实际上是重点解决“谁去做”的问题。要明确责任，责任要具体落实到单位和个人。防止出现相互推诿，相互扯皮，谁也不负责任的现象。

（3）严格督查。这实际上是重点解决做与不做或做好与没有做好“怎么办”的问题。加强对工作运行的全程监控是落实的重要保证。

有句俗语说：“眼光要看到整个森林，不要盯在一棵棵小树上。”也就是说，看问题时，往往先从长远处着眼，切莫被眼前的小利迷惑，而忽视更为重要的东西，这是得不偿失的。企业管理，战略上要从大处着手，战术上要从细节上下工夫，是一个先大后小的过程。所以，决策要思维开阔，目光保持居高临下，才能做到胸有成竹，在部署战术时才能做到有的放矢。

管理一点通

学会决策就是要学会“分蛋糕”。由于每一个人都站在自己的利益角度，所以每一个人都想尽可能多地分到蛋糕。有人说，把蛋糕做大就能分到更多，但是，有时候蛋糕怎么分才能让最多的人满意，最大程度地激发员工的积极性，让大家心甘情愿地去做更大的蛋糕，心里向往着更大的蛋糕，才是最困难的，这才是做好决策的真正用处。

学会各种决策方法

没有任何简单的公式使人不费力气地做出正确的决策，提高决策的熟练程度只有一条路可走，那就是学会各种决策方法。

正确的决策方法，都是为某一特定问题制订的具体方法。在各种可行的方法中，适合大多数企业状况的有下列几种：

1. 从不同的角度看待问题

一个企业主管，在着手处理某一问题时，通常会想到自己的经历。若他当过售货员，他往往会以一个售货员的观点来看待这个问题。

解决企业问题的一个成功方法就是戴上所有头衔。从四面八方不同的角度来观察问题的方法，是哈佛大学商学院以实例为媒介的教学方法。

2. 寻找解决方法

许多人犯有这样的错误：将解决企业问题的答案，简化为“行”与“不行”。他们应做的是：通过寻找一切可能的解决方法来选择。解决一个企业中存在的问题的最好方法，是经过大脑反复思考删改后精选出来的，极少有简单的现成答案。

3. 认真分析加以调整

可以用逆时针顺序来研究一个解决方法，以代替那种顺时针顺序的研究。解决问题的另一有趣的方式，是将问题的组成部分进行图解，在空间上给以调整。

也可以画出一个表格或坐标，纵向列出公司的目标，再横向列出可供选择的方案。这就可以预先检查供选用的每一方案：公司的目标可完成多少？能完成到什么程度？

4. 衡量比较确定方案

有创造性的人都有这种经验：深陷于对一个问题的争论与解决，使人的头脑发涨，使结论产生混乱。

一个人着手研究一个问题的具体解决方案时，往往不会考虑其他可能的方案及其优越性。对寻求解决企业问题的可行方案来说，不受约束地衡量比较与发表意见，是一种很好的途径。

有效的管理者，做的是有效的决策。对于一位领导者而言，要想做出一流的业绩，取得非凡的成就，无疑需要具备多方面的能力，决策方法则是重中之重。

古语云："天下之事，谋之贵众，断之贵独，虑之贵详，行之贵力。"说的就是决策力与决策方法相辅相成，缺一不可。在讲求实力与能力的今天，每个领导所做的决断，都将关系公司的命运。当一名管理者在面临必须做出决策的时候，首要步骤是先深思熟虑，再做出最切实与明智的决断。要想达到这种境界，只能依靠平时不断的练习与培养，此外别无他法。

★★★★★★★★★★★★★★★★★★★★★★★★★★★★

管理一点通

成功的管理者并非从来不犯决策不当、领导不力的错误，而是使两者出现的几率无限趋于零。这需要把决策视为科学、视为艺术，把领导行为视为“执行力”行为，既掌握决策的基本原理，更要在自己的领导工作实践中，细细体会，熟练运用，将其转化为技能，不断提高自己的决策力，并把两者做最大化的发挥。

适当授权给下属去做

领导虽然是决策的牵头人和拍板者，但也并不是每件事都需要亲自披挂上阵，弄清问题的大部分工作，都可以适当授权给下属去做。

美国管理专家霍根说：无论在哪里，无论在什么时候，无论什么样的行业，60%—75%的员工会认为，最大的压力和最糟糕的感受是来自于他们的直接上司。霍根进一步指出：在美国不称职的管理者占到了 60%—75%；德国人在过去 10 年中，大概有一半的高级主管在管理上是失败的，对中国企业来说也是同样的。领导效能关乎组织的兴衰成败——正确决策、问题分析、创新思维与自我修炼是领导的基本功，也是企业繁荣兴盛的关键所在。

要想成为一名优秀的管理者，参透“一手软，一手硬；一手授权，一手控制”的授权之道，是非常重要的。

当一位忙碌的领导者告诉下属“你必须自己解决自己的问题”的时候，并不是在逃避责任，而是在授权和督促。高层管理者既没有时间也没有必要，更不一定有比属下更专业的技能来亲自引导部属从事解决问题的具体工作。

事实的真相是，直接插手解决问题的管理者，不仅得不到别人的表扬，而且还会受到人家的指责——他不懂管理自己的时间，设定优先顺序，或者不懂得适当授权。简言之，就是不懂管理。

凡事亲自动手的领导，不仅没有效率，而且还会被人讽刺挖苦。对领导来说，弄清问题毕竟不如解决问题重要。

领导者不需要为所有的问题提供所有的正确答案，他们所需要的，是提出疑问的能力和在别人束手无策时予以指导鼓励的能力。

作为领导，在决策时必须搞清哪些事情该由自己做，哪些事情该由下属去做，否则就无法把精力投入到真正事关企业成败的决策当中去。

合理授权给适当的人，领导者就可以集中精力处理更重要的事务。在有限的时间内，集中精力去做关键的20%，剩下的80%授权来做，这样省下了大部分的精力，只做最关键的事情，那么整体的效率就可以提高。

诸葛亮可谓是一代英杰，虽然为蜀汉“鞠躬尽瘁，死而后已”，但蜀汉却最先灭亡。其实，为帅者当运筹帷幄、决胜千里，然而他却日理万机，事事躬亲，乃至“自校簿书”，终因操劳过度而英年早逝，留给后人诸多感慨。这与他的不善授权不无关系。

“三个臭皮匠赛过诸葛亮”，相比之下，蜀汉之主刘备却深谙此道，将军中大事全权授予智谋韬略的诸葛亮，又对能征善战的五虎上将适当授权，将权力下放，自己一身轻松。

从企业组织结构看，诸葛亮就只能算是一个经理人，而刘备却是一个高明的领导者。所以，在企业管理中，一个卓越的领导者，首先要学会合理授权。

有人给领导做了这样一个等式，即领导 = 决策 + 授权。的确如此，在不断发展的经济信息时代，一个成功的企业领导，在管理中不需要事事亲为，而是通过适当的授权，减轻自己的工作量。让下属充分发挥积极性的同时，自己集中精力去做更重要的事，提高团队绩效，从而实现企业的目标。

在企业管理中，卓越的领导者需要做的是一个掌舵人，只有从权力中分身出来，把握企业发展的大方向，懂得运筹帷幄，才能决胜千里。

★ ★

管理一点通

授权并不是说什么都不管，而是让管理者从事务性、常规性的工作中解脱出来，有更多的时间与精力，关注、开拓新的领域，构思企业未来的发展战略。好的管理者自己的能力不一定要有多强，只要懂得信任、懂得授权、懂得珍惜，就能团结比自己更强的力量，从而提升自己的身价。一个管理者或许只能用30%或者更少的精力投入到一件事上，而授权给员工则意味着100%的精力投入。员工100%的精力，与你30%以下的精力相比，谁能做得更好可想而知。

决策要以目标为导向

做任何事，都必须有一个清晰、明确的目标。如果没有一个目标，我们就会像无头苍蝇一样，瞎碰乱撞。决策也是一样，没有目标的决策，就如同“瞎猫逮着死耗子”。

决策首先就是目标要明确，决策目标明确了，选择就会有依据，行动就会有针对性。决策目标不明确，选择就会发生偏移，甚至会出现南辕北辙的惨痛后果。

在第二次世界大战中，就曾发生过因目的不明而一时不知如何决策的例子。

美国作为盟军的大后方和军火生产基地，为了把武器尽量多、尽可能快地运往西欧前线，就连商船也加入了运载军火的行列。为了使这些商船免受德军飞机的封锁和攻击，美国海军指挥部决定在商船上安装高射炮。但是，过了一段时间发现，这些高射炮竟然没有击毁一架敌机。于是，海军指挥部有人提出没有必要在商船上安装高射炮的问题。

针对这一问题，盟军海军运筹小组研究后发现，把在商船上安装高射炮这一决策的目的定为击毁敌机是不妥当的。这一决策的正确目标，应是尽量减少被击沉的商船数，从而保证军火供给。虽然安装在商船上的高射炮没有击毁一架敌机，但实践证明，它在减少商船损失、保证军火供给上却是卓有成效的。因此，美国海军指挥部最终否决了“不在商船上继续安装高射炮”的错误意见，而实施了在商船上继续安装高射炮的正确决策，从而保证了盟军的军火运输。

试想，如果盟军海军运筹小组不进行深入研究，而在错误的决策目标指引下采用“不在商船上继续安装高射炮”的决策，那么盟军的军火供给线肯定会遭到德军的严重破坏。

企业决策也一样。如果你是一位企业的领导人，做决策时没有一个明确的目标，结果你会发现你的决策效果就像放空炮，弄得你贻笑大方；又或者你做决策时虽然有一个目标，但结果却跟真正要解决的问题毫无关系——这种目标跟没有目标一样，甚至比没有目标还差！

确定目标是进行决策的前提，这是科学决策的重要一步。这就要求决策目标应当有确定的内涵，切忌笼统，使执行者能够准确地领会其含义。

★ ★

管理一点通

没有目标就没有决策。不存在没有目标的管理决策。实践证明，要选好目标，不是一件很容易的事。一般说来，要通过调查研究，掌握大量的资料，然后根据决策的问题，经过周密、系统、全面的分析和归纳，找出他们之间的内在联系，分清问题的主次，才能确定目标。在确定目标的过程中，要注意以下几点：

首先，要从客观情况出发。在研究过程中，寻根究底，对影响目标的各种因素，要做纵向与横向分析以及交互影响的矩阵分析。

其次，通过分析，进一步明确管理目标的合理性和实现管理目标的可能性，为科学决策提供依据。不论是单目标决策还是多目标决策，每个目标只能有一种解析。决策目标必须具体明确。

最后，决策目标要有明确的约束条件以及全面统筹。确定目标要有全局观念，应以大局为重，不能片面强调内部经济效益，忽视甚至忽略对社会的外部环境影响。

决策要去除教条主义

一个企业在科技日益更新的环境下，仍然改善意识不强，思想过于保守，坚持墨守成规，那么它势必会被时代所淘汰。而对于一个人来讲，一味的不思改变和创新，亦步亦趋，那么他永远不可能有所超越，一辈子也不会成功。

有个想买鞋子的郑国人，他先量好自己脚的尺码，然后把它放在自己的座位上。准备去集市时，忘了拿量好的尺码。他在集市上选好鞋子后才想起自己忘了携带尺码，他说："我忘记带量好的尺码了。"

于是他返回取尺码。等到他返回集市的时候，集市已经散了，最后也没买到鞋。有人问："你为什么不用自己的脚试一试呢？"他说："我宁可相信量好的尺码，也不相信自己的脚。"

"郑人买履"的故事讽刺了那种因循守旧、固执己见、不知变通，不懂得根据客观实际采取灵活对策的人。

美国一位著名的管理学者这样批评这种保守的决策作风："已经掌握了95%的资料，还要花上6个月去调查另外5%的资料，等他们收集到这些资料时，大部分都已经过时了。"

在企业决策中也有教条主义，它的危害性之大，足以使一个企业陷入困境，无法自拔。因此，在决策中我们也要反对教条主义。

教条的毛病所在就是死脑筋，看不见变化。管理者如果用“死脑筋”去做决策，等于自杀。不管做出怎样的决策，都应当是企业领导“拿手”的决策，即是企业领导比较擅长的决策，不是那种连自己都不熟悉的决策思路。

决策工作无疑是一位老板所遇到最困难而又最常见的事情。因为决定一项抉择只有在已经掌握了许多事实的情况下，做了许多判断之后，才能保证有绝对成功的把握，掌握全部资料也就成了很多决策者孜孜以求的理想。传统的决策理论也谆谆告诫老板和经理们，当他们面临重大决策，面对一大堆复杂的资料时，应当认真将这些数据资料不厌其烦地记录下来，把所有有关的因素加以衡量，然后才能从许多种完成工作或达成目标的方法中做出正确的抉择。这种过分依赖数据、资料的作风过去被誉为最稳妥的决策作风，但在现代来看，它却往往使企业陷入被动。

作为企业的决策者，往往是大权在握，负责的都是全局性、高层次的工作。与基层人员接触的机会就少了，亲自进行调查的事情更屈指可数。这样，就让自己不知不觉地与现实情况隔绝，这对企业经营决策是很危险的，长此以往，必将承受失败的恶果。在市场竞争日趋激烈的今天，市场行情可谓风云莫测，瞬息万变；企业的决策者之间的对抗就是争夺战机的对抗。由于市场不确定性和风险存在的必然性，任何一名决策者都不可能100%地预料到对抗的准确结果。企业克敌制胜是建立在一定概率基础之上的。敢于冒险，才可以赢得时间，想在先、计在先、算在先，根据系统状态和系统目标的不同而选择实现目标最简捷的手段和方法。商家忌“纸上谈兵”，就是反对死守成规、不懂灵活选择获胜的方法和手段，说穿了，不可将目的、手段相颠倒。以手段为目的，只会生搬硬套书本上的理论和教条，实属商家大忌。

有一则寓言，说的是有个楚国人坐船渡河时，不慎把剑掉入江中，他在船上刻下记号，说:“这就是我的剑掉下去的地方。”当船停下时，他才沿着记号跳入河中找剑，遍寻不获。该寓言告诉人们世界上的事物，总是在不断地发展变化，人们想问题、办事情，都应当考虑到这种变化，适合于这种变化的需要。后引申成墨守成规不懂变通之意。

管理者做决策时，千万不要犯墨守成规的错误。不要以为你以前成功过现在还会成功，照搬照抄成功的前例最终只能使决策走向死胡同。管理者决策时一定要突破旧的思维定式，确保新的决策富于生命力。

★★★★★★★★★★★★★★★★★★★★★★★★★★★★

管理一点通

有的管理者在制定决策时，总爱用老办法、老经验来处理新问题、应对新局面。过去的经验不一定就适合当前已经变化了的情况。如果你仍用以前的框框来指导现在的决策，期望从中找到共同和可借鉴之处，那只会使你失去更多认识新事物、把握其特殊性的机会。决策缺少新意，将难以应对新的形势和局面。

决策绝不能照搬别人的经验

无论是企业还是个人，都一定要选择最符合自己的路，绝不能照搬别人的经验。决策也是一样，一定要有自己的个性，因为只有个性化的决策才能使企业创造出自己的“拳头产品”，创造出自己的“品牌战略”。

下面让我们来欣赏一下“吉列决策”的个性魅力：

“掌握全世界男人的胡子”的吉列保安剃刀公司，在美国市场占有率高达90%，投资回报率也达40%，居美国大企业之首。1968年，吉列剃刀片创下了销售1110亿枚“天文数字”的历史记录。据统计，全世界有10亿人使用吉列产品，销售吉列产品的商店，有1000万家以上。吉列公司之所以能创下如此业绩，主要就在于公司的创始人金·吉列的英明决策：开发出人们正迫切需要的产品。

金·吉列曾是一家小公司的推销员。这家公司的老板在和吉列聊天时说，如果能开发出一种“用完即扔”的产品，顾客就会不断地购买，这样就可以发财致富了。这句话使吉列大受启发。于是，他就循着这样的思路进行市场调查。

一天早上，当吉列刮胡子的时候，由于刀磨得不好，不仅刮起来费劲，而且还在脸上划了几道口子。沮丧的吉列眼盯着剃刀，突然产生了创造新型剃须刀的灵感。于是他对周围的男性进行调查，发现他们都希望能有一种新型的剃须刀，基本要求包括安全保险、使用方便、刀片随时可换。

于是吉列便开始了他的剃须刀开发行动。由于没能冲破传统习惯的束缚，新发明的基本构造总是摆脱不掉老式长把剃须刀的局限，尽管他一次又一次地改进设计，其结果却总不能令他人满意。几年过去了，吉列仍是空怀雄心，希望渺茫。一天，他望着一片刚收割完的田地，看到一个农民正轻松自如地挥动着耙子修整田地。一个崭新的思路出现了：新剃须刀的基本构造应该同这耙子一样，简单、方便、运用自如。苦苦钻研了 8 年的吉列终于成功了。

吉列决定自己来成批生产新式剃刀。1903 年，他创建了吉列保安剃须刀公司，开始批量生产新发明的剃须刀片和刀架。不难想象，为乱糟糟的胡子所困扰的人们对这种新剃刀是多么的欢迎。吉列保安剃须刀很快就占领了整个美国市场，并且迅速向全世界扩展。

吉列公司并未就此止步，因为在世界经营剃须刀片的企业日益增多，竞争日益激烈的情况下，为了保持自己的优势地位，就必须坚持产品创新的决策。于是吉列公司于 1959 年推出了新产品——超级蓝色刀片，称为蓝色吉列，深受消费者的欢迎，连续创造了吉列公司历史上的新纪录。

但是，面对世界各国同行业的激烈竞争，吉列想一统天下却非易事。意大利不锈钢刀片研制成功并投放市场，给了吉列公司一个沉重的打击，使他们措手不及。吉列公司在意大利的市场一下子被不锈钢刀片抢走了 80%以上。

随后不锈钢刀片迅速进入美国。吉列公司因拿不出和不锈钢刀片相抗衡的新产品而节节败退。面对严峻的竞争，吉列公司并未因此而惊慌失措，而是凭借自己雄厚的实力，继续坚持新产品开发决策，迅速组织技术力量，投入大量资金全力开发研制不锈钢刀片。1963 年 9 月，吉列公司把自己的新产品——吉列不锈钢刀片投放市场，和意大利刀片抗衡。两年后，吉列公司又推出第二代超级吉列不锈钢刀片，并且以新产品为依托，采取大规模广告宣传和降低价格策略，不久就把意大利刀片赶出了美国市场。

随着社会经济的发展和科学技术的进步，1960 年以后，电动剃须刀问世，形成了对吉列剃须刀的新威胁。吉列公司采取的对策仍是开发研制新产品，他们研制的“双排刃保安剃须刀”在安全耐用、干净和价格等方面，具有电动剃须刀不可比拟的优越性，足以和电动剃须刀相抗衡。由此可见，新产品开发决策是吉列公司在市场上立于不败之地的有力保障。

可以看到“吉列决策”的个性特征是：一般剃刀→吉列保安剃须刀→超级变色吉列→吉列不锈钢刀片→吉列双排刀→保安剃须刀。在这期间，吉列开始没有重复一般剃须刀的生产决策，而是寻找自己的决策方向获得了成功。成功之后，吉列仍然没有重复意大利不锈钢刀片的生产决策，而是继续制定自己开发新产品的决策，终于使自己立住了脚。

对于一个企业来说，要想持续存在和兴旺发达，就必须适应变化而实行自我变革，不能照抄照搬别人的决策；对企业领导者来说，更应该具备一种应变能力，以便及时做出创新的决策。只有开发出新产品，才可能使企业的竞争能力直线上升，才可能重新占据甚至扩大市场。

管理者如何走出自己的决策之路，是需要胆量和智慧的。从理论上讲，自我决策的目的往往是和最大利益挂钩的，是决策者苦思经营的结果，要比从别人那里拿来的决策更专心致志。怎样才能获得带有个性化的决策呢？通常的方法有：

1. 充分掌握情况

决策不是空想出来的，是在原有情况基础上加工出来的。对任何解决方法进行实验，重复检查所有的计算，用不同的组合调整与计算数据，最终会找到一个可行的决策方案。这毕竟是整个过程的目的。

2. 思考紧迫的问题

许多企业家在对待伤脑筋的问题时，不是采用给大脑施加压力的方法去求得解决，而是将问题的信息输入大脑，然后去做别的事情。大脑即对这个问题进行潜意识的活动。有时一夜过后便提出一个可靠的答案来。越是经过大脑反复思索的决策，越有个性和价值。

3. 多方面征求意见

要创造自己的决策，并不意味着不听取别人的观点，相反恰好是从别人的意见中正确地得出自己的决策方案。这是一个再创新的过程。当人们面临一个棘手的问题时，会十分明智地向有经验者求教，极少考虑去询问一个没有经验的人。上述两种人的见解都应听取。因为他们能从两方面给你的决策提供评判和参照。

4. 不吝啬地抛弃枝节问题

有些企业家挖掘不到问题的核心，是因为他们被过多的细节所干扰。他们应删掉易于引起误解的细节。这样才能抓住主要问题，才能找到自己决策的切入点。

5. 独立的思维系统

决策是思维的产物。要想获得个性化的决策，必须通过各种思维方式，如逆向思维进行加工、整理，多问几个“为什么”？如果企业主管丢开独立的思维系统，决策的重复率则是很高的。

6. 独特的操作方法

要想比较准确地形成自己的个性化决策，必须依靠自己擅长的操作方法，如数据分析、模型演示等。只有经过自己操作的决策，才最具有杀伤力。

7. 对解决问题要有热情

做出决策，是要全身心投入的。作为学习的附属条件，热心比天赋更重要。在一切导致人们成功的决策中，热心起的作用是不容忽视的。这一点无须怀疑。

管理一点通

澳大利亚管理大师托马斯·曼说:“在自己的路上，找到决策的思想是一件最有意义的事。”但是在实际决策中，有些领导不敢越雷池一步，这是对自己没有决策能力的怀疑。如果一位决策者要让人尊敬，他的决策必须是独具一格的。也就是说，重复别人的决策，表面上看起来很稳当，不会有大的闪失，实际上这是最大的危险；掌握自己带有个性的决策，表面上看起来非常有危险，但是它却与最大利润联系在一起。

决策时不能优柔寡断

俗话说得好:“当断不断，必受其乱。”身为决策者的你，如果决策时优柔寡断，不但会失去下属对你的信任，而且会使企业所面临的严峻形势变得更为复杂、混乱!

果断决策说难并不难，说易也不易。不难是因为果断决策只是一种简单的选择：干还是不干？不易是因为果断决策不但需要魄力和勇气，更需要高超的技巧。

由于市场环境的不确定性、概然性，不仅给管理者带来了风险与竞争，同时也带来了希望与机遇。在激烈的市场竞争中，管理者假如不能发现机会，及时利用战机，就不可能进行正确的决策。

《兵经百篇·争》说:“战者，争也。兵争交，将争谋，将将争机。”大意是：战争就是争夺与对抗。在战争中，士兵们与敌人比交手本领，将领们与对手比谋略，然而，最高统帅则与对方争夺战机。这个道理与现代商战理论是不谋而合的。

机会的捕捉要迅速、果断。据统计，对于大多数塑料制品，从最初的设计构思到投产，日本需要 5 个月，美国需要 8 个月，新加坡需要 10 个月，而中国香港只需 3 个月。一条新生产线建成，在香港第二天就可以投产，一个星期内就已操作自如。正是凭借这种迅速、有力地捕捉有利战机的能力，香港的手表业、玩具业、电讯业等才得以在最短的时间内迅速抢占国际市场，产品才能紧跟国际潮流。

有的管理者虽然洞察到战机的出现，但行动迟缓，缩手缩脚，丧失了抢占市场的良机。有的却善于依据变化了的市场情况，迅速调整，改变生产工艺流程，做出相应的组织、人事调整，率先推出新产品或者服务，抢占市场，就可以获得成功。

如果在该行动的时候没有行动的勇气，那你所具备的上述各种能力都变得毫无用处了，甚至再聪明、再能干的人也会变得裹足不前。

如果你去做你害怕做的事情，你就会得到做这件事情的能力。如果你不去做你害怕做的事情，你就绝对得不到做这件事情的能力。这种道理是显而易见的。例如，假如你想成为一名画家，你必须得专心画画。没有别的方法能使你成为一名画家。你可以整天梦想你当了画家之后会有多么的荣耀和光彩，但是你如果不实际拿起画笔开始画画，就不可能得到画画的能力。

如果你想成为一名作家，那你就必须写作，如果你想成为一名优秀的游泳运动员，那你就必须游泳，依此类推，做什么事情都是同一个道理，例如：打高尔夫球、打棒球、滑冰、做生意、搞科学研究、做医生、从事音乐活动、进行管理等。不管做什么，你都必须有实际行动，如果你自己不行动，那就绝对不可能得到做事的能力。

如果在你的生活中，碰巧遇到了什么你想做而不敢做的事情，那你就强迫你自己去做，直到你不再怕了为止。下决心做一件事并使之实施，这种观念可以改善你的人生道路，其重要性要超过获得驾驭别人的能力。当你不再害怕去做从前不敢做的事情时，你就完全可以控制那种恐惧了。那才是真正意义上的勇气：控制恐惧。勇敢所指的并不是所认为的那样不把恐惧放在心上，勇敢的实质是控制恐惧。

作为处在决策地位的管理者既应勇于决策，也应谨慎从事，切忌一哄而起，人云亦云。中国人有典型的“从众心理”，这对决策者来说应当保持警惕。因为决策应建立在科学论证的基础上，应当从市场需求、竞争者及自身实力状况等事实入手。一哄而起者由于不是建立在客观分析基础之上，其最终结果必然是一哄而散。

还记得当年发生在上海、深圳和海南的“股票热”和“房地产热”吗？当时各大证券公司营业柜台前均排起了购买股票的长龙，而有人竟不知股票能赚钱，也会赔钱。房地产市场整亿整亿的资金注入，投机商爆炒各种花园、别墅，房价则坐飞机似的攀升。今天是新纪录 7000 多元一平米，明天就直逼 8000 元大关……

其实细究起来，最终大发横财的只是那些投机商，他们低价买来以后，通过各种渠道，把地价抬高，然后高价售出。而大多数跟风者不知虚实，仍在你争我夺。一旦房地产市场陡落，这些人必然要落得个血本无归。1993 年起，中央紧缩银根，控制信贷规模和通货膨胀。房地产市场转入低潮，泡沫经济迅速崩溃。很多投资房地产的开发商叫苦不迭，损失惨重。

管理者在做决策时，必须洞悉自己的责任所在，始终保持虚怀若谷、小心谨慎的态度。在遇到应该下决断时，也不能逃避责任，应当尽自己所能，勇敢而适当地做一决断。企业的经营者位于企业的权力中心，要负责整个企业的计划、生产、经营、宣传、销售、服务诸方面的决策。在其位就要谋其政，既不能尸位素餐，也不能盲目决断。

正如一位优柔寡断的将军不可能成为一个优秀的将军一样，一个优柔寡断的企业领导也不可能成为一个优秀的决策者。对一个决策者来说，有时勇气、魄力甚至比他的能力还要重要！

决策者要有迅速做出判断和选择的胆量，具备敢于对事件的过程和后果全权负责的精神与能力，顾虑重重、畏缩不前，不仅会丧失良机，还可能产生更多的风险。

现代企业要求决策具有一定的效率，因为只有这样才能适应瞬息万变的市场竞争。决策时的犹豫不决、有意或无意的拖延常会降低决策的效率。在犹豫不决时，决策者首先要找出令人举棋不定的主要原因，对症下药，着手改进。

决策最忌讳的是犹豫不决，优柔寡断。一份分析 2500 名尝到败绩的男女的报告显示：在失败的 31 种原因中，迟疑不决高居榜首。而一份分析数百名百万富翁成功的报告显示，这其中每个人都有迅速下决心的习惯，即使改变初衷也会慢慢来。

知识与勇气是不朽的。你掌握了什么样的知识就会成为什么样的人。你如果有真智慧，则可以大获成功。孤陋寡闻者只有自顾一方的黑暗世界。体力与判断力好比双手与双眼。有识无胆者，其智慧是结不出果子的。

敏捷、坚毅、决断的力量，是一切力量中的力量。成功者之所以成功，取决于他的敏捷果敢和决断能力。

★ ★

管理一点通

大多数成功的人做决定都很快、很果断，那是因为他们清楚地明白自己的人生观以及人生所要追求的是什么；而且他们在做决定后不轻易更改。从另外一方面来看，通常失败的人做决定多半很慢，可是改变主意又快得很，可说是优柔寡断。所以，要想成功，一定得具备快刀斩乱麻的果断。

决策缺少不了自信

决策源于什么？有两点：一是来源于市场调查，二是来源于决策者的素质。自信，就是一个企业领导在做出决策时的基本品质，充分显示出他对自己拍板的决策是有信心的，同时能使下属产生一种为决策战斗到底的精神意志。

假如企业领导在做出决策时，犹犹豫豫、吞吞吐吐，那么他本身就不具备领导的品质，或者说至少缺乏做出这一个决策的能力。

美国著名管理大师卡尔斯·古里安根据自己长年的实战经验认为："决策不是一项很轻松的游戏活动；决策之所以令人三思而后行，因为它关系到一个企业集团的命运。当成败全取决于某项决策时，企业主管必须要有十足的自信心才能担当此任。因此，决策与企业主管的自信密切相关，甚至自信是企业主管拿定决策的精神支撑力。"

商家之间的竞争生死攸关，假如你胆怯，你可能就会失去做一名商家的资格；假如你能自信去挑战一番，可能就是大赢家！

有人说，商家天性胆大，其实这都是被逼出来的。管理者也是这样。在关键时刻，敢拿决策，并自信自己的决策能够有所作为，这是一种竞争的魄力。

有位经营学家早年经营一家生产手表表壳的小厂，在激烈的竞争环境中，他十分自信地认为，他的企业一定能够成功，决不会被大企业打败，他十分推崇"战胜，始于将帅相信必胜；战败，生于将帅自认失败"，认为一个经理如果没有勇敢的攻击精神和必胜的信念，他决不可能成为一个经理。他自己说，他就是依靠了必胜的信念和攻击精神才渡过了几次大的波折，终于转危为安。

显然，企业管理者的自信并不是盲目乱猜、乱想、乱干，而是立足于客观事实基础之上的精神品质，有人说，企业主管在做出决策时要有“狮子般的雄心”。简要地讲，这种“狮子般的雄心”表现为敢于尝试、能够坚定地努力、忍耐危险、执著于实践。

★★★★★★★★★★★★★★★★★★★★★★★★★★★★

管理一点通

自信是对自身价值的肯定，是对成功的内在把握。难怪我们一翻开众多成功人士的性格词典，必能找到它。那么自信对于优秀决策者又意味着什么呢?

首先，意味着不拖拉武断、敢于果断拍板。信息社会，市场机会稍纵即逝，同时任何决策包括最优决策都存在着某种程度的风险性。只有充满自信的决策者才能不怕风险，在最佳时机，果断拍板决策。否则，就会过分强调决策风险性，产生巨大的心理压力，进而在行为上表现得犹犹豫豫、拿不定主意或反反复复、朝令夕改，不仅易于遭受更大风险或被时代所淘汰，而且必然引起下属的反感和对领导权威的蔑视。

其次，自信还意味着不墨守成规，敢于革新创造。决策者面对不断变化的客观环境，只有不断适变、应变和勇于求变，才能抓住机遇、取得主动、开创工作新局面。而在科学预测基础上的不断创新作为决策者应变、求变的最优选择又会使决策者顺应时代要求的同时，做出高人一筹的最佳决策。

第二章 决策要遵循科学的程序

当今时代，科学决策具有客观必然性。传统经验决策已不能完全适应现代社会活动需要。现代决策，不仅需要领导者个人的经验和才能，更需要集中不同层次的专家团队的智慧；不仅需要领导者个人的直觉，更需要依靠科学方法、程序、论证。

决策离不开决策分析

缺少决策分析的决策是不可靠的，甚至是盲目的。企业领导在制定决策时，对于一些十分重要的决策必须依据精确的数字和统计表来加以分析，找出其内在的必然联系，去粗取精，去伪存真，使其充分为己所用。决策分析越彻底则决策越合理。

成功的管理者必然是一个决策分析的高手，并且善于从蛛丝马迹中找到决策的根据。

第二次世界大战期间，德、法两军对垒，双方都深知“擒贼先擒王”，企图通过摧毁对方的指挥中枢来取得战争主动权。于是准确无误地找到对方的指挥所成为这场战争的制胜点，不过这并不是一件容易的事情。一连数天都没有什么进展，担负侦察任务的德军官兵多少有点泄气。

这天，一名德军作战参谋像往常一样使用望远镜搜索法军阵地，希望能找到一点有价值的线索。突然，他兴奋地叫了一声，原来当望远镜掠过一片荒无人烟的坟地时，他看到了一只正卧在坟头懒洋洋晒太阳的波斯猫。作战参谋按捺住内心的狂喜，仍然不动声色地观察，直至波斯猫消失不见。接下来的三四天里，作战参谋都把那片坟地作为重点观察对象。他发现一个规律：每天上午8—9点波斯猫都会准时出现在坟地上晒太阳，然后消失。据此，参谋向上级建议：集中火力轰炸坟地。德军指挥部立即集中六个炮兵营的火力向坟地发动密集攻击。随着隆隆炮火，法军的旅指挥所被摧毁，指挥所内的人员全部丧生，他们至死也没有想明白到底是什么暴露了自己。

原来，作战参谋对“波斯猫事件”进行了严密分析：这只猫不可能是野猫，野猫不敢在白天出现，更不会出现在炮火连天的阵地上；坟地一带比较偏远，荒无人烟，这只猫不可能来自附近居民家庭，而在战时能够获准携带这么名贵宠物的决非一般中下级军官；波斯猫每天按时出现定点消失，可见它的栖息地一定在坟地附近。于是他得出结论：法军指挥部就隐藏在坟地下面。

德军参谋只获得了很少的信息，但由于他善于思考，见微知著，能够抓住关键点进行周密详尽的逻辑分析，从而掌握了克敌制胜的法宝，做出了明智的决策。

这个事例说明，正确的预见和决策是建立在充分彻底的逻辑分析基础上的。只有通过对现有信息进行深入透彻的分析才能发现背后的问题，并据此做出正确的预见。分析越彻底，则预见越全面，决策也就越合理。

决策分析的过程是我们把握事物发展规律的重要手段，无论是准确预测事态发展趋势，还是为自己做出科学合理的决策，只要我们掌握了以下的方法，就能做出有利于企业的正确决策。

1. 掌握好的方法是提高分析能力的基础

分析能力是一个人最重要的能力，一切思维都是从分析开始的。关于分析，毛泽东曾给出了一个十分经典的解释：分析就是找出矛盾的对立。用这一定义描述分析行为，实际上就是运用矛盾分析法来解决问题。这需要我们在生活中一分为二辩证地看待问题，在分析方法的运用中去学习和掌握。这是一个循环往复的过程，不能把它看作是简单的毫无意义的重复，而是要边干边学、在干中学，不断强化、不断提高。

2. 分析要做到全面系统

分析是一个由表及里、由浅入深的过程，要把全面分析和重点分析结合起来。弄清楚细节才能更好地把握整体，站在全局的高度才能更好地认识局部。在这个过程中，既不能一叶障目不见泰山，也不能眉毛胡子一把抓，不分轻重缓急。同时，也不要奢望一口吃成胖子，而是要反复思考，不断分析、不断深入，达到认识局部和了解整体的有机统一。

3. 分析要有深度

凡事不能只满足于知道是什么，还得明白为什么，这就要求我们遇事多思考，有一种打破砂锅问到底的劲头。分析要追根溯源，从事情的结构上做深入的探究。分析要纵向扩展，不但弄明白哪些因素导致了这件事，还要预测到由此将会带来什么后果。分析要有深度，不但看到表象，还要探讨深层次的本质和规律。

管理一点通

不能运用计算机技术进行优化计算的决策，远不等于靠拍脑袋获得灵感和直觉来做决策，而是要通过建立决策关联分析框架，借助关联分析方法来决策。科学的决策分析方法是保证决策质量的关键。

决策要弄清问题的症结所在

领导工作的一项重要职责就是科学分析出现的各种问题，做出正确的决策，带领部属有效解决问题。但导致问题的因素多种多样，各种问题之间的关系错综复杂、盘根错节，领导提高分析问题的科学性，就应该在分析问题的时候弄清问题症结所在。

一般管理者在分析与解决经营管理问题时，往往只能针对症状提出解决方案，而不是找出造成症状的病因加以治疗。症状可能暂时被消除，不过隔一段时间，却又会重复出现，如此“头痛医头，脚痛医脚”，无法对症下药，当然就无法有效地解决问题了。

有一家颇有规模的厨房用具制造商，十年来，企业始终把主要的管理精力放在降低生产成本上，结果成本的确降下来了，但是利润却没有提高。

通过对关键因素进行分析表明：真正的问题出在销出去的产品组合上。公司的销售人员只管大力推销那些最好销的产品。他们将重点放在最能吸引顾客的低价产品上。结果是，公司销售越来越多的微利产品，而其他竞争对手们根本不将工夫花在这种产品上面。随着生产成本的降低，产品的售价也降低了。销售量虽然增加了，但这种方式是增产不是增值，公司已越来越经受不起市场的波动了。

只有弄清问题主要出在产品的组合上，公司才有可能解决这一问题。这也就是说，只有当你提出“造成这种状况的关键问题是什么”这个问题时，才有可能把问题解决。

毛泽东在《矛盾论》中明确指出：“任何一个过程如果有多数矛盾存在的话，其中必定有一种是主要的，起着领导、决定的作用，其他则处于次要和服从的地位。因此，研究任何过程，如果是存在着两个以上矛盾的复杂过程的话，就要全力找出它的主要矛盾，抓住主要矛盾，一切问题就迎刃而解了。”

抓住了问题的主要矛盾，才是抓住了问题的关键所在，你的决策才是有价值的。反之，管理者不待把问题弄清楚就匆忙决策，自食苦果是必定无疑的。

兵家有所谓“知己知彼百战不殆”“有备无患”的说法，在决策方面也同样适用。要想做到在决策之前，把问题弄个水落石出，就应当从以下几条入手：

（1）立即调查企业绩效从何时开始发生偏差；

（2）排查各种因素，找出导致绩效下降的原因；

（3）外部环境因素是否发生了改变，及其对某项计划实施的影响；

（4）在此之前是否出台过什么政策措施，如果有，要逐一予以核实，进行执行情况反馈；

（5）与主要人员讨论重大决策预案，消除上述不利因素；

（6）进行可行性论证，并改善和落实此决策，随时考查企业绩效是否好转；

（7）召开会议，讨论和评估该决策的实施效果。

弄清问题的症结所在，才能拿出实实在在解决问题的办法，做到不留后患。美国著名管理学家彼特·凯金说：“糊里糊涂地决策，只能糊里糊涂地完蛋！”

正确的决策来源于对事实真相的准确把握。只有先让问题的关键“水落石出”，才能了解这个问题的具体结构，从而帮助你更快地找到解决问题的办法，做出正确决策。

管理一点通

决策中，人们把很多注意力都集中在解决问题上，主要精力都集中在找答案上。其实，这种做法是错误的。在管理决策上，最常见的毛病就是只强调寻找正确答案，而忽视了要寻找真正的问题所在。如果敌人在哪里都不知道，再精准的枪法也无用武之地。只强调解决问题的领导往往会感到压力，在压力之下，决策是会变形的。弄清问题是解决问题的前提，虽然会花费不少时间和精力，但对领导做出正确决策是必不可少的。

找到可靠依据分析问题

每个领导者都知道，决策是为了解决问题。但是，他们忽略了在解决问题之前，先弄清问题这个过程，结果往往是白忙一场。

有一台车老是动不动就熄火，于是车主将车子拖到了汽修厂。结果在支付了昂贵的修理费后，车子回到路上却仍然会熄火。为什么会这样呢？原因明摆着：车子熄火的主要原因是由于排放口被堵所引起，而汽修厂里修车师傅调整的却是化油器，这台车子当然会继续熄火了。

问题解决得之所以高明，是由于我们知晓所有可能造成某一特殊现象的原因，然后针对最常见的原因采取对策的结果。可见，发现问题并不比解决问题逊色，有时甚至比解决问题来得更重要。

解决问题是个人能力的综合，而发现问题更是个人水平的体现。无法创造性地使用知识，无法发现问题，那是毫无用处的，而且往往很容易让我们陷入问题所带来的困境。唯一让我们不陷入问题所带来的困境中的方法，就是主动寻找问题。成功需要人们寻找解决问题的方法，但成功更需要我们有超越他人发现问题的能力。“电话之父”贝尔的成长经历就是一个很好的例子。

贝尔原是语音学教授，一天他在家修理电器时偶然发现，当电流接通或截断时，螺旋线圈会发出噪音。于是他想，是否能以电传送语音甚至发明电话？这一设想一提出，立即遭到许多人的讥笑，说他不懂电学才会有如此奇怪的想法。贝尔的确一点也不懂电学，但他并没有放弃，而是千里迢迢前往华盛顿，向美国著名的物理学家、电学专家约瑟夫·亨利请教。亨利对他的想法给予了充分肯定，并鼓励贝尔去学习电学知识。

亨利的肯定对贝尔产生了很大的影响，他辞去了教授职务，一心扎入发明电话的试验中。他刻苦用功地学习着电学知识。两年后，世界上第一部电话由贝尔试验成功。

为何电话不是由那些懂得电学知识的专家，而是由一个语音学家发明的？只因为他善于发现问题，使他比别人更快地找到了“市场的标靶”和可以奋斗的目标。

一个人具有某方面的能力是很重要的。但真正要想获得成功，必须具备捕捉问题的能力。当然，发现问题并不等于是解决了问题，我们也并不期许所有的问题被解决时，就是完善的、完美的。问题的解决有待社会的发展、个人能力的提高。但是不可否认，有了发现才能有所认识，提出问题才可能解决问题，发现问题是解决问题的第一步，也是重要的一步。

4000 多年前，我们的祖先黄帝发现了“磁石”可指南的现象，因而设计了“指南车”，并用于战争；哥白尼发现了“地心说”的谬误而提出了“日心论”的科学假设；马克思发现了“资本的剩余价值”而提出了“科学社会主义”的构想；爱因斯坦 12 岁时就提出“假如我以光速追随一条光线的运动，那会看到什么现象”，这个问题最终成为他一生为之奋斗的目标，并获得巨大的成功……

决策成功的关键，在于具备一双发现的眼睛。正是因为问题的发现，它才得到了关注和认识，才有了解决的可能。

作为一个好的管理者，首先要利用自己的知识善于发现问题和认识问题，连问题都找不到，就谈不上解决问题了。然后是分析问题，分析问题是解决问题的关键，对问题不能正确地分析，也就不能找到正确解决问题的方法，或者根本不可能找到解决问题的方法。只有正确认识到问题的所在，并进行了正确分析，才能根据工作实际，找到解决问题的方法，并最终将问题得到较好的解决。

在实际工作中，人们却把很多注意力都集中在如何解决问题上，也就是说把主要精力都花在找答案上。其实，这种做法是错误的。这就有点像学生做题，不管三七二十一，题一到手连这道题的题意还没弄清，就急急忙忙写下一个“解”字，在那儿抓耳挠腮乱写一气，结果等发现自己做不下去了，才回过头去读题审题。压根儿就本末倒置了，还能指望他考出好成绩来吗?

世界上没有不存在问题的组织，同样也没有不需要做出决策的管理者。发现问题，分析问题，做出决策，解决问题，是一个简单而固定的流程。然而，如何高效而正确地完成流程的每一个环节，却并不是一件容易做到的事情。

在许多世界500强企业中，理性的思维与决策方法被认为是经理人必备的核心能力之一。惠普、IBM、摩托罗拉等著名企业都注重培养经理人科学分析问题与正确决策的技能。实践证明，科学分析问题与正确决策的能力，能够帮助管理者全方位提高日常管理效率。

管理一点通

发现问题是解决问题的首要前提，问题出现了，如果你发现不了，又何谈解决之道呢？只有拥有一双善于发现的眼睛，才能认识到问题的症结所在，从而有针对性地寻找应对之策，将问题解决。

决策的几个简易步骤

企业必须明了，管理者工作的最终产品是决策和行动，而不是知识和洞察力，其中最关键的就是决策。怎样决策，利用怎样的分析方法和工具，下面提出了6种简易的步骤：

1. 提出问题

提出问题对于解决问题是至关重要的。决策者必须能够区分问题的症状与问题的真实。提出问题需要进行大量的考察和思考。当问题得到识别之后，必须根据一定的参量来定义问题。

在多数决策情况下，问题被清楚定义后，找到答案不是一件难事。在定义问题的时候，决策者应考虑这样一些问题：

（1）我是否有权自行做这件事情？

（2）我具备所需的专业知识吗？

（3）我是否有时间？

（4）假如我不做任何事，结果又会怎么样？

（5）调查应进行到何种程度？

（6）解决问题将会产生哪些益处？

（7）这些益处的重要程度如何？

通过定义问题，可以确定一系列的目标。为了确保有效性，目标应该符合一定的标准。它们应该是可以实现的，而且是由相关的参与人员制定的。目标在员工心目中应该是可实现的并且是合理的，对它们还应该通过定期检查进行更新或补充。另外，目标既要考虑到组织是一个整体，同时又要考虑到执行目标时所涉及的行为活动。通过定义问题，我们能够确定它的范围，接下来就能将搜寻信息的范围缩小为与之相关的信息内容。

2. 分析问题

在问题被明确和定义之后，决策者就可以开始对问题进行系统的分析。分析问题的前提条件是收集实际资料。在这个步骤里，我们积累所有我们认为解决问题所需要的数据资料。在真实的问题被定义之前，决策者并不知道他真正需要什么实际资料和信息。良好的决策需要有可得到的最好的实际资料来支持。

为此，在收集实际资料时，必须以书面的形式将它们记载下来。这些记录可能包括销售、财务、生产、人事等方面的资料。此外，其他人和其他组织的观点、建议和想法也是一些好的来源。一旦收集到所需的信息，下一步工作就是理解和解释这些信息。我们必须采取有序的方法来组织整理这些信息。将信息按成本项目、程序时间、领导能力、质量产出等进行归类是很有用的。它会使我们清楚某些数据资料是否比另外一些更重要。一些标准比如可靠性、重要性、时间、原因和结果、人力因素以及技术因素都可以用于对信息进行划分和归类。在检查整理完数据之后，决策者就可以说明他要解决的真实问题是什么。分析问题有助于决策者把握住问题。

3. 拟定方案

一旦我们明确了真实问题的所在，接下来的步骤是寻求解决问题的可供选择的方案。到目前为止，我们所搜集的信息也可能表明一些可供选择的解决办法。决策者应该尽可能多地考查可供选择的方案，可供选择的方案越多，解决办法越完善。过去的经验、创造性以及关注管理方面的最新实践都有助于拟定备选方案。寻求解决问题的备选方案的过程是一个具有创造性的过程。

在这一阶段，决策者必须开拓思维，充分发挥自由想象力。“头脑风暴法”是寻求更多备选方案的方法之一。在头脑风暴法中，一群具有解决问题所需的知识和专长的人聚集在一起，讨论出尽可能多的潜在解决方案。由这种方法激起的热情常常创造出新的和具有价值的想法。产生备选方案的另一种方法是“集思广益法”。这种方法是几个具有不同背景和受过不同训练的人聚集在一起，直到得出一个新的备选方案。由于备选方案通常不是显而易见的，决策者不得不去寻找它们，使其明晰化。对于管理人员来说，一个简单易行的办法就是声称他只能做一件或两件事情，而不是参与到寻找更多方案的事项中去。

4. 评价备选方案

备选方案拟定出之后，决策者应从内心对每一个方案的可应用性和有效性进行检验。他必须想象如果这些方案正在实施的话，将会怎样。必须对每一个备选方案所希望的结果和不希望的结果出现的可能性进行检验。可运用一些标准来对这些备选方案进行比较。在这些标准中可用到的一些因素有每个备选方案涉及的风险、可以利用的时间和需要的时间、可利用的设施和资源以及费用效益分析。评价备选方案时可以采用下面的指标来进行对比，如要求的时间，包括的成本，涉及的风险，收益或优点，局限性。

如果所有的备选方案都不令人满意，决策者还必须进一步寻找新的备选方案。决策者必须根据工作的目标来评价每一个备选方案的效用。

5. 选择最佳方案

供评价备选方案而设立的方案比较表将清楚地表明其中哪一个备选方案更优越。决策者不能总是只顾及备选方案的优越性，还必须在选择最佳方案时考虑到可利用的资源。在选择最佳方案时，一个有用的规则是使执行方案过程中可能出现的问题数量减少到最小，而执行方案对实现目标的贡献达到最大。

6. 执行方案

一个优秀的决策者必须具备这两种能力，他既能做出决策又能化决策为有效的行动。有些方案很快被付诸实施，例如关于纪律的执行。而公司政策和工会合同的启用却需要花费一些时间。在执行阶段，决策者必须对存在的一些抵制情绪有所预见，尤其是来自受决策影响的员工的抵制。他必须准备计划来应付处理这类意外情形。一个可能成功地实施决策的有效方法是参与，决策者在实施方案时必须行使领导权力。不恰当地沟通也可能阻碍所选方案的实施。

7. 跟进和后续行动

我们应该对决策及其执行进行监控。有效的管理者对待他们的决策，就像“狗儿看到了骨头”一样。我们密切跟踪这件事，要求报告执行进度、任何遇到的困难和相关结果。最重要的是，他们亲自检查进度，并且在执行顺利时表示满意。他们会持续地跟进，直到这项工作最终彻底完成。他们不时地通知所有相关人员，让大家都能看到结果和成功，即使这种成功在开始时微不足道，但他们知道成功的希望将会是巨大的推动力。

★★★★★★★★★★★★★★★★★★★★★★★★★★★★★

管理一点通

决策过程并不是一个瞬时的过程。在决策过程中包括一系列的步骤。了解这些步骤可以提高个人分析和决策能力。

尽量事先确立决策效益

目标既是决定决策效益的一个标准，又是它的一个约束的前提。也就是说，决策目标与决策效益的关系，是“一损俱损，一荣俱荣”的关系。

维克多·加姆是哈佛商学院毕业生，靠推销小电器当上了百万富翁。1988年，加姆买下了新英格兰爱国者球队，行内人都知道，经营一个人事纷繁的足球队与推销电动剃须刀完全是两码事。果然，加姆接手后球队就频频失利，随后又因球员对一名女记者的性骚扰而闹得沸沸扬扬，球队因此声名大跌。等到加姆从中脱身时，他已经赔进了几百万。

维克多·加姆的失败在于：尽管他在推销电器方面目标明确，但在购买球队时却目标暧昧，事先就没有做好决策评估工作，当然也就不符合真正的决策程序，失败是当然的。

决策是为达到一定目的的。决策成功，就能够解决问题（或增加效益）；决策失败，就解决不了问题（或效益降低）。效益是根据预定目标（或标准）衡量出来的，一个明确而具体的决策目标是效益评估的重要前提。如果决策目标模糊不清，那么评估就不能统一和客观。

决策效益的衡量通常是比较复杂的，在具体运用时要考虑到决策目标因素的影响。

（1）要高度重视决策实施所完成任务的充分性，充分性在这里不仅表现为决策实施后满足人们需要的有效程度，而且还表现为需要被满足的人数；不仅表现为解决问题的深度，而且还表现为解决问题的广度。

（2）决策的效益是决策实施后所获得的某种结果，这种结果是一种客观性的存在，因此效益标准应该是客观性标准。同时决策所达到目标的程度还与人们的认识水平有关，因此效益标准又很难排除它的主观性因素。在实际评估过程中，我们要在考虑主观因素的前提下，保证决策评估的客观性。

（3）在对决策进行效益评估时，既要看到它的正效益，又要看到它的副作用，要把它们严格地区别开来。

★★★★★★★★★★★★★★★★★★★★★★★★★★★★

管理一点通

在决策前应事先确立决策目标，并对决策的实际结果和理想结果进行比较，并对决策所达到的预期目标进行程度上的分析。

决策要分清目标的主次

有一位农夫上山去砍柴。在出门前，却忽然发现脚上的草鞋很陈旧了，需要做新的，于是就匆匆忙忙地搓绳打草鞋，终于把草鞋编好了，他又去检查斧锯，可是又发现斧子太钝，锯子也已经生锈，于是他决定重新订购斧子和锯子，后来又嫌新斧子的材质不好……终于等到他万事俱备准备出发时，没想到大雪已经封山。可是农夫没有抱怨自己太拖拉，而是抱怨他的运气不够好。

农夫由于缺乏做事的计划，又没分清主次，偏离了重点，才导致了砍柴计划的落空。决策目标的制定与实现也是同样的道理。要做到防止偏离目标，首先在思想上要分清轻与重、缓与急，如果随意地胡乱瞎抓一气，结果只能是事倍功半，甚至是劳而无功。所以，在决策上要抓住目标的根本去实施和完成，不能不分主次，甚至把力气都使用到次要方面，造成了失败的局面。

决策也是一样，我们只有清楚目标的主次，才能做出合理的决策。一般情况下，我们会将目标分成“必要”和“需要”两组进行考察。“必要”的目标，是保障成功决策所必须要有的东西。当我们根据目标评估选择方案时，任何不能符合“必要”目标的方案，都将立刻被刷掉。这一类的目标必须是可衡量的，因为他们的作用，是事先过滤容易失败的选择方案。

我们必须知道什么样的方案绝对无法符合目标，因为它不符合必备的要求条件。举例来说，在一项有关雇用人才决策中，典型的“必要”目标是“在这一行业具有两年领班的经验”。如果一定要求应征者具有这么久的经验，那么考虑任何经验不足两年的应征者，都是没有意义的。这类的目标是可以衡量的，应征者必须具备此项条件，至于他们的其他优良条件都是无关紧要的。

“必要”目标以外的其他目标，属于“需要”目标的范畴。我们对于所做出的选择方案，是以“需要”目标来比较绩效，而非根据其是否能符合这些目标而决定。它的目的在于让我们对各项选择方案有一个比较性的认识，让我们了解各项方案彼此相较之下，其表现情形如何。有些“需要”类的目标可能也是必然而却不能归类为“必要”。理由有二：

首先，它们可能是无法衡量的，因此，我们不能对一项选择方案的表现绩效做出判断。

其次，我们所需要的，可能不是“可否”的判断，我们比较需要的，可能是将这些目标用来作为表现绩效的相对标准。

有些目标常常先被归类于“必要”之后再重新归为“需要”，以便使其具有两者的功能。举例来说，“在本行业具有两年经验”（必要），可能会被重新叙述为“具有丰富的行业经验”。现在，如果我们要来评估这些选择方案的话，我们可以做出两种不同的判断：那些经验不到两年的应征者将被刷掉；其余的应征者则依据各自的相对经验而加以评判。

有人曾经言简意赅地形容这两种目标：“‘必要’的目标决定谁上场玩球，‘需要’的目标则决定谁该赢球。”

管理者对于“必要”和“需要”两个不同的目标一定要分清。分得越清，在决策过程中获得的最终利益就会越大。相反，如果管理者对某一问题的主次目标划分不清，那只能在决策中处于被动地位，而自身的利益最终也很难实现。

在决策之前，管理者一定要把目标写下来，并根据优先等级来做相应的排序。目标要分清轻重缓急，哪个是最重要的目标，哪个是次要目标，把最终目标、现实目标和最低限度目标一一排列。另外，决策时，是否应该留有余地，在准备时要制定一个最低限度目标。通常人们都希望自己的所有目标全部能在决策过程当中得到实现，但事实往往不会如人们希望得那样完美，遇到的大多数情况是：如果你想实现这个目标，那么就必须放弃另外一个目标，二者不能兼得，至于如何平衡并解决这些目标之间的冲突，那就要看决策者对主次目标的理解和掌握了。

★★★★★★★★★★★★★★★★★★★★★★★★★★★★

管理一点通

任何问题都有轻重缓急，我们要善于抓住关键环节，重点突破；同时要坚持统筹兼顾原则进行解决，这样才能高效地解决问题。

决策需要清晰准确的目标

目标是决策的关键因素之一，领导在做决策前必须反复斟酌，给决策制订一个正确、清晰的目标。对于企业来说，一个清晰的战略目标可以使企业对自己产品的现状进行全面分析，找到自己的最大优势，是质量取胜，还是服务领先。尤其是投资项目，是着重技术研究还是营销策略，是着重渠道沟通，还是广告宣传，这些都需要有一个清晰的策划和构思。

决策是为达到制订的目标，没有清晰明确的目标就没有方向，也就无法决策。清晰的战略目标指明了战略决策想要得到的结果。

撒哈拉沙漠中有一个叫比塞尔的小村庄，它在一块1.5平方公里的绿洲旁。在1926年英国皇家学院院士肯·莱文发现它之前，这里的人没有一个走出过大沙漠。他们不是不愿意离开这块贫瘠的地方，而是尝试过很多次都以失败告终。

1926年，肯·莱文发现了这个小村庄，知道了这一情况，就用手语向当地人询问原因，结果每个人的回答都是一样：从这儿无论往哪个方向走，最后都只会转回到这个地方来。为了证实这个说法的真伪，肯·莱文做了一次试验，他从比塞尔向北走，结果走了三天半就走出去了。

比塞尔人为什么走不出去呢？肯·莱文感到非常不解，最后他决定雇一个比塞尔人，让他带路，看看到底是怎么回事。他们准备了能用半个月的水，牵上两匹骆驼，肯·莱文收起指南针等设备，只拿一根木棍跟在后面。10天过去了，他们走了大约800英里的路程。第11天的早晨，一块绿洲出现在眼前，他们果然又回到了比塞尔。这一次肯·莱文终于明白，比塞尔人之所以走不出沙漠的原因，是因为他们根本就不认识北极星。

在一望无边的沙漠里，一个人如果只凭着感觉往前走，他会走出许许多多大小不一样的圆圈，最后的足迹十有八九是一把卷尺的形状。比塞尔处在浩瀚的沙漠中间，方圆上千公里，这里的人没有指南针，又不认识北极星，想走出沙漠，确实是不可能的。

肯·莱文在离开比塞尔时，告诉一个叫阿古特尔的青年："只要你白天休息，夜晚朝着北面那颗最亮的星星走，就可以走出沙漠。"

阿古特尔照着肯·莱文的话去做，三天之后果然来到了沙漠的边缘。

阿古特尔因此成为比塞尔的开拓者。后来，人们把他的铜像竖立在小城的中央。铜像的底座上刻着一行字：新生活是从明确的方向开始的。

比塞尔人是不幸的，他们的不幸在于找不到行走的参照物，自然也就找不到清晰明确的方向，所以必然找不到出路，于是世世代代被茫茫大漠和自身的无知所囚禁。同样，成功的决策也是从明确的方向开始的。

管理者在做决策的时候，要想使决策获得成功，必须有清晰明确的战略目标。战略目标清晰明确，选择就会有依据，行动就会有针对性，效益也会直线上升。战略目标不明确，选择就会发生偏移，甚至会出现南辕北辙的惨痛后果，就更无效益可言。

★★★★★★★★★★★★★★★★★★★★★★★★★★★★

管理一点通

目标就好像引导决策向正确方向前进的指南针，按着它的指示走，决策者才能准确地找到问题的核心所在，并选取最佳的解决方案，达到或接近决策的最好效益。决策者在制定决策的时候，目标应该是具体的、明确的、清晰的，只有这样，才能够保证战略决策的贯彻实施，使企业走对方向。

决策要做好潜在的问题分析

管理者可能经常要面临决策失误的压力和风险。一个决策有时会决定一个项目、一个部门乃至一个公司的生死命运。管理者在决策时，要通过事前排查，找出对经营层面产生不良影响的潜在问题，并采取有效手段避免恶化，切不要吃过潜在问题带来的苦头之后才明白它的重要性。

有一家制纸公司利润最高的产品，享有近乎独占的优势。这种产品是特殊黏土表面处理的精致纸张，适合高品质的彩色及黑白印刷。当时，2/3 的主流杂志都是用这种纸张印刷的。该公司 90 克的表面处理纸张，被视为是无可比拟的，而该公司也很少能够完全供应市场的需求。

后来，政府允许邮局大幅提高杂志及其他出版品的邮资。出版商们立刻打电话给这家公司，询问是否有品质相当，而重量比原来轻一半以上的纸张。该公司的回答是，他们的确能够开发出一种品质类似，只有 40 克重的纸张，或许在一年之内便能上市。

出版商一般的反应是:“要一年的时间？你们难道竟没有人想到会发生这种事吗？多谢你们了。”不到两个星期，该公司的生意便丢掉了 70%。大批顾客改用了一种只有 40 克的塑胶浆纸张，这种纸张有一家厂商立刻就能供应。它的品质并不如这种比较重的黏土处理纸张，然而它却比较便宜，而且邮寄成本只有后者的 1/3，而顾客最关切的正是这件事。

该公司一名副总裁后来说:“这个灾难的每一项要素，完全可以预测。我们知道我们的纸张很贵，我们知道它很重，我们知道邮局多年来一直想要提高三级邮件的费率。然而这种纸张是我们的‘金鹅’，只要它还在继续下‘金蛋’，我们便有一种安全感，觉得会永远这样下去。”

在丧失大部分业务之后，该部门的主管发现他们很难拿出一套说辞来安抚董事会的怒气。董事会认为这些主管既然领高薪，就应该知道未来情况的变化。光讲“状况会改变”是没有用的，状况永远是在变的。作为领导，应事先在决策前做好潜在问题的分析，了解有什么地方会在未来出问题？如何才能预防？

决策是对潜在的问题进行评定分析之后才产生的结果。分析潜在问题主要是一种导向、一种态度、一种方法。它的基础是一种信念，也就是说：人可以假想未来，看看它后面可能藏有的东西，然后回到现在，在最佳的时机立刻采取行动。分析潜在问题是一种思考模式，它能让我们改变自己所处的不利位置。它是一种有系统的思考过程，让我们能发现和应付那些可能发生并将造成伤害的不利因素。

企业领导注重分析潜在问题，可以提出两个基本的决策方法:“有什么可能会出差错?”“我们现在能做什么来对付它?”

以下 4 点，可以说给分析“潜在问题”提供一纸处方：

（1）找出易出问题的地方：我们可能受到最大伤害的地方在哪里？什么样的改变对我们影响最大?

（2）在最易出问题的地方，找出潜在的特定问题——构成严重威胁，需要我们立刻采取行动的特别状况。

（3）找出能够防止特定潜在问题的行动方案，这些方案能化解那些可能具有的威胁性变化。

（4）对于那些无法完全预防的潜在问题，找出可以使其影响减至最低的应变行动。

分析潜在问题并不是一种大多数人认为的自找麻烦的否定行为，而是积极寻找决策的方法，以避免或减轻未来可能出现的麻烦。因此，潜在问题分析乃是管理者或组织团队所做的决策活动中，一种比较有针对性的决策手段。它为个人和组织提供了最佳的决策机会，使他们能依照自己的远见和希望，建立自己的未来。

每一项决策都会面临许多不利因素，克服这些不利因素而找到新的解决办法，则是决策者的功夫所在。企业领导经常要做出决策，千万不要忽略了潜在问题的可怕作用，要及时发现问题，提前做好准备，做到防患于未然。

管理一点通

任何决策都是在一定的条件下进行的，都要受到一些因素的影响和制约。组织在进行决策时，要分析组织所处的环境，把握影响决策因素的现状和将来的变化趋势，利用有利于组织发展的机会，回避不利于组织发展的威胁。

重新决策的要素

管理者在决策时出现失误是难免的。这是因为客观世界的事物是处在瞬息万变之中。任何决策方案都是根据已经出现的大量现实信息做出的，一旦决策方案拍板定案后，客观事物又会涌现出许多新情况、新问题、新信息，原来的决策方案就不可能将其囊括其中，于是就会出现原决策方案与事物后来出现的新情况不相一致的现象，也即管理者原先的主观认识与客观现实脱节。

领导决策在执行过程中如果显示其不足和错误，必然给企业带来不可忽视的损害。这些缺点和错误如果发现得早，影响也许不会太大，倘若发现太迟，后果必定十分严重。因此，在这种情况下，首先要解决的问题不是争论对错，区分责任，而是立即停止执行决策，迅速采取得力措施稳定局势，消除由此产生的负面影响，将损失降低到最低程度。

由于领导决策失误而造成的矛盾和问题一般都比较复杂，而且处理起来也比较被动，所以处置此类事件，一定要认清形势，善于抓住主要矛盾，集中力量加以解决，切不可纠缠于一些细枝末节，以免不能自拔而错失平息事态的良机。

决策失误不同于一般性失败，因为它不仅关系到领导个人的荣辱得失，更为重要的是关系到企业的命运。一般来说，造成决策失误的主要原因不外乎两个方面：主观原因和客观原因。主观方面的原因主要表现在：对决策目标缺乏应有的重视，违背决策程序，决策之前缺少调查研究，或者调查研究没有深度；知识水平和领导经验不丰富，又不注意广泛征求各方面的意见，拍脑袋，想当然，唯我独尊，一意孤行。客观方面的原因主要表现在：决策手段不能适应决策对象的瞬息变化，使形成的决策总是滞后于社会实际。

不管属于哪方面的原因，作为领导都应该深刻反思，认真吸取教训，引以为戒。决不要置若罔闻，一错再错。

决策失误后，领导要在深入分析原因，认真反省，广泛听取各方面意见的基础上，根据新的实际、新的要求修正和完善原定的决策方案。要重新研究决策目标，严格遵循决策程序，深入审视实施方案。新的决策方案的形成，要视原决策的失误程度而定。原决策只有部分缺陷的，可在此基础上进行局部修正和完善，保留对的，改正错的，补充未考虑到的；原决策完全不对的，则应该推倒重来，另起炉灶。彻底排除原有决策的干扰，端正思想，严格程序，精心研究，反复斟酌，使之既符合客观实际，又能体现组织意图。

仅仅做到这些，还不能保证新的决策完全正确，还必须延伸决策过程，进行试点。要将其放到实际中去检验，并在实践检验中进一步完善提高。这样形成的决策方案，才是最科学的，才具有最广泛的实践意义。

★ ★

管理一点通

在当今信息时代，管理者缺乏收集、整理、选择信息的能力是难以管理好企业的。有效的管理必须建立在尽可能多地掌握动态的信息基础上，对一切影响预定目标完成的各种因素应及时控制，或采取协调措施，或重新决策，以应对不断变化的环境。

控制好决策的过程

任何工作都有轻重缓急之分，只有分清哪些是最重要的并把它做好，你的工作才会变得井井有条，卓有成效。所以要想成功，首先就要把最重要的事放在第一位。

美国伯利恒钢铁公司总裁理查斯·舒瓦普曾因为公司濒临破产而向效率大师艾维利咨询求助。艾维利耐心地听完理查斯·舒瓦普焦头烂额的倾诉，最后请他拿出一张白纸，让他写下第二天要做的全部事情。几分钟后，白纸上满满记录了总裁先生几十项要做的工作。

然后，艾维利要求他按事情的重要顺序，分别从“1”到“6”标出6件最重要的事情。同时告诉他，“每天一开始，请你全力以赴做好标号为‘1’的事情，直到它被完成或被完全准备好，然后再全力以赴地做标号为‘2’的事，依此类推……”

不久后，作为此次咨询的报酬，艾维利收到了一张来自伯利恒公司的2.5万美金的支票。5年后，伯利恒钢铁公司一跃成为当时全美最大的私营钢铁公司。

有个公司要招聘一名部门经理，经角逐，最终剩下两名候选者：甲和乙。考试安排在总裁家里，气氛完全不像考试，而像是参加一次丰盛的晚宴。甲和乙有点奇怪，盼望尽快用完饭，好看到考题。中途电话铃响，总裁接听后，脸色有点沉重地说：“上海分公司那边出了乱子，好好的一车皮货，运到客户手里，竟然成了破烂！”

总裁沉默半晌，接着说：“今天不考试了，大家谈谈这件事该怎么办吧！”

他转眼望着甲和乙："你们思想活跃，又可能是未来的部门经理。先谈谈各自的看法?"

甲皱着眉头说："立即追查责任人！如果是运输部门的事，就立即索要赔偿；如果是我们职员的过失，立即按规章制度惩处！"总裁没说话。乙说："这种货物在山东我们也有一家大经销商，离得不远，我看，赶快调一批，抓紧时间先给客户送去?"乙刚说完，响起一片掌声。总裁说："好了，考试结束了，乙夺得胜利！"甲很惊讶，也很不快："难道，我的处理方式错了么?"总裁说："你的处理方式没错，只是时间上不合适。客户是我们的市场依托，关系我们的前途和命运，所以，首先得为他们着想；至于索赔和处罚责任人，是下一步的事。"

乙之所以能够成功，关键在于他懂得这样一个道理：任何决策最重要的都是在第一步。

决策本身既是一件硬性工作，也是一件弹性工作，但不能"眉毛胡子一把抓"，更不能固执行事，应该采取灵活的方法，该先就先，该后就后，轻者当缓，重者当急。

懂得轻重缓急，管理者才能将良好的想法转化为有效的承诺，将远见卓识转化成实际行动。轻重缓急的决策体现了领导层的远见和认真的程度，决定了企业的基本行为和战略。

确定先做的事对于任何人似乎都并不困难，使人犯难的倒是决定"后做的事"，也就是决定什么不应该做。人们怎么强调也不可能过头的是，事情不可推迟，只可放弃。重拾先前不得不推迟的旧事，不管当时它看起来是多么可取，始终是一个严重错误。这当然也是人们之所以如此不愿意确定后做的原因所在。

机会和资源的最大化原则是指导企业确定轻重缓急的准则。除非少数的几个实属第一流的资源，被满负荷地用于为数不多的几个突出的机会，就不能说企业的轻重缓急已被真正确定。尤其是那些真正重大的机会，即那些可以实现潜能和那些可以创造未来的机会，必须得到它们的潜能所应得到的资源，即使以放弃眼前利益为代价，也在所不惜。

宁可做出并执行一个错误的决定，也不要因为痛苦费力或令人不快而逃避这一工作，以致让企业中的偶然事件，在没有对手竞争的情况下，自行确定企业的轻重缓急。

有关企业的策划、企业的优势所在及其轻重缓急方面的几个关键性的决策，可以有计划地做出，也可以是随意为之。它们既可在意识到其影响的情况下做出，也可作为某种紧急琐事之后的亡羊补牢。它们既可出自最高管理层的主管，也可出自很多基层员工，其一个技术细节的处理，在事实上决定了公司的特性和方向。

但是，不管以何种方式，不管出于何处，这些决策总会在企业中做出。没有这些决策，任何行动都不可能真正发生。

虽然没有任何公式能为这些关键性的决策提供“正确”的答案，但是倘若它们是随意之作，是在对它们的重要性茫然不清的情况下做出的，那么它们不可避免地将是错误的答案。要想获得正确答案的机会，这些关键性的决策都必须是有计划、系统地做出的。

歌德曾说过:“重要之事绝不可受小事的牵绊。”任何工作都有主次之分，否则，在时间上就是一种浪费。所以，如果理不清工作的轻重缓急，将会导致事倍功半，劳而无获。

管理一点通

事有先后，用有缓急。工作中常会遇到千头万绪、问题繁多的情况，这时就需要我们把问题的轻重缓急分清，然后找到其中最迫切需要解决的问题，并集中力量解决它。分清事情的轻重缓急，不但做起事来井井有条，完成后的效果也是不同凡响。

第三章

采取科学灵活的决策方法

管理决策方法的核心是运筹学，现代管理活动离不开信息技术的支撑，信息系统以及决策支持系统是管理决策的重要支撑环境。而由于管理决策问题的复杂性，决策过程的关键不仅在于问题或模型求解，更决定于如何发现问题、科学定义问题和建立科学的模型。

决策前要慎重判断

在我们做决定时，我们要提前判断这个决策是否必要。就好像外科医生决定是否要对病人进行手术一样，外科医生在决定动手术前，都会非常慎重，因为他们知道，外科手术不可能没有风险，必须避免那些不必要的手术。而我们也要对自己的决定做出慎重的准确判断，仔细考虑决策风险。

一个卓有成效的决策者，总是首先从最高层次的观念方面做出大致方向上的判断，然后才做出具体的决定。方向找对了，即使决定有所失误，这种失误也可以得到纠正或挽救；但是如果从根本上就判断错了的话，那么即使决定是对的，也不可能成功。借用医学上的话来说，就是对疾病的诊断要正确。

决策往往是战略性的、全局性的，必须要对问题先有一个正确的判断，因而决策者在决断之前要进行认真的周密论证，以增强自觉性、主见性，防止盲从性。一般来说，要反复考虑下面几个问题。

1. 明确战略决策的目的、范围

明确是否应该由自己来做决策。决策者在决策之前，首先要考虑决策所涉及的职权范围和限制因素，然后才能分辨出应该由谁来做出决断。

2. 明确是否已经掌握了足够的信息和必要的事实

充分而可靠的信息是科学决策的基础。只有掌握了丰富、及时、准确和适用的尽可能多的材料，才有可能做出比较准确、全面、成功的决断。

3. 制定的这个战略值不值

就是战略决策目标的宏观价值再分析。做任何决策都要考虑决策的价值。

在制定战略之前要反问自己一句：这项决策是否有价值？假如这个问题解决将会得到什么？假如这个问题不解决，将会失去什么？这样就会很快透视出这个问题的重要性了。在考虑战略价值的时候，同时应该考虑决策可能带来的不利后果。

4. 了解战略制定过程中各方面的反应

高明的决策者都极为重视不同意见，善于从中吸取正确的部分并深化自己的认识，从而把决策的实践过程变为向下属学习的过程。

5. 明确什么时机推出新的战略最适宜

等待时机的心情与等待春天一样，尽管都知道时机一定会来临，但什么时候改变战略，这对一个决策者来说是一个非常重要的选择。条件不成熟时就匆忙做决定是冒险的行为，会犯错误；条件成熟了却拖延不决，优势将会变为劣势。把握时机、当机立断是胜利之本。在这一点上要遵循适度原理，审时度势，把握机遇。

6. 明确最优决策方案

决策前，要做出多种决策方案，有比较，才能鉴别，从中进行反复比较，权衡各种方案的得失、利弊，最后选定最优方案。

7. 要把握好决策的时机

经过认真和反复科学、民主论证，看准了目标决策方案，要当机立断，不能优柔寡断，议而不决，决而不行，坐失良机。要明白这样一个道理，在市场经济条件下，时间和时机就是效益。

★ ★

管理一点通

战略决策一锤定音，事关重大，因而决策者在决断之前要进行认真的周密论证，以增强自觉性、主见性，防止盲从性。这样做出的决策才是正确的。

要多发扬民主作风

在决策过程中，谁都有可能出现一些认识上、判断上和执行上的错误。这并不要紧，要紧的是决策者能不能及时地发现、正确地认识、勇敢地承认、坚决而及时地纠正错误。

要想做到这一点，最重要的一条途径——发扬民主作风。通过检查、相互批评和自我批评，既可以及早地发现问题，也可以更全面、更深刻地认识问题，从而统一思想、加强团结，为及时纠正错误、修正决策创造条件。

开展批评与自我批评，应当采取主动，首先做自我批评，要启发他人批评、听他人批评，更要经得起他人的批评，做到豁达大度、从谏如流。

从某种意义上讲，没有批评与自我批评，就没有民主；没有民主，就难以从下属中听到真实的意见和建议，就不可能制定出好的路线、方针和政策。

常言道:“无不可用之兵，只有不可用之将。”一个管理者若无法妥善分配资源，或者无法制定正确的决策，即使拥有再优秀的团队也无法施展其才华。因此，管理者在制定决策的过程中，要善于采纳建言，并主动征询下属意见。就算下属对决策没有异议，管理者也不应就此以为自己的计划完美无缺，或是受到了众人的认可。因为下属多半会碍于管理者的职位优势，而不愿提出批评，所以管理者应多鼓励下属发表不同意见。

不过，在你向下属征求意见的时候，千万不要混淆客观事实和主观意见。你的决策是建立在坚实的事实基础之上的，而不是建立在你的感觉之上的。如果你不能把客观事实和主观意见分离开，你就会遭受到各种各样的烦恼。

“脑袋一热做出的决定很少有客观价值。”一家商店的经理说，“依我看，直觉在管理中没有什么地位。例如，我们的人事经理就因为一个人用烟斗抽烟，就退掉那个人的应聘申请书，据说那是一位学商业管理的很有才干的大学毕业生。人事经理认为这个人肯定是一个沉湎于梦想、不冷静而又不讲求实际的人。但事实上，他错了。”

“智者千虑必有一失，愚者千虑必有一得。”现代社会的竞争越来越激烈，决策活动越来越复杂，涉及的因素非常多，任何一个高明的管理者，要想避免失误，唯一的妙方就是发动人人献计献策，充分利用集体的智慧。然而，“兼听则明”并不是事到临头随便征求几个人的意见就算数。

管理者在群体决策时，应该掌握以下几点：

1. 建立制度

美国的坦登公司实行“五分钟”规矩，在这五分钟内，任何人都可以提出建议，参与决策，不允许对别人的意见进行批评，主持人也不发表意见，以免妨碍会议的自由气氛。这些制度的建立，对寻找“高见”非常有效。

2. 鼓励大家各抒己见，大胆发表各种不同意见

管理者在决策时应大力鼓励有关人员各抒己见，大胆发表各种不同意见。“头脑风暴法”即是一种。这种方法的具体操作为：

召集 5—10 名人员参加讨论会，会议成员既要求有各方代表，又要求各方代表的身份、地位基本相同，而且要有一定的独立思考能力，切忌人云亦云。会议时间一般以 1—2 小时为宜。会议先由主持人提出题目，然后由到会人员充分发表自己的意见。为了使到会人员的大脑皮层处于高度的兴奋状态，会场要有一定的舒适感，使人无拘无束。会上对任何成员提出的方案或设想，一般不允许提出肯定或否定意见，以免阻碍个人的思考。也不允许成员之间私下交换意见。每当某一代表发言时，其他人应该认真听取意见，以便从中受到启发。会议结束后，再由主持人对各种方案进行比较，好中选优。

美国总统罗斯福在执政期间，每当出现大事件时，总是把助手叫来，让他研究一下这个问题并要求他保密。然后对另外的几个助手也提出同样的任务，也要求他们严守机密。结果，他就有足够理由肯定问题的每个方面都被充分考虑过，并提出了不同意见。这样做，一个人一般来说就不会被任何人先入为主的意见所左右。

3. 设立“智慧团”、“思想库”

在现代社会化大生产条件下，经营管理的任务更加艰巨繁杂，不仅家长制的领导管理方式已不适应，就是精通一两门专业技术的“硬专家”也越来越不适应了。因此，必须依靠“多种专家”、专家团队来管理企业。经济发达国家在20世纪50年代就开始出现大批的“智囊团”“思想库”。

久负盛名的美国兰德公司，30年间出版了约13000篇研究报告，在期刊上发表2500多篇论文，出版大约180本书，对美国国内外政策均产生过强有力的影响，在国际上也颇引人注目。对于很多企业来说，委托专门的咨询机构进行调查研究并提供可供选择的决策方案，确实是一条非常有效的途径。

4. 鼓励全员参与

在决策中采取多种方式，让员工得以最大限度地参与。群体决策，发挥的是集体的智慧。企业家在进行群体决策时，无论采取何种具体方法，都应该注意以下两点：

（1）接受别人的意见一定要诚恳。特别要接受逆耳忠言，与自己看法相悖的有识之言。即使听到一些颇为自负的“大话”“狂话”，听到一些明显不切实际的空话、错话，也不要表示反感和轻蔑。如果那样，今后别人即使有非凡的高明意见，也将闭口不谈。

（2）要善于对各种意见进行比较选择。人们所提意见的出发点不同，站的角度也不同，看法也肯定不一样。更何况，任何人都是现实生活中的人，必然是良莠不齐。有敢于直言的，也有喜欢迎合领导意图的；就是敢于直言的，其意见有正确的，也有错误的。因此，企业家在决策时要虚心听取别人的意见，但决不可完全依赖别人，也不考虑建议人的亲疏和资历威望。

管理者决策时能够虚心倾听别人的意见，有助于获得所需的资料，做出良好的决定。一个人的能力是有限的，要虚心倾听别人的意见才有办法融合其他意见的可取之处，做出最佳的决定。

★ ★

管理一点通

一个人的聪明才智哪怕再高，也比不上大家的智慧。一个人的智慧是有限的，集思广益，群策群力，根据大家的意见修正自己拟订的方案，这样可以做出更完善的决策。管理者应当仔细考虑这个方面，并以制定切实可行的制度与程序，来确保自己始终处于一种兼听广纳的状态。

决策也要灵活应变

在任何一个单位或企业里，时常对各种情况和事做出决策，决策做得好，就会获得大的收益，皆大欢喜；决策做得不好，就会遭受损失，怨声载道。所以，在做决策前要审时度势，权衡利弊，做出合适的决策就显得至关重要。

20 世纪 20 年代，随着经济的发展，美国人的收入增加，汽车市场开始发生了变化。汽车已不再是单纯的交通工具，而逐渐成为车主个性、身份、地位的象征。而原来的“T 型车”由于全是单一的黑色，样式古板，已不能适应市场的多样化需求，销路大大受限。各大公司纷纷推出色彩鲜艳的新型汽车，满足消费者的不同需求，因而销量大增。

在福特公司鼎盛时期建立起来的另一家汽车公司——通用汽车公司，则抓住了福特“T 型车”的弱点，在市场战略上首创了产品差异战略，把小轿车市场细分为 7 个部分，推出雪佛莱、凯迪拉克等多种适合不同收入水平的车型，集中优势力量，分别重点供应。

福特公司内有很多人建议福特生产花色汽车，供应商也多次向他抱怨，连一向老成稳重的生产主管也来告忧请愿。但是福特没有引起重视，拒绝了众人的建议和忠告。而事实是无情的。第二年，通用一举推翻了福特的行业霸主地位，取而代之。

市场瞬息万变，可变因素很多，随机性大，要这样的经济环境下快速灵活地应付各种情况，必须实施动态决策。商场如战场，敌我双方的较量在变化莫测的大环境中展开，究竟鹿死谁手，关键在于谁能最先收集到最新的市场信息，并且及时调整策略。如此才能掌握市场主动权，获得生存和发展的机会。

市场在发生变化，我们的目标也要随之变化。企业要追寻的是一个动态的目标，就仿佛射击一样，我们要从普通的射击静态物体，转化到射击飞碟。我们的“枪”要随着“靶子”不断移动，这样企业才能够在瞬息万变的市场环境下生存下去，不会被市场所淘汰。那么在这个时候，传统的静态战略已经阻碍了企业的发展，我们要放弃过去，调整方法，建立自己的动态决策体系，用追踪原理的“策略导弹”，击中变化市场的“活动目标”。

管理一点通

兵法曰：“兵无常势，水无常形，能因敌变化而取胜者，谓之神。”“善出奇者，无穷如天地，不竭如江河。”管理者制定战略就是这样，既要有远见卓识，勿为近得所溺，又要根据各个方面具体情况的发展变化而灵活变动；既要足智多谋，又要决事果断；既要掌握主动，又要量力而行。只有这样，才会在竞争中获取最后的胜利。

决策要用事实和数据说话

任何服务企业都处于营销通道的最上端，而企业的管理者又往往是负责全局性、高层次的工作，对于事情难以充分把握是件自然的事情。所以在做出决策时，必须采取各种措施去弥补自己信息不足的弱点。千万不能凭自己的主观想象做出决策，如此以往便会导致企业失败。

许多企业的管理者在进行决策时，常常是拍一下脑袋就定下来。决策时依据的不是市场调查报告，科学的理论依据以及在此基础上对市场未来趋势做出的预测，而是凭感觉、直觉。“我只相信自己的直觉”成了很多管理者自我炫耀的口头禅。然而在此背后又有多少管理者付出了沉痛的代价，流下了多少悔恨的泪呢？

为了企业的健康成长，管理者在重大决策前身子需要发热，头脑可千万不能发热，要建立科学的决策制度，以客观事实和数据为依据做决策。如果方案本身不是基于事实的，即使很完备、很漂亮，但如果选择了它也会导致悲剧性后果。决策方法实际上是对方案反映事实真相的“抱窝方法”。为了正确决策，管理者应当做到：

1. 不要迷信自己的感受、经验和能力

现实中不进行调查研究、主观主义的领导不乏其例，这是与质量管理的基本原则相违背的。领导要深入调查研究，掌握必要的信息和数据后，才有发言权。哪怕你是董事长、总经理，都要用事实说话。

2. 要有适当的信息和数据来源

当领导的一定要头脑清醒，有固定和不固定的信息和数据来源。固定的如各种质量报表、信息报告等，不固定的如非正式渠道的员工投诉、实地检查等。组织的最高管理者每周至少要有一次深入现场的习惯或制度，尽量掌握第一手资料。

3. 对收集来的数据和信息应持正确的态度

数据和信息经多次传递，很可能失真。按信息论的说法，传递过程中受“噪声”干扰越大，信息失真的可能性越大。事实上，不少组织的数据统计，例如统计报表、质量指标等，由于种种原因都存在不真实的问题，浮夸、瞒报、虚报、收集数据时不负责任、“神仙数字”（编造的数据）等现象随处可见。当领导的既要依靠这些上报来的数据和信息，又不能绝对化，应当多一个考虑，多一点自己的调查研究，并将两者综合起来。

4. 对数据和信息进行分析

分析的方法可以是逻辑的、可以是直观的，也可以是数理统计的。常用的一些数理统计方法，如排列图法、直方图法、散布图法、因果图法等，当领导的最好能够掌握。此外，对一些专用的分析方法，如质量成本分析、市场分析、过程分析、产品质量分析等也应有所了解。

5. 要有正确的决策方法

收集并分析数据和信息，这只是正确决策的基础，还不是决策的本身。正确的决策固然离不开真实可靠的数据和信息，也离不开正确的决策方法。领导要提高自己的决策能力，还需要掌握诸如“决策树”之类的决策方法。特别是在两个以上方案各有其优缺点时，更应当运用正确的决策方法，选择最佳的方案。

6. 对决策进行评价并进行必要的修正

决策付诸实施后，领导还要注意收集实施后的数据和信息，对决策进行评价，以发现决策实施后出现的新问题。必要时，还应修正决策甚至改变决策，使决策取得预期的效果。

市场决策就是要彻底杜绝纸上谈兵。企业领导也一样，要杜绝纸上谈兵，首先要尊重事实，一切决策都要以事实为根据。只有这样，才不会纸上谈兵，真正找到市场决策的出路：收集信息、分析行情、计算成本、预测效益。市场决策是最实在的，其他的都是虚招！

★★★★★★★★★★★★★★★★★★★★★★★★★★★★

管理一点通

没有调查研究就没有决策权。实践反复证明，经过深入系统的调查研究做出的决策，往往都是正确的，并且能够得到较好的落实；反之，没有经过调查研究而草率做出的决策，往往都是错误的，而且更难得以实行。

决策切忌纸上谈兵

很多企业会经常谈战略，在企业的文化墙上经常可以见到制作精美的“愿景”“使命”“目标”，但是当问及这些愿景、使命、目标如何实现时谁也不知，或者不同人给出了不同的答案，甚至有的方案如同天方夜谭跟自身资源禀赋、外部环境、行业趋势大相径庭。

决策绝不是孤立存在的，决策是用来执行的。管理决策方案不具备可操作性，不适合自身的特点导致效率低下和风险过大或不可控，这些都是常见的“纸上谈兵”现象。

“纸上谈兵”是决策的大忌，同时也是某些“赵括型”领导的癖好。纸上谈兵最大的缺陷就是理论不与实际结合，只凭决策者的主观意志想当然地做决策。这样的决策在书面上完美无缺，一旦放到现实中却错漏百出，不堪一用！“闭门造车”就是一种。

南方某电视机厂准备向泰国出口家用电视机。起初，该厂根据我国人民的传统喜好，在专供出口的家用电视机上使用红色，以增加喜庆气氛，从而有助于销售，谁知产品在泰国销路不畅，迟迟找不到大客户——当地居民认为只有救火车才用红色，在烈日炎炎的夏天，电视机摆在家里就像一团熊熊火焰，使人觉得酷热而烦躁；红色象征着血，红色电视机给人血淋淋的感觉，令人望而生畏。

后来，该厂改用银灰色，还是打不开市场。原来，泰国人崇尚佛教，死人时常焚烧锡箔以超度亡灵，他们认为银灰色像锡箔纸，这种颜色的电视机放在家中会招来灾难和鬼魂，不吉利。

那么，究竟什么颜色适合泰国人的喜好呢？同行的另一家电视机厂的做法则要高明得多。一方面，他们组织美术设计人员去泰国逛公园，想从大自然中寻找答案；另一方面，派人与泰国的一家咨询公司联系，组织人员搞民俗调查，发现泰国人喜爱蓝色。于是，该厂投其所好，经过不断摸索，将电视机颜色从深蓝色改为孔雀蓝，最终赢得泰国人的喜爱，这种电视机终于在泰国畅销开来。

第一家电视机厂积压了大量灰色、红色电视机，不得不运回国内销售。而当时的国内电视机市场又进入“白热化”争夺状态，长虹、海信、TCL 等王牌国产电视向大屏幕、高清晰度发展，价格也一杀再杀。这个厂只有将那些落伍的、价格偏高的电视机低价处理，亏损了近百万元。

在商战中，决策者只有正视环境，适应环境，具体问题具体分析，才能立于不败之地，因为竞争的本质是创新，是“物竞天择，适者生存”。旧时代里形成的旧法、旧规、旧制已不能解释和指导组织行为，大量老经验、老框框、老套套早已失去了价值。非常规性事件、偶发性事件层出不穷，新情况、新问题、新思想势如泉涌。在成百上千条的原理、原则中，我们很难断定哪些放之四海而皆准。在发达国家被淘汰的或许在发展中国家刚刚显现出生命力，在不同的产业部门、不同技术装备水平、不同的领导与职工的能力、知识、素质等变量的制约下，同样的原理可能会产生截然相反的结果来。因而，凡事只空谈理论，不注意因势、因时、因地灵活决策，必然做出眼高手低的决策来。

有些企业主管虽然看似注重市场，但是只通过下属去调查，缺乏自身实践，还是在办公室中想市场风云。这一点，同样有害！

有一个著名企业家曾经说过这样一句话：企业要想成功，领导必须日日夜夜一眼不眨地盯住市场——市场需要什么，我就生产什么。但有的企业领导却不是这样，因此他们所做的决策都是在自己“天才”的头脑里凭空产生的，而不是根据市场需要来制定的。这样的决策，结果可想而知。

★ ★

管理一点通

军事学家克劳塞维茨说过：“理论给人们带来的好处应该是人们在探索各种基本概念时得到启发。理论不能给人们提供解决问题的公式，不能通过死板的原则为人们指出狭窄的必然之路。”古今中外，奢谈理论、不切实际都是兵家的大忌。市场不是“谈”出来的，而是“闯”出来的。

决策要积极规避风险

决策往往带有风险性，尤其是重大决策，风险更大。这并不是说可以不顾死活地硬往风险上撞，那样做的后果无异于“硬往猎人的枪口上撞”。因此，尽管是风险决策，也要注意积极规避灾难性后果的发生。

有家著名高科技公司，其核心技术处于世界领先地位，公司的技术人员对此感到非常自豪。由于有投资方资金的支持，这家公司成立之初主要以技术研发为主，基本是扮演了一个研发中心的角色。公司自经营以来，核心技术虽然保持了领先优势，但由于产品不够市场化，所以一直不赢利。

在投资方的要求下，该公司决定要开发设计市场化的产品。因此，公司就做出决策，要求技术人员必须马上转变思路，研发市场化产品，而不是只追求研究高、精、尖技术。技术人员通常都更希望保持自身的技术优势，认为开发市场化产品的技术含量不高，自己在技术上也不能有什么提高，所以对公司的此项提议并不感兴趣。因此，人力资源部门和技术部门的沟通并不成功，很多技术人员都表示不愿意转变。公司高层最终无奈地表示，如果不能转变，就不能再在公司任职。结果双方无法达成共识，最终公司痛失了多名骨干技术人员。

在这个案例中，当事者仓促做出决策，招来了一场不必要的损失。也许他没意识到他所做的选择实际上只是一项不必要的决策。公司当时如果不做硬性要求技术人员转换思路的决策，而是在以后的工作中逐步给技术员加入市场化的概念，自然地完成这个转变，效果可能会好得多。仓促的决策把双方逼到了对立面，最后局势就很难缓和了。

任何决策皆有利弊，任何一项决策的实施都必对企业产生影响。不管是好的还是坏的，永远比决策过程本身更长久。一个优秀决策的选择，管理者一定要以超前的视野对决策执行过程中可能引发的因素做出科学的预见及准确的估计与判断，彻底探讨与评估任何选择方案所可能产生的不利后果。这是不花成本，只运用一点智慧力量，便能控制这类影响的唯一机会。我们必须在可能的不利后果发生前，认清它们，并将它们列入考虑，作为我们决策的一部分。

如果我们能够认清它们，评估它们的话，我们也许能够完全避免它们发生，或者现在采取步骤，以便减轻它们未来的影响。选择方案集中所含的风险，不一定完全是一项要命的因素——只要有人及时发现，设法补救。任何评估与选择，若是忽略了对潜在不利后果做有系统的探讨，最后都将招致灾祸。

决策分析探讨的很少是已经确定的事，一项拟议的行动愈是深入未来，确定性便愈低。而正是由于具有这种不确定性，决策分析这一过程才需要我们的判断、评估，这些都为我们提供了正确决策所需的有效资料。

把我们的感觉、直觉撇在一旁——这会让你做出一些错误的决策，例如，雇用一个你所不喜欢的人，你用他，只不过因为“他的履历表看来不错，而我也尝试保持客观”。然而，你雇用这个人之后却无法与他共事。这种决策不是良好的决策，良好的决策是能够产生积极效果的决策，忽视那些使你的选择变得不可行的因素，是一种最基本的错误。

合理的选择和良好的决策，总是要看我们是否能对所有的相关资料，做彻底的研究和仔细的评估。

决策分析虽然是一种讲求方法的有系统的过程，但它也可以成为一种具有创新性的过程。需要做到以下几点：

（1）不要在糊里糊涂的情况下决策，否则只能导致糊里糊涂的失败。

（2）不要被小恩小惠或小伎俩所迷惑，要从长计议，用决策赢得成功。

（3）好的决策就是能够取得最大的利润；坏的决策不仅没有获得利润，而且“赔了夫人又折兵”。因此，决策者必须是计算利润的大师！

★★★★★★★★★★★★★★★★★★★★★★★★★★★★

管理一点通

任何一项决策，不管是好的还是坏的，永远比决策过程本身更长久。一个优秀决策的选择，管理者一定要以超前的视野对决策执行过程中可能引发的因素做出科学的预见及准确的估计与判断，彻底探讨与评估任何选择方案所可能产生的不利后果。如果我们能够认清它们，评估它们的话，就能够完全避免它们发生，或者现在采取步骤，以便减轻它们未来的影响。

决策时不要强求最好

当领导者就要做决策，但是很多人都遇到过在应该决策的时候犹豫不决的情况。很多时候，导致我们无法当机立断进行决策的最主要原因是我们有一种错误的观念，那就是任何决策都只有两个可能的结果——正确或错误。但实际上这种情况很少见。决策的最终结果不一定非得是正确或错误。最糟糕的结果就是根本不做任何决策。

很多管理者都想要做出一个让所有人都满意，而且能取得成功的决策。但这种完美主义的目标是不现实的——没有哪个决策是完美无缺的，你也不可能让所有的人都对你的选择感到满意。然而有的决策者却显得十分固执，以一种近乎“钻牛角尖”的态度来决策，费时费力，结果却不一定成功。即使成功了，由于付出的代价太大，和失败也没有什么分别。

千万不要强求最好的决策。决策最后要从若干可行方案中选择一个较为合适的方案。此方案未必是最优的，但它可能是实现决策目标的诸多方案中最理想的。

如果你能找出一个比任何其他方案更能涵盖整个现实状况的方案，那就一定可以从中挑出最佳决策。你甚至可凭电脑所能有的量化模式或其他量化决策模式工具来做决策。

但在很多情况下，你无法找出一个明显优于其他方案的决策。这样的话，你就必须试用好几个方案。

例如，你要采取并购行为，去收购别的企业，那么你如何做出决策呢？在采取并购决策时评估被并公司价值的复杂问题，至少有 4 种不同但有意义的决策方法：

（1）持续股利净现值：风险与时间折现后所能期待的现金流量。

（2）清算价值：在正常有序的方式下，全部资产出售所能得到的等值现金。

（3）市场价值：根据相类似公司的最近卖价。

（4）股票市价：就目前的所有人而言，以股票的市场价格来推算该公司的价值究竟是多少。

以上述 4 种方法中的任一种来考察，重要的特殊部分都可能会有遗漏。要决定该公司的价值是多少的唯一可行方法，就是 4 种方法都试。可能的话，还要加试其他的方法，而且还须注意如何对比各种方法所得的结果数字。你可以用每一种方式来核算公司的价值，并假设你有机会将它以你所估算的最高价值出售。

但在很多情况下，对复杂问题的各种看似正确又合理的决策方法，彼此间并没有单纯简易的连接关系。一种处理问题的方法所得出的结果，与另一种同样看似可行方法得出的结果，在某些方面可能是呈互补状态，但在其他方面又可能呈相互矛盾对立的情况。

当这种情况发生时，要确定你的企业选择了一个稳妥的解决办法。换言之，也就是找寻一种能导向成功的解决办法，且在几种不同的方式下都能如此才行。

大多数管理者都想做出的决策让所有人都满意，但是这种完美主义的目标是不可能实现的——没有十全十美的决策，作为管理者应该根据现有的信息来做决策，不要总是回头看过去的经验。

★★★★★★★★★★★★★★★★★★★★★★★★★★★★★

管理一点通

决策不是追求完美和最优，也不是求大同，更不是无原则的妥协，而是建立在客观现实的基础上，以科学求实的态度，秉持“不求完美，但求合宜，量力而行，匹配为上”的原则，寻找多种具有创见性的解决方案，并对各种方案进行评判、甄别，最终选择一种与企业自身能力和资源相匹配，对提升企业利润和竞争力有巨大贡献的方案。

概括而言，决策的关键点就是要坚持两个“匹配”：一是在战略设计时，选择与目标、资源、战略相匹配的战略方案；二是在战略执行时，依据战略方案，选择与战略、运营、人力资源相匹配的行动策略。唯此，决策的正确性、有效性和执行性才能大大提高。

要准备各种可选择的方案

我们在做决策时，总是倾向于只考虑一种方案，总认为那是正确的方案。因为公司一向自己生产产品，所以它就得继续制造下去。

由于公司一向将销售价格与制造成本之间的差额看作是利润，于是提高利润的唯一方法就是削减生产成本。我们甚至从没想到还可以把产品制造任务转包出去，或者改变产品的组合。

准备各种可供选择的方案，这就将基本判断提高到自觉判断的唯一途径，它可以迫使我们对选择进行审查，测试它们的有效性。可供选择的方案并不是智慧的保证，也不是正确决策的前提。然而，它们至少可以让我们避免犯只要仔细一想就可以不犯的错误。

一家小型水暖设备制造商下属的一家老厂，由于设备陈旧，在竞争激烈、价格敏感的工业环境中，已面临倒闭的危险。管理部门十分正确地做出了决定：公司应该放弃那家老厂。但由于管理部门没有强迫自己准备好各种可供选择的解决方案，因此就决定要建一家新厂。而这一决定终于使公司破了产。在发现老厂已被淘汰之后，除了决定停产外，没有采取任何其他行动。

其实，当时有很多可供选择的行动方案，比如可以与别人签订生产转包合同，也可以为另一家制造商承担经销业务。这两个方案中哪一个都可以试一试，而且肯定会受到管理部门的欢迎。因为他们已经认识到建新厂所涉及的风险。可是，管理部门没有想到这些可供选择的方案，等他们要想这样做时，已为时太晚了。

做决策时，拟定供选择用的各种可能方案是决策的基础。如果只有一个方案，就没有比较和选择的余地，也就无所谓决策。

准备多个方案是选优的前提，国外决策理论都很重视拟定多种方案的重要性，并把那种只有一种方案而没有选择余地的决策称为“霍布森选择”。17世纪初，英国剑桥商人霍布森卖马，声言允许顾客挑选，但附加一个条件：只许挑选离围栏门最近的那匹马。这实际上等于不准挑选。后人讥讽这种无选择余地的“选择”为“霍布森选择”，并视为决策中的大忌。国外许多经营决策者常用这样的格言提醒自己：“如果你感到似乎只有一条路可走，那很可能就是走不通的”，以此说明制定多种方案的重要性。

从理想的目的出发，人们当然希望能把导致目标实现的所有可能、所有途径、所有手段和方法都设想和考虑到。因为如果做到了这一点，其中就肯定包括了“最佳”方案，这就是所谓的齐全性原则。

但从绝大多数决策情况看，由于人们的认识与活动受主客观各方面条件的限制，要坚持齐全性原则并实现这一要求是非常困难的。因此，决策论的“开山鼻祖”西蒙提出用“满意”原则代替“最佳”原则。即，设立一个最低限度的满意标准，所选的方案达到或超过这个标准就行了。这样，人们在制定备选方案时，就不必非去发现所有的可能和手段，只要制定出能够满足最低限度标准的若干备选方案就可以了。

但是，即使使用“满意”原则代替“最佳”原则，在决策中仍然要搞多种方案选择，因为备选方案愈多，满意方案或最佳方案包含在内的可能性就愈大，决策成功的机会也就愈大。20世纪60年代初，苏联将中程导弹运往古巴，发生加勒比海危机。对此，美国制定了6个备选方案：(1) 无所作为；(2) 施加外交压力；(3) 通过各种渠道同卡斯特罗谈判；(4) 全面入侵；(5) 空袭、摧毁导弹基地；(6) 采用间接的军事行动，封锁海面。最后，肯尼迪选择了第六方案，迫使赫鲁晓夫撤出了运进古巴的导弹，从而避免了一场大规模的战争。

备选方案越多，领导者选择的机会就多，满意方案或最佳方案包含在内的可能性就愈大、决策成功的可能也就愈大。因此，不可因为缺乏人才或者缺乏做正确事情的能力就可以随便做出错误的决策。决策应从许多真正的选择中去寻找，这就是说要在能解决问题的各种不同行动方案中去寻找。

如果解决问题需要人们有更多的技能，那么人们就只能去进行学习，要不就会被有更多技能的其他人所取代。如果只是找到一项纸上谈兵的解决办法，而在实际上却行不通，那就算不上解决问题，譬如没有人力资源来执行这一方案，或者没有所需要的人力资源。

为了实现决策目标，解决存在的问题，就要分析现有的各项条件，创造新的条件，研讨对策，拟定各种准备实施的方案。拟定完善的方案，就是要打开思路，从不同角度做多方面的大胆探索，力求不漏掉各种可能途径。

对领导者来说，做决策的过程就是一个冒险的判断过程。你要从诸多备选方案中做出选择（它是你对未来的一种预测），然后凭借极大的勇气向组织内外的人宣布自己的预测。如何让这一过程的冒险系数实现最小化？我们有 6 条准则可以遵循：

1. 想象一下方案付诸实施之后最有可能出现的状况

想象一下，从你做出决定启用某解决方案的那一刻起，事情将会朝什么方向发展。你如何就它与相关人员进行沟通？哪些人与之相关？接着将会发生什么？事情将会如何发展（注意那些首先进入你大脑的想法）？将会有哪些里程碑事件（即方案实施过程中将会出现的关键点）？如何应对最不确定的因素？

不必专注于哪种情况的可能性具体有多少，相反，你只需要专注于那些自然而然地进入你大脑的对于未来的预测。

2. 评估最糟糕的情况

问问自己：如果那项决策对业务产生消极影响，最糟糕的情况将会是怎样？

评估你的反应和接受程度。一旦真的出现最糟糕的情况，你是否有能力应对？如果这种情况可能出现，就应做好准备应对它。

3. 找出导致方案失败的原因

注意关键不确定因素是如何导致最糟糕情况出现的。同时，罗列其他原因。是什么原因直接导致最糟糕情况出现的？不要纠缠于对结果的研究，只要识别那些导致方案失败的问题。

在做好准备接受最糟糕的情况之后，问问自己：

（1）为避免出现这种局面，我应如何对方案进行改进？

（2）为避免出现导致方案失败的因素，应该采取哪些措施？

再次充分发挥你的想象力，认真思考应该实施什么样的有创意的方案，来解决在关键转折点出现的风险。

4. 评估最好的情况

问问自己：如果选择了这个方案，最好的结果是什么？想象一下最好的情况。注意那些自然而然地进入你大脑的事物，注意那些“里程碑事件”。然后在脑海里重新回放这些画面，描绘其中的具体细节，并对方案进行完善。

5. 根据目标和主要约束因素对方案进行评估

你也许会对自己的反应感到吃惊。比如，“这个方案并不能很好地解决这个问题，但我喜欢它。实际上，我认为这是个正确的选择。”注意不要忽视这些信号，不要试图自圆其说。关注这些信号，并认真思考为什么自己会有这样的想法。

6. 寻求调整方案的办法

问问自己：怎样才能对方案进行调整，使之可以更顺利地交付目标成果，并更好地克服主要约束因素？

★★★★★★★★★★★★★★★★★★★★★★★★★★★★★

管理一点通

备选方案越多，领导者选择的机会就越多，满意方案或最佳方案包含在内的可能性就愈大、决策成功的可能也就愈大。

要做到科学决策

决策的失误是最大的失误。生活中我们许多人由于决策失误，而尝到了许多不必要的苦头。

有这样一则小故事：很久以前，一个人偷了一袋洋葱，被人捉住后送到了法官面前。法官提出了3个惩罚方案让这个人自行选择：一是一次性吃掉所有的洋葱；二是鞭打一百下；三是交纳罚金。这个人选择了一次性吃掉所有的洋葱。一开始，他信心十足，可是吃下几个洋葱之后，他的眼睛像火烧一样，嘴像火烤一般，鼻涕不停地流淌。于是他说："我一口洋葱也吃不下了，你们还是鞭打我吧。"可是，在被鞭打了几十下之后，他再也受不了了，在地上翻滚着躲避皮鞭。他哭喊道："不能再打了，我愿意交罚金。"后来，这个人成了全城人的笑柄，因为他本来只需要接受一种惩罚的，却将三种惩罚都尝遍了。

每个人在许多情况下都面临选择，做出决策，尤其是管理者或领导都希望尽量少走弯路。将决定做得完美一些，少一些遗憾，是所有人的期望。那么，做出正确决定的前提是什么呢？那就是要善于做出科学的决策。

做好科学的决策对一个企业至关重要。管理者在决策时，应把握好以下准则：

1. 认真进行可行性分析

不仅考虑到决策实施后的盈利和成功的机会，更要估测可能出现的风险和不确定因素。对实施决策过程中的内外因素及主客观因素进行分析。

2. 运用信息进行系统研究

包括通过互联网、行业协会、市场调研等渠道，获取销售市场、供应市场及人力资源、金融市场等信息，以便在执行项目时恰如其分地布局。

3. 运用项目择优的原则

即对前景不能完全把握的项目，应该先设计多套可行性方案，然后再从中选出最符合实际的方案。

4. 制定规范性的准确目标

决策总是为了达到一个既定的目标。在一定的条件和基础上，确立希望达到的结果和目的，这是决策的前提。有目标才有希望，有目标才能衡量决策的成功或者失败。所以目标选择是决策最首要的环节。

5. 选择最优方案

决策必须根据既定目标，运用科学手段，评价各种方案的可能执行结果，选择最优方案。决策总是在一定条件下，对若干方案进行选择。择优包括两个方面：一是目标选择，即寻找优化目标；二是方法选择，即寻找达到目标的最佳方法和途径。

6. 分析决策的可行性

决策是为了实施择优的方案，不准备实施的决策是毫无意义的。决策的可行性，首先取决于它所依据的数据和资料是否准确、全面，因此，科学决策一定要建立在科学预测的基础上；其次，决策方案与实际情况必然存在一定的差距，为此，决策应富有弹性，要留有余地，使需要与可能相结合，以保证目标实施的最大可能性。

★★★★★★★★★★★★★★★★★★★★★★★★★★★

管理一点通

有大赛经验的体育明星都知道，要想最终折桂夺冠，首先要少犯错误；否则，赛事未了，可能早已被淘汰出局。同样的道理，企业经营决策要想卓越超人，首先在于全力避免失误，否则早已船毁人亡，哪里还有继续竞争的资格？所以，企业管理者应学会解决企业长远和整体发展的策略和方法，自觉地按照科学决策的原则和程序，不断提高科学决策的水平，快速准确判断发展趋势，把握发展变化的内在规律与外在现象，推动工作不断发展进步，保证企业健康稳定地成长。

决策绝不能想当然

企业决策与企业的命运息息相关，因而决策不能想当然，也不能就事论事而简单了事。而是要像张瑞敏提出的“要有二次决策”，即针对决策之后的负效应再做一次决策，以保证决策的顺利进行。

一家生物科技公司，因为当时食品药物管理局的审议小组拒绝批准其抗血凝药剂的发行。该公司肯定地认为该药剂的核准绝无问题，因此投入了大量资金厂房与设备来生产这个新药剂，雇用了几百名员工来准备新产品的推出上市工作，广告运作为即将到来的销售努力，设立该药的大量库存，而其保存期仅两年，卖不出就报废。

该公司的领导有生物化学家与粒子生物学家，其所采取的决策在于强调由受控的实验室测试所得的可靠事实证据。为了应付食品药物管理局的审议小组，该公司准备了成堆的试验室证明报告，用以实证药剂能溶解与降低血凝块的形成。

但食品药物管理局审议小组的成员大部分是医疗界的专家，其所采行的决策则在于强调临床医疗的重要性。他们所想要看的是由病患者实际治疗为根据的事实证据。他们对真实世界与实验室有怎样的不同差异知道得太清楚了，因此对该公司实验室所提出的各种科学上的理由持保留意见，认为它不像具有医疗历史的其他厂家，已充分地展示其药剂的疗效。

该公司只准备了一点点临床医疗证据，而且对其已有的医疗证据也不太重视。在它的药剂被拒绝上市后的一星期内，该公司的股票跌了 24%！几乎近 10

亿元的市场价值不见了。

这实在是一个深刻而又痛苦的教训，值得每一个企业的决策者牢记，决不要重蹈覆辙，否则很可能万劫不复。

对于一个公司来说，确定路线是生存的先决条件。管理的关键在于决策。管理者的决策不是从“众口一词”中得来。好的决策，应以互相冲突的意见为基础，从不同的观点和判断中做出选择。好的领导都是在差异当中找到统一的东西。

某地的一处观光名胜聘请一家小型的顾问公司以求降低成本，并要求这家小型顾问公司必须做出决策方案。经营顾问发现该观光胜地忽视了可赚更多钱的重要部分。该胜地只专注在小而传统的常客，忽略了会议型的业务，忽略了与其他旅游胜地联合办理共同订位，分享营销机会等。

经营顾问认为这些漏失的机会是放弃机会的成本。机会成本少有能直接评估的情况，但这些经营顾问的决策将它与全然的浪费当作同等的重要事项。因此经营顾问告诉该观光胜地的经理主管说，应该鼓足全力解决机会成本的得失，就如节流同样重要，并要求采取新的行销办法。

这位经理主管是一位白手起家的粗犷型人物，搞不清他们在讲什么，他所关心的只是去除他所见而且目前正在发生的浪费问题，不是那些经营顾问所谈的新生意机会的问题。

终于，经营顾问想出了一个办法，将这位经理的目标由目前的收益转换到如果抓住适当的机会则将来的收益会是多少。他们说，假如你不采取这些行动，你一年将损失几千万元。稍后，这些经营顾问承认，几千万元的统计数字是有点夸张的意味，但这是唯一能让对方听进他们在说什么的妙方。

一项决策在确定后，能否最后取得成功，除了决策本身性质的优劣外，还要依靠对决策运行进行控制与调整。当然，再次决策绝不是简简单单的第二次决策，而是对战略目标的优化、对支撑战略目标的关键举措的确认、检验，对关键举措可执行性的细化，是对各项决策产生后果的系统思考。

二次决策能够有效实施并非易事，对领导者素质、日常管理水平、企业文化、制度流程都提出了较高的要求。经验表明，只有将二次决策的思想融入到日常决策中去才能更好地开展经营活动。

管理一点通

二次决策是贯穿管理全过程的决策，在实际工作中表现为对战略目标的优化、对支撑战略目标的关键举措的细化、对具体方案路径的调整。

此外，二次决策还要做好应对未来可预见情况下的变化，提出几套可实施的方案，这样才能保证未来内外部环境在可预见的范围内发生变化时能够更快地做出反应。

熟练掌握决策的技巧

领导者决策的成败，直接影响到该决策所涉及范围内的社会效益和经济效益。决策一旦失误，即目标错误或实施方向发生偏差，就会导致“南辕北辙”的后果。并且其他工作做的越好，损失就越严重。只有熟练掌握决策技巧，才能做到“成竹在胸”减少失误，提高决策的成功率。

1. 决策目标

确定目标是决策的第一步，有了目标，决策就有了明确的目的，制定达到该目标的各种方案才能成为可能，否则决策就无从谈起。“无的放矢”的做法应该避免。

（1）确定决策目标的原则："不唯书、不唯上、只唯实，斟酌、反复、比较"。广泛征求专家的意见，根据现有的主客观条件确定决策目标。力戒"假、大、空"的目标。一般本着"跳一跳，能够到"的原则去控制目标。

（2）切合实际，实事求是。所确定的目标无论是长期、中期，还是短期目标都必须符合客观实际，切实可行。在制定目标时，如果凭着主观想象和愿望，凭"拍脑袋、想当然"制定出脱离实际的目标，到后来只有事与愿违，即使动机是好的，可我们不能以"失败是成功之母"来自慰。

（3）量力而行，高低适宜。在决策中不好大喜功，贪大求洋，一味地追求高指标。一旦违背了客观规律，必将造成欲速则不达的后果，使决策半途而废。但是，绝不能以此为借口，"因循守旧"而放弃"出奇制胜、适度冒险"的决策。关键是决策者对"理想和现实"的理解和认识。

在确定决策目标时，如目标太高，在实施中困难重重，甚至半途而废，造成巨大损失。而目标太低，虽然达到目标，但收效不大。以上几点，都是在制订决策目标时应该注意的。

2. 预测

《孙子》说："夫未战而妙算胜者，得算多也；未战而妙算不胜者，得算少也。多算胜，少算不胜。"这里所说的"算"就是预测。预测是决策成败的关键。"凡事预则立，不预则废。"毛泽东把"知彼知己者，百战不殆"称为"孙子的规律"和"科学的真理"。若没有对周围及自身情况的充分了解，没有对决策对象的未来发展进行准确的预测，那么所谓"成功决策"只能成为一句空话。

（1）信息的收集。及时、全面、准确地掌握和利用信息进行预测，是决策成败的关键环节。只有占有大量正确的信息，科学决策才成为可能。

（2）信息的整理，即对信息情报进行分类、鉴别、加工、存档的处理过程。经过处理的信息，才能用于预测和决策。因此，信息处理也是信息系统中的关键性环节。

（3）约束，即阻碍决策实施的不利因素和制约条件。它包括两方面的内容：一是对决策前和决策实施过程中将遇到的困难充分考虑，并制定解决办法；二是充分估计决策实施后所带来的不利因素，甚至危害。

毛泽东说："要想渡河，就必须先解决桥和船的问题。"也就是说，桥和船是过河的约束，如不解决桥和船的问题，过河只是一句空话。只强调有利因素和理想，不考虑失败和风险，对决策实施后的弊端估计不足，结果就会事与愿违。如"拔苗助长"就是一例。

3. 制订方案

在调查研究的基础上，围绕决策目标制定出可供选择的若干方案，以备决策时选择。

（1）方案拟定。所拟定的方案必须与目标或任务相符合，如果所执行的路线与方针不符，即大方向错误，就会发生"南辕北辙"的笑话。决策方案必须能付诸实施，无法实施的方案是无用的。如"又要马儿跑，又要马儿不吃草"的方案与"杀鸡取卵"无异。它们在极特殊的条件下方可应用。"在战略上要藐视敌人，在战术上要重视敌人"，即在做战略决策时要树立我军必胜的信念，把敌人看作是纸老虎；而在做具体作战规划时又要重视敌人，把敌人看成是真老虎来打。即在确定决策目标时要胆大，在制定具体方案时又要心细。

（2）咨询评估。充分发挥智谋人员的参谋作用，集思广益，使评估结论稳妥可靠。根据具体项目咨询评估的需要，可委托咨询机构提供服务，或聘请不同专业、不同层次的专家、学者及群众共同讨论。充分听取意见，力争使咨询评估结论更加科学全面。

孔子曰："三人行，必有我师。"毛泽东说："群众是真正的英雄，而我们自己则往往是幼稚可笑的。"这就是说，决策者要善于向群众学习，因为群众中蕴藏着无穷的智慧。决策者更要听取群众的逆耳之言，因为"良药苦口利于病，忠言逆耳利于行"。

4. 决策

为了优化地达到目标，通过对若干方案的斟酌、比较，最终选择某一方案的过程。即权衡利弊，寻求解决问题的最佳方法，即方案是多元化的。怎样多快好省地实现既定目标，才是人们所追求的。“足智方多谋，多谋须善断”也是对决策的高度概括。决策需要敏锐的洞察力和勇敢的创造力。“运筹帷幄之中，决胜千里之外”听起来似乎有些玄妙，但了解了人们的洞察力是凭借他自身经验的积累，而经验又来自于亲身实践，就不难认识决策艺术来源于实践而又服务于实践。

（1）纵观全局，着眼未来的原则。战略决策一般讲时间跨度较大。在整个决策过程中，“时过境迁”的情况不可避免，这就要求决策者着眼于未来，使决策本身具有整体弹性，以提高对各种可变因素的适应能力。对重大决策要有若干个预备方案，如阿波罗登月飞行，在全过程中就有 13 个预备方案。

（2）立足现实，宁备不用的原则。一切从实际出发，根据客观实际，量力而行，进行决策。防止贪大求洋，一味地追求高指标、高标准，结果欲速则不达。事备而动，宁可备而不用，不可用而不备。不打无准备之仗，不打无把握之仗。

（3）审时度势，当机立断的原则。在整个决策过程中，为适应不断变化的新情况、新形势，在认真研究的基础上，随时进行主动灵活的决策。如果一味地追求“凡事要三思而行”犹豫不决，就会错失良机。在决策时要把握好：审时度势、正确分析而不优柔寡断；当机立断、果断决策，而不可头脑发热、莽撞从事。

5. 控制，实施

有控制地对决策实施。在决策执行过程中实行监督、反馈制度，以便修改执行路线上的偏差，必要时进行再决策。如果没有监督管理，执行机构就失去了约束力。如果没有反馈，决策者就无法知道执行机构在运转过程中与决策指令的偏差，必然使整个决策活动陷入情况不明的盲目状态之中，也就无所谓对具体步骤进行再决策。在决策实施过程中必须实行监督、反馈制度，才能使决策者变得耳聪目明。

管理一点通

领导要借助一定科学理论、运用科学的决策技术和思维方法，对多种准备行动的方案进行选择，以期达到优比目标。

第四章

决策要制订客观方案

决策活动是人的一种主观行为，只有主观的决策与客观实际相统一，才能达到预期的效果。实事求是是正确认识世界和改造世界的唯一正确的方法。管理者要想做出正确的决策，必须使主观能够正确地反映客观实际及其规律性，使主客观达到一致。这就要求管理者从实际出发，通过科学调查研究，正确认识和掌握客观事物的规律性，并以此为根据制定政策和工作计划，以指导实践活动。管理者千万不能简单地靠“拍脑袋”决策，也不能不切实际地照搬别人的经验和做法。

决策要具有针对性

企业的发展需要很多决策，大到企业战略和市场竞争，小到人事冲突和劳资纠纷。因此，企业管理者在有限的计划里，首先抓哪一项决策，然后再考虑哪一项决策，都是有主次之分的，切忌眉毛胡子一把抓。要根据企业的现有人力、物力、财力，找到当前最需要、最紧迫的决策，彻彻底底地做好它、完成它。这样，就能带动其他一系列决策的顺利展开。

小张是某牙刷厂的新任主管，但是初来乍到就面临产品销售的强大压力，如何使原有的那一箱箱牙刷能占领市场，成了一大难题。准确地讲，这个难题不是由他制造的，而是他从前任那里“继承”下来的。但是，他现在必须以企业主管的身份来解决这个问题，这一点再不同于他是该厂普通职员的身份和义务了。他在上任的第一天，接到董事会的决策议案:“在三天之内，全面制定出从生产到销售一条龙的牙刷经营战略。”

但是小张并没有这样做，因为他有自己的决策思路：原来该厂生产的牙刷在使用时非常容易使牙龈出血，致使销量极少。这一点来源于他自己的亲身体会。因此他认为，制定一条龙的牙刷经营决策并没有多少实际意义，关键是要从牙刷本身的质量开始决策。于是，他决定第一个要完成的决策就是“改造牙刷造型”!

小张是这样完成他的第一决策的：

小张和同事们想出了不少解决牙龈出血的好办法。他们提出了改变刷毛的质地、改造牙刷的造型、重新设计毛的排列等各种改进方案，经过论证后，逐一进行试验。

试验中，小张通过放大镜，发现了一个为常人所忽略的细节：牙刷毛的顶端由于机器切割，都呈锐利的直角。“如果通过一道工序，把这些锐利的直角都锉成圆角，那么问题就完全解决了！”同事们都一致同意他的见解。经过多次实验后，小张和他的同事们把决策正式地向公司提出。公司的董事们经过讨论后，接受了这项决策，并迅速投入资金，把全部牙刷毛的顶端改成了圆角。改进后的牙刷很快受到了广大顾客的欢迎，后来对公司做出巨大贡献的小张从主管成为公司董事长。

小张的决策是成功的，他在做出自己的第一决策前，没有盲目听信公司的决策，而是有针对性地根据牙刷造型展开的。成功的管理者决策时，会具体地分析具体事物，以此做出正确的判断，找出针对性最强、最有成效的解决问题的方案。相反，如果不去研究各个事物的特殊性，满足于一般了解，停留在泛泛分析，就找不出有效的解决问题的方案，甚至把事情弄糟。

当然，从决策者的角度讲，谁都想把决策设计得非常周全，不出疏漏，形成连环套。事实上，做到这一点是非常困难的。因此，现在企业的肌体尚存在许多病症，直接影响到企业的健康发展，而需要决策的方面又是很多的，也就是说需要医治的方面是很多的。这样总得先挑出一个关键部分进行决策，防止面面俱到，结果面面顾不上。这一点就如同给一个患有多种疾病的人进行治疗一样，总不能用一种药治几种病，或者同时用几种药治几种病，反而会什么病都治不好。这个道理在企业主管做出决策时必须明白。

其实，抓“眉毛”是决策，抓“胡子”也是决策，到底先抓哪一个，我们的原则是：眉毛乱了抓眉毛，下巴痒了抓胡子，切忌一把抓两处，结果眉毛和胡子都抓了个皮毛。这种主次有别的决策战术，看起来很简单，实际上很实用。

★★★★★★★★★★★★★★★★★★★★★★★★★★★★

管理一点通

管理者在有限的计划里，首先抓哪一项决策，然后再考虑哪一项决策，都是有主次之分的，切忌眉毛胡子一把抓。要根据企业当前最需要、最紧迫的问题入手，越是有针对性的决策，才越是有杀伤力。

切忌过度自信

《龟兔赛跑》这一则寓言，结果大家都知道，是乌龟赢了。因为它不懈的努力，换取了胜利。而兔子却高傲、自大，低估了别人，总认为自己最厉害。其实有自信心是好的，但不能太过于自信。决策也是一样，有些过于自信的领导，虽然在平时常常给人以有才干的印象，但是在决策中，他们却不止一次犯下严重的错误，往往第一、第二次错误能让别人理解，可是第三次错误之后，下属终于明白：过于自信就是他们“触礁”的根源！

过于自信的企业领导，是做不好决策的，因为他是缺乏自知之明的人，无法了解自己，也难以和他人沟通，往往使决策变形。

一个领导，既不能了解自身的决策方案，也不知道竞争对手的决策方案，这样要求他做出妥善、正确的决策是不可能的，失败是他唯一的结局。一个企业领导要做妥善决策的关键在于：了解自身的决策方案，否则永远不会搞清楚在何时重选决策方案，也可能会欠缺重选决策方案必备的自知之明。

问题在于，几乎所有的领导都认为自己是自信，而不是过于自信。

有许多事实表明：绝大部分的领导都对他们自己的决策给予太多的自信。有很多领导对他们所相信的决策过于自信，甚至给自己以后决策带来副作用。

如果真能从过于自信中吸取经验，明白自信是决策所需要的，而过于自信——自负则是决策不需要的，那么企业领导在做出决策时，就掌握了“适度”

法则。

喜好当场决策的领导以为:“我有充分的能力与足够的相关经验，因此我的判断必然是可靠可信的。”但机警的部属在听闻这种说法时，总会知道:“大概他又在吹了!”

发挥整个管理群的集体智慧与经验来参与决策，远胜于只依靠领导的个人决策——尤其在市场萧条的时期。取决于一个完整的、设计良好的、详尽的轮廓或计划，将大为降低造成不必要的失败的危险性——它至多只是将决策后延一些而已，但如决策不当或鲁莽从事，很可能将造成公司的致命伤害。

某著名企业家把自负与决策的关系概括为以下十点。

(1) 夸大自己的本领，不相信别人的意见有正确的成分。

(2) 自以为对市场的把握比较准确，实际上缺乏客观事实。

(3) 喜欢从过去的经验中找到决策的依据，而不顾及眼前发生了变化的情况。

(4) 对待下属的意见，一味采取排斥心理，总认为下属的看法都是浅见。

(5) 善于用一种套路去决策，而不能够采用多种方法，多种选择。

(6) 仅仅看准某些“新、奇、特”的东西，认为凡是这些东西必然具有决策的价值，而忽略长远利益的参考。

(7) 嗜好自己念自己的“经”，不愿听别人失败的教训，总认为自己能决策好，能干好。

(8) 特别喜欢走极端，在极端的选择中求决策、求生存，而不知极端往往就是死路一条。

(9) 心胸狭窄私欲强烈，即使别人提供的决策合理，但因为这个人与自己有冲突，就不采纳。

(10) 试图用自己认可的决策，来表明自己在公司的地位是多重要，而把集体利益置之度外。

假如一个企业主管不能从心理和行为上克服过于自信给决策带来的“灭亡”后果，那么这个主管是在“走钢丝”，说不定，他就会被炒鱿鱼!

身为企业领导的决策者，如果要改掉过于自信的毛病，首先要承认无知，即承认事实上还有许多自己不了解的东西。然后主动去搜集、了解它们，创造出一个清楚无误的决策方案。

为你的决策明白地做出一个方案，是防止你在判断上过于自信的一支分解剂。仔细地界定问题通常有助于你去了解困难的所在。仔细列出决策所需要的情报，是更进一步抵抗过于自信的武器。如此做后，能让我们对附和性的事实证据所具的天生偏差态度有所认知。

另外，作为决策者必须牢记，要训练有素去找寻与你的意见可能相左的资料。如果你花精神去找，而一无所获时，你才有理由充满自信。找寻的办法之一，就是设立另一个可供选择的假设，两个一起接受测试。和资讯一样，凡是和决策者一致的意见，无论动机如何，都属于附和。喜欢并能听进去这种意见的决策者，其决策不可能不出现错误。

管理一点通

我们知道，世间的所有事都是有度的。当一种品质处于一定程度时，会成为一件好事。但超过一定程度，则会成为一件坏事。自信与极端自信的关系，也是如此。自信是好的，然而，过度自信会因为导致管理者犯下一大堆的代价高昂的错误而对企业产生毁灭性的影响。优秀决策者不应该把狂妄当自信，而一叶障目，也不应该把偏执当自信，而独断专行，更不应该把鲁莽当自信，而任意拍板和决断。否则，决策者就会在追求自信的道路上迷失方向，而走向歧途。

决策需要系统的眼光

任何问题都是一个一个地来解决的，管理者不要想着一次决策完所有的问题，然后就高枕无忧了。事实上，当你想决策一个问题时，你真正面临的，事实上是一堆问题。决策一连串问题，特别困难的原因之一是，这些问题并非一动不动地站在那儿等你去解决。它们是一直在变动的——问题的主题、艰难性、持续时间或影响范围等，都是随时在变动的。

缺乏决策经验的管理者常常同时向他手上的“所有”问题一齐“进攻”。但是，这种“攻击面”常常愈来愈大直至最后，他想决策这些问题所需的调兵遣将能力已超过了他的思考负荷。

管理者必须学习去“忘掉”这句俗语:“眼光要看到整个树林，不要只停留在一棵棵的树木上。”他必须同时注意到树木和树林，这必然是很难的。要将任何事做得最好，你当然要付出相当的代价。

时间是宝贵的，要珍惜而聪明地善加利用。问题是可以解决的，如果你一次只看一个问题的话——因为如此之后，你可以给每个问题分配一段适当的时间；在那段时间内，你可以将你全部的精力投注在那个问题上，以求得最佳的解决方法。

决策如同打仗，如果集中兵力，一次只攻占一个山头的话，那么胜利的概率就很大；而如果一次进攻好几个地方，其胜利的概率就小得多，甚至是失败。

英国之所以能够保住其制海权，是因为纳尔逊勋爵（1758—1805）将“字形排列”的技巧发挥到极致，因此当一艘敌舰进入射程时，他可以将“所有”

的战舰对着同一靶点，以庞大而集中的火力，一次攻打一艘。企业的决策也是一样，将所有的问题，就像纳尔逊将军对付所有的敌舰一样，将它们依其轻重缓急，排定先后顺序，然后集中你所有的力量，一次只解决一个问题。

排列好大小问题的顺序，用系统的眼光逐个决策，不要指望一次就能解决问题，而要次次解决问题！

管理一点通

领导者就是要高屋建瓴，统揽大局，"抓住重点，带动一般"，"突破难点，搞活全局"，能抓住主要矛盾，找准重点问题，这样才能做出正确的决策。

要考虑的仅仅是"正确"的决策

在做决策的时候，如果既顾虑别人能否接受，又顾虑是否会引起别人的反对，那就纯粹是在浪费时间，不会有什么结果的。

在现实生活中，你所担心的事往往不会出现，而你没有想到的逆境和困难，却往往变成不可逾越的障碍。如果你开始做决策之时就问"怎样做别人才能够接受"，那么你即使做出了决策，结果还是什么也得不到。因为当你这样问的时候，因怕别人不接受，就往往不敢提出最重要的事情，这样一来，你也就得不到有效和正确的答案了。

曾经一位企业总裁对他的助理说："我将不会告诉你研究什么，写什么，也不知道应该得到什么结果，这些都是你的任务。我的唯一要求就是，希望你把你认为是正确的东西记下来，而不要顾虑我们的反应，不要顾虑我们是否喜欢它。尤其重要的，你不要想利用折中的办法来使你的建议容易被接受。在我们公司中，用不着你的帮助，每个管理者都知道使用折中的办法。除非你告诉我们什么才是正确的，否则我们不会有‘正确的’折中。”

任何人都有喜欢折中的倾向。如果我们不知道什么是满足规范和边界条件的正确决策，我们就不能区分正确的折中方法和错误的折中方法，最终就会走到错误折中的方向去。因此，无论是谈判还是决策，都应掌握尺度，否则一不小心，就会陷入“错误妥协”的陷阱。由于考虑到最终难免需要做些妥协，管理者在决策时必须先从是非标准出发，千万不能一开始就搞凑合，更不能以人来论是非。

★★★★★★★★★★★★★★★★★★★★★★★★★★★★

管理一点通

领导决策是一个过程，科学的决策需要严格的程序来控制。科学决策过程一般包括三个环节：确定目标、拟订可行方案和方案优选。决策是针对目标而言，没有正确的目标就谈不到正确的决策；决策产生于可行方案的比较，在一定范围内比较各种可行方案就成为决策的基础；方案的选择是科学决策的重要一环，需要领导者进行科学的定性、定量分析和果敢、准确的直觉判断，并能对已实施的决策做出正确的评价与修正。

要在必要的时候才做决策

管理者并不是随时随地都要做决策。不了解这一点的管理者，很容易陷入决策的陷阱。有家企业面临金融危机，其财务主管极力主张降低成本，因此喜欢抓住某些小毛病不放，尽管克服那些毛病并不能改变当前的局面。比如，当他知道销售和储运部门的成本大大超过预定指标时，他就努力地去帮助这两个部门设法控制成本。可是时隔不久，他又做了一件往自己脸上抹黑的事——他过分地关心起某个部门“不必要地”多雇了几个老职工。当时有这样一种说法，认为解雇这几位马上就要领养老金的老职工并不能解决企业的效益问题，但他仍然解聘了那几位老职工。他为自己辩护道:“其他人都在做出牺牲，为什么工厂里的人就可以不讲效益?”当事情过去之后，大家早已忘记了是他挽救了这个企业，只记得他处理了那三位可怜的老员工。

高效的管理者一般不会有很多的决策要做。这倒不是因为这样的决策太费时间，其实做这种决策通常并不见得比按照表面现象或临时需要来决策更费时间。说管理者不需要做很多的决策，是因为他已经有了解决一般性问题的规则和政策，因为他可以运用有关的规则来解决绝大多数的问题。

有一条法律方面的俗语这样说:“法律越是复杂，律师越是无能。”他们试图把各种问题都当成特殊的现象来加以对待，殊不知它们只是一般法律规则下的一个特殊的例子罢了。同样的道理，如果一个管理者一天到晚忙着做决策，那恰恰说明他是个懒惰而又低能的管理者。

决策就好比是动外科手术，它是对原有体系的一种介入和干预，所以总要冒着休克的风险。如果没有必要，根本就不需要做任何决策，这就好比一个好外科医生决不会去动不必要的手术。不同的决策者会有不同的工作风格。有些比较激进，有些偏向保守，但从总体上说他们都遵守一定的工作规则。

如果不采取进一步措施情况将会恶化时，那就必须做出新的决策。如果机会来临，那就应该不失时机地做出决策。假如机会重要，而且可能稍纵即逝的话，那就必须立刻行动，甚至包括采取巨大的变革行动。

在某些条件下，也的确可以不做决策，比如不加干预事情也不会出毛病。有一个问题可以帮助我们来进行鉴别:“如果不采取行动，情况将会怎么样?”假如答案是“不会出什么毛病”的话，那就根本不需要去进行任何干预。另外，假如情况的确有点令人头痛，但事情本身不是十分重要，也不会造成什么实质性后果的话，那么也就不必去加以干预。

管理者该决策就决策，不需决策的，就不需要浪费力气。卓有成效的决策者要问的最后一个问题也许就是“决策真的有必要吗?”其实，早在2000年前，罗马人的一条法律就已经说过:“行政长官不宜去考虑鸡毛蒜皮之类的事情。”关于这一点，看起来当今的许多管理者都还需要补上一课。

★★★★★★★★★★★★★★★★★★★★★★★★★★★★

管理一点通

管理者并不是随时随地都要做决策。不了解这一点的管理者，很容易陷入决策的陷阱。管理者可以减少或放弃这些不再产生成果的任务，以减少浪费在这些事情上的时间。

决策要防止因小失大

企业里常常有些意想不到的偶然事件发生，虽是小事，却扰乱公司的正常运作，对公司影响很大。各个公司有各种不同的决策方法，有的巧妙，有的笨拙。笨拙的要么根本没看到小事的重要性，导致小事转为隐患，将来酿成大祸；要么不动脑筋，按照一般方法处理，结果往往是想息事宁人，却得不偿失，让公司名誉或利益受到损失。真正高明的做法，是想方设法让小事朝着有利于公司的方向转化。

有一次，一家公司就碰上了让公司领导大为烦心的“小事”：公司刚刚出巨资建了一幢 30 层高的大楼，正准备再花钱搞个仪式，请一些新闻界的朋友宣传的时候，突然发现有一大群鸽子不知什么时候也“看中”了这幢大楼，并在里面安营扎寨。飞进来倒不打紧，可这些小家伙不太注意卫生，鸽子粪、鸽子毛弄得到处都是，弄得好端端的大楼乱哄哄、脏兮兮的。

马上就到了请各界朋友来看这幢大楼的时候了，可是怎样才能尽快把这些不请自来的小东西送走，尽快还大楼以干净、整洁呢？公司领导大伤脑筋，召集管理人员开会，商讨如何处理这件小事。发动员工去把它们一只只捉出去，很显然是不行的，用高科技方法驱鸽又显得有些小题大做——更关键的是那样一来，公司还得付出一笔额外的驱鸽费用，不太划算。最后有人想出了高招，准备让这些鸽子替公司做一次免费广告。

公司的公关人员拨通了“动物保护委员会”的电话，告诉他们发生了一件大群鸽子误入本公司大楼的“大事”，请他们立即派人来协助处理。

“动物保护委员会”马上派出相关人员，拿着网子等工具，到这家公司的大楼里“帮助”这些“无辜的小东西”到它们应该去的地方。

接下来，公司的公关人员又打电话告诉各新闻机构，在本公司新落成的大楼里，将有一场有趣而又有意义的“捕鸽事件”。在平凡的日子里，突然有了这样一件有趣的事，新闻机构怎么会不来凑热闹呢？于是，报纸、广播、电台各大媒体纷纷派出记者，进行现场报道。

在下面的三天里，“动物保护委员会”想方设法，在不伤害鸽子的情况下将它们请出大楼。到了第三天下午，最后一个鸽子被安全地捉入网内，而此时，这家公司新盖的大楼，也随着这些小鸽子而变得家喻户晓。本来要花为数不小的一笔钱，为大楼做宣传的公司，因为这些恼人的鸽子的到来，免费宣传了一把大楼。一件坏事就这样变成了一件使公司扬名的好事。

“小”并不意味着没有前途。小事是大事的基础，决策时选择适合的角度，冷静地对待，灵活处理，说不定还会因“小失”而得大利。

在20世纪80年代初，美国一家生产内衣的公司，连经理在内仅有3个人。当时，在各百货商店和服装铺都设有试衣室，但试穿内衣先要脱外衣，如果试一件不合身接着再试时，是一件很麻烦的事情，而且多少有些尴尬。该公司经理注意到了这个细节，就想：如果能在自己家里邀集三五位邻居或女友，一起挑选公司送来的内衣，有中意的式样当场试穿，这种场合气氛融洽，最适宜妇女购买内衣。于是便决定采取这种方式来销售内衣，并配合这种销售方式做出了一些规定：凡是在家庭联欢会上一次购买1000元以上的顾客，就能获得该公司“会员”资格，今后购买内衣可享受七五折的优惠；会员如在3个月内发起家庭联欢会20次以上，销售金额超过4000元，就能成为本公司的特约店，可享受6折优惠。如果在6个月内举办家庭联欢会40次以上，销售金额超过10000元，就能成为本公司的代理店，享受零售价一半的批购优惠。

采取这种销售方式以后，公司获得了迅速的发展。10年以后，公司拥有员工200多名，代理店约800家，特约店2万多家，会员135万名，而且会员还以每月2万名的速度剧增，年销售额达几千万元。

买内衣试穿是一件不起眼的小事，但这家公司的老板却从中发现了机会，并以此为契机进行创新，采取了新的销售方式，结果大获成功。

任何机遇都是稍纵即逝的，关键在于能否及时把握得住。唐朝文豪韩愈在《与鄂州柳中丞书》中说的“动皆中于机会，以取胜于当世”，说的就是这个道理。任何时候，企业都是运动着的，机遇也是这样。准确抓住它，并能应用起来，就会取得成功。

1981年，英国王子查尔斯和黛安娜耗资10亿英镑，在伦敦举行轰动全世界的婚礼。消息传出后，全英国上下的大小厂商都绞尽脑汁，想趁此机会发一笔大财。

盛典之时，从白金汉宫到圣保罗教堂，沿途挤满了近百万群众。参加这次商业竞争的糖果工厂，将王子和王妃的照片印在糖果盒上；纺织、印染行业为产品装潢设计了具有纪念意义的图案；此外，还有出售纪念章，叫卖冰淇淋、蛋糕以及望远镜之类的。

英国王子的婚礼，无疑会给诸多的厂商带来巨大的好运。但是究竟谁会在这场竞争中发大财呢？答案是：一家经营望远镜的商店。

在这近百万观众中，人们固然需要购买一枚漂亮的纪念章，需要吃上一块蛋糕或一盒冰淇淋。可是里三层外三层的围观群众，最大的愿望就是能够看一眼王子、王妃。如果看不见这一道风景，无疑是最大的憾事。

所以，当人群中传来一阵又一阵的叫卖声：“请用望远镜观看盛典。一英镑一个！有了望远镜，王子和王妃就像站在你的跟前，一英镑一个……”人们顿时被吸引住了。在同一时刻，数百名儿童手里拿着用马粪纸配上玻璃片制成的简易望远镜在叫卖，观众顿时蜂拥而上，争相购买，一大批望远镜转眼间就被抢购一空。

这家望远镜商号由此发了大财。

管理一点通

毫无疑问，小问题也可能做大文章。对于日常管理中一个较小的甚至是细节性的问题，或者是小疏漏和失误，要冷静地对待，深入地分析，灵活处理，把小问题做大，常常会因“小失”而得大利。

靠经验也不能偏信经验

传说在浩瀚无际的沙漠深处，有一座埋藏着许多宝藏的古城。人们要想获取宝藏，必须穿越沙漠，战胜沿途数不清的机关和陷阱。很多人对那价值连城的财宝心驰神往，却又没有足够的勇气和胆量去征服沙漠以及杀机四伏的重重陷阱。这批珍贵的财宝就这样在沙漠古城里埋藏了一代又一代。

有一天，一个勇敢的人听爷爷讲了这个神奇的传说，决定去寻宝。勇士准备了干粮和水，独自踏上了漫长的寻宝之路。为了在回程的时候不迷失方向，这个勇敢的寻宝者每走出一段路，便要做上一个明显的标记。虽然每前进一步都充满艰险，但勇士最终还是找出了一条路。就在古城已经遥遥在望的时候，这个勇敢的人却因为过于兴奋而一脚踏进爬满毒蛇的陷阱……

过了许多年，又来了一个勇敢的寻宝人。他看到前人留下的标记，心想：这一定是有人走过的，既然标记在延伸，说明指路人安全地走下去了，这条路一定没错：沿着标记走了一大段路，他欣然发现路上果然没有任何危险。他放心大胆地往前走，越走越高兴，一不留神，也掉进同一个陷阱，成了毒蛇的美餐。

第三个走进沙漠的寻宝人是一位智者。他看着前人留下的标记想：这些标记可不能轻信。否则，寻宝者为什么都一去不返了呢？他凭借自己的智慧，在浩瀚无际的沙漠中重新开辟了一条道路，他每走一步都小心翼翼，扎实平稳。最终战胜了重重险阻抵达古城，获得了宝藏。

第三个寻宝人在临终前对自己的儿孙说:“前人走过的路，并不一定通往胜利，不可完全迷信经验……”

管理者在决策时，借鉴经验可以，但如果一味按照他的经验去决策，势必会失败。古今中外的企业家为决策者提供了许许多多成功的经验，这些经验只供决策者借鉴。如果决策者墨守成规，过分迷信自己或别人的成功经验，不根据客观现实创新和应变，势必会在竞争的惊涛骇浪中被冲垮。

管理者在决策时，要尽可能地保持客观，不能迷信经验、被经验主宰，尤其要避免以自我为中心。只有放弃以自我为中心，你才能避开经验的偏差，做出正确决策。对企业主管而言，要想不被经验主宰，必须想方设法克服经验的障碍。只有这样，我们才能纠正经验的偏差。

1872 年，美国人沃德在芝加哥成立了沃德公司，这是全美第一家全部通过邮寄来销售各种商品的商店。公司面向农村的消费者，业务发展很快，到 1929 年底，新开设了 500 家商店，而此时美国最大的零售连锁商店西尔斯公司也不过才 324 家商店。

第一次世界大战后，美国发生了严重的经济危机，一切变得不景气。沃德公司也受到了巨大的冲击，顾客稀少，业务难以维持，陷入了奄奄一息的境地。

作为公司董事长，休厄尔·埃弗里改变策略，他声称:“我们不再依靠那些乡下佬和土包子，我们不再只卖工装裤和防粪鞋。”他在沃德商店增加高档品，进入时髦商品市场，关闭了 70 家亏损商店，埃弗里成功了。很快，公司扭亏为盈。然而，正在沃德公司事业蒸蒸日上时，发生了第二次世界大战。埃弗里的“聪明脑袋”犯了经验主义错误，第一次世界大战后发生过萧条，所以他认为第二次世界大战也会发生萧条，并预言:“经济形势的恶化将是我们始料不及的”。

第二次世界大战后，埃弗里采取了袖手旁观的态度，做出了停止发展的决策。结果，事情并非他想象中的那样。由于经验决策带有一定的表面性，埃弗里被它的表面现象蒙蔽了，他失算了。他预言的第二次世界大战后的大萧条并没有发生。相反，由于战争后人口的增长主要集中在大城市，居民购买日常生活用品数量急剧增加，造成了零售商店的明显短缺。

面对这一购买方式发生的重大变化，沃德公司的竞争对手西尔斯公司敏锐地抓住了这一扩展自己实力的大好机会，不断扩张。

第二次世界大战后的市场环境给沃德公司提供了一个很好的发展机遇，但埃弗里只相信他的经验。这期间，他不仅没有开设一家商店，反而关闭了多家商店。

西尔斯公司不断扩张，沃德公司不得不拱手将市场让给了自己的竞争对手。由于沃德公司面对奉行“捏紧每一个便士”的经营哲学，公司最后到了面临倒闭的绝境。沃德公司由盛转衰的主要原因，就是公司的决策者犯了经验主义和教条主义的错误。决策失误后，还固守着老一套经验，未及时采取补救措施，导致了最后不可挽回的局面。

在决策中，重视经验是重要的，但不能偏信经验。有些管理者总是认为自己的经验最有说服力，但是过于夸大自己的经验，本来有用的经验法则就会成为决策的障碍。决策重在实际，只有从实际出发做出的决策才会推动企业的发展，对于直觉和经验，决策者只能作为借鉴，而不可将其视为决策的唯一标准，否则做出的决策就有可能会脱离实际，给企业造成不必要的损失。

★★★★★★★★★★★★★★★★★★★★★★★★★★★★★

管理一点通

没有一个人的经验可以完全适用于另外一个人。别人的经验只可以用来借鉴而不可以生搬硬套。每个人的情况都是不一样的，我们应该重视实际，只有从实际出发做出的决策才会推动企业的发展，对于直觉和经验，决策者只能作为借鉴，而不可将其视为决策的唯一标准。只有实事求是，才能找出有效的方法解决问题。

决策要满足“边界条件”

决策要达到什么目的？在科学领域，称这些为“边界条件”。一项决策，若要有所成效，就必须能实现它的目标。边界条件越是清晰明确，决策有效的可能性就越大，实现其预定目标的机会就越多。相反，如果未能对边界条件做充分的阐述，那么不管决策看上去有多明智，到头来肯定是效果不佳的。

“解决这个问题，至少应该有哪些条件？”这通常就是探索边界条件的一个办法。1922 年，艾尔弗雷德·P. 斯隆时任通用公司总裁的时候，通常这样问自己，“如果取消部门负责人的自主权，能否满足我们的需要？”很明显，答案是否定的。他所面临问题的边界条件是要让业务部门的负责人有领导权并担负责任。这种领导权和责任几乎与总部的统一行动和统一管理同样重要。他所需要的边界条件是从机构的结构上解决问题，而不是在机构的人事问题上进行调整。就是出于这样的考虑，斯隆才使他的解决方案站住了脚。

有成效的管理者知道，不能满足边界条件的决策，是无效和不适当的。一项不符边界条件的决策，有时比一项符合“错误的边界条件”的决策还要糟。虽然两者都是错误的决策，但边界条件错了，还可能有修补的余地，而那些不符合边界条件规范的决策，连修补的余地都没有。

一项决策若想变得卓有成效，就要满足边界条件。决策时，管理者需要清楚地考虑边界条件，这样就可以知道一项决策何时必须抛弃。

第一次世界大战爆发时，德军总参谋部做出了著名的杰里芬计划。这个计划的原意是同时在东线和西线作战。为了要做到这一点，杰里芬计划建议在东线以小部分兵力牵制实力比较弱的俄国，而在西线集中全力对法国进行闪电式的歼灭性打击，然后再转过来对付俄国。这个计划暗示着，在战争爆发时允许俄军深入德国领土直至对法国取得决定性胜利后才反攻俄军。战争一开始，他们发觉低估了俄国军队的进攻速度，到了 1914 年 8 月，大片领土被俄军占领，东普鲁士已全面告急了。

当然，杰里芬将军在拟订作战计划时，心中对一切边界条件都是十分清楚的。但他的继任人却只擅长于作战而不擅长决策和战略。后来，他们抛弃了杰里芬计划中集中德军兵力而不应分散兵力的基本原则。按理说，他们既然抛弃了杰里芬计划的基本原则，同时也就应该放弃杰里芬计划。然而他们却固执地执行原计划，这就在实际上使原定计划不能完成。他们削弱了西线的力量，以致他们原先企图在西线全力冲击以便旗开得胜的想法变成昙花一现；而在东线方面，他们也没有将兵力加强到足以把俄军赶出去，导致了原先制定杰里芬计划时就竭力要防止的僵持局面。因为战局一僵持，随着战争的消耗，人力就占优势，战略的优势就消失，于是最终将由人力占优势的一方取得胜利。从此以后，德军不能再依靠战略优势，而只能依靠随机应变、激励士气和偶然的奇迹了。

1933 年，罗斯福在竞选总统的活动中，提出了“经济复兴”的计划。这个计划原是以 1933 年美国的财政保守主义和预算平衡为基础制订的。但是，恰恰在总统就职典礼之前，美国的整个经济突然出现危机。在这种情况下，罗斯福原来的经济政策如果在经济上还可以行得通，那么在政治上却很难维持下去了。于是，罗斯福马上提出一个政治目标，来代替原先的经济目标，从“复兴”转变为“改造”，从以保守为基础的经济政策转变为激烈革新的经济政策。这样的一种转变，有赖于政治魄力。罗斯福反应敏锐，他的直觉告诉他，边界条件的改变就意味着他要完全放弃原来的计划，这样他的决策才会有成效。

在各种不同的可能的决策中，要分辨出哪一项是最危险的决策，也需要了解边界条件。多数决策看起来都有道理，但当我们仔细思考决策所必须满足的规范时，我们就会发现各项规范之间是互相冲突的。一项决策可能成功，这只是说大致可能成功而已。我们说不要依靠奇迹，不是因为奇迹很难碰得到，而是我们根本不能依靠奇迹。

管理一点通

确实找出决策应遵循的规范，即找出问题的“边界条件”。“边界条件”是指决策的最低指标；寻求“边界条件”，就是寻求“解决某一问题的最低需要”。决策必须符合“边界条件”，才能有效地解决问题。

权衡好风险与效益

追求安稳和谨慎的决策的确是最妥当的经营方法，但有时也会失去很多近在咫尺的机会，因而冒险对于欲追求成功的管理者来说是必不可少的，要知道，不冒任何风险可能就是最大的风险。

中国有句俗语:“明知山有虎，偏向虎山行。”在生意场上，有许多生意人就是在这句话的感召下走向成功的。事实上，这样的事有很多，因为他们知道风险和利益的大小是成正比的，如果风险小，许多人都会追求这种机会，收益不会大；如果风险大，许多人就会望而却步，所以能得到的利益也就会大些。从这个意义上说，风险就是利益，巨大的风险可能带来巨大的利益。

闻名于世的希腊船王奥纳西斯，曾经是流落在阿根廷布宜诺斯艾利斯的穷小子。但他的一次极富冒险精神的决策，把他的事业推向了顶峰。1929年的世界性经济危机，把阿根廷经济推入深渊：工厂倒闭、工人失业，百业萧条。海上运输亦是在劫难逃。奥纳西斯得知，加拿大铁路公司为了渡过危机，准备拍卖产业。其中6艘货船，10年前价值200万美元，如今仅以每艘2万美元的价格拍卖。他极为神速地前往加拿大商谈这笔生意。他这一反常举动令同行瞠目结舌。当时的海运业空前萧条，1931年的海运量仅为1928年的35%，有经验的海运家避之犹恐不及，奥纳西斯却在这种情况下投资于海上运输，无异于将钞票白白抛入大海。许多人规劝他，有人认为他失去了理智。奥纳西斯认为，经济的复杂和高涨终将代替眼前的萧条。如果能趁机买下这批船，定能赚取可观的利润。在这种信念的指引下，奥纳西斯冒着一贫如洗的风险买下了那些船。果然不出他所料，机会终于来了，经济危机过后，海运业的回升和振兴居各行业之首，奥纳西斯从加拿大购买的那些船只，一夜之间身价陡增。他一跃成为海上霸主，他的资产成几百倍的增加。1945年，他跨入希腊海运巨头的行列，成为一代船王。

风险不在，收益何来？决策就是出自于风险。美国经济学家熊彼特说:“企业家能够预见到新的投资领域或新的盈利机会，敢于冒险，敢于投资，从而谋取额外利益。企业家不是投机商，而应是一个大胆创新、敢于冒险、注重积累的开拓型人才。”

可见，“冒险”与企业家密不可分，因为“企业家”一词本意就包含着风险，加之企业家要取得利润离不开创新，由于创新的天地必然是未知的世界，而未知必然带来某种不确定性，即意味着风险。现实往往是这样：利润大，风险也大。对于一个企业家而言，没有一点冒险精神是成不了大事的。

当今世界上每个企业家都不得不面临风险，从某种意义上讲，竞争就是风险，经营就是风险。决定投产有风险，决定转产也有风险，进货有风险，卖货也有风险。在现实的经济活动中，一点风险没有的经营是不存在的。那么，作为决策人，该如何处理风险与效益的关系呢？

1. 果断行动，大胆决策

有胆有识的人在企业界被称为“正数反应型”的人。“正数反应型”的人信念坚定，百折不挠，像一座强大的“反应”装置，把命运中遇到的一切“负数”转化为“正数”，转化为前进的动力。这种人敢于冒风险，经得起困难的磨炼和逆境的挫折。把错误变成走向正确的启示，把失败变成通向胜利的桥梁，企业家就是要有这种可贵的精神。

要想成为一名出色的企业家，请记住这样一段名言：一味地追求完善，就会错失良机，即使一个 100 分的机会，如果左顾右盼，结果也就是只能得到 50 分了；即使是一个 60 分的机会，如果果断行动，大胆决策，也许能得到 80 分的结果。

2. 多准备几个方案，以防不测和应急

在冒极大风险的情况下，企业家做出的决策即使深思熟虑，看起来万无一失，但在方案实施过程中，一些偶然性、随机性的影响因素是难以预料和避免的。因此，不能搞“一锤子买卖”，而应多准备几个方案，以防不测和应急。举世闻名的阿波罗登月飞行，在全部过程中就有 13 次可以调节校正的机会，一旦出现故障，就可以采取其他方案。

在西方，人们把只有一个“方案”的决策叫“霍布森选择”。这里有个典故，1631 年英国剑桥有个商人叫霍布森，他在卖马时，说可以让顾客任意挑选，但必须符合一个条件，只允许挑靠门的那一匹。这样，他事先规定的这个先决条件实际上就等于不让挑选了。

3. 善于化险为夷

如果一位企业家在做一项风险性决策时，只是抱着试一试的想法，十有八九是要失败的。铤而走险、孤注一掷等行动，虽然带有极大风险，但作为当事者，则要有一分希望，就要做出十分努力。即使不能取得令人满意的结果，也要把损失控制在最小范围。

采取风险性行动面临的情况一般有 3 种：第一种是已知因素；第二种是由

已知因素可以推测到的未知因素；第三种是缺乏已知条件无法掌握的未知因素。面对这种情况，要想取得成功的最大保险系数，比较可行的办法是采取“兰德方法”。兰德是波拉洛依德公司的创始人，他的公司年销售额在20亿美元。他认为：无论是负责经销的经理的直觉，还是公众的最初反应，都不是一项产品价值的可靠测量。在很多情况下，看某种东西是否值得下工夫，最好的办法就是把它生产出来，投放到市场上去，等几年再看看，到那时再判断是否值得为其再花气力。

★★★★★★★★★★★★★★★★★★★★★★★★★★★

管理一点通

风险和利益的大小是成正比的。有风险才有诱惑，没有风险的决策，就没有成果而言。

风险决策时避免畏难情绪

在企业运作当中，由于决策牵涉面广、人事复杂，人们担心会引发许多毫不相干的争论，以至于大多数人都选择逃避这项任务。由于缺乏一种客观公正、无私无畏的精神，决策者们或不敢触及重大事情，或对那些持不同观点的掌权者做出无原则的妥协。

有位著名的管理学大师说：“考验领导干部才能的不是那些细枝末节的事，而是看他以怎样的品质去进行决策。有些管理者在重大决策面前胆小怕事，那是因为决策的风险性太大，害怕失去自己的声誉。其实，这是一种狭隘的观点。

每一个人都知道优秀的决策能力对个人以及企业成功的重要性。大家也都了解，我们今日所做的选择，将会影响到我们明日的生活。但是某些决策的效果不是马上就可以得到显现的，必须让时间来做出最后的裁决，并赢得赞誉。

实际上，决策本身就是对管理者意志、品行和工作方法的考验。例如：大部分的决策都会涉及许多细节资料——有些极为重要，有些则无关紧要。有时候，我们所能拥有的资料，并不符合需要；有时候，压根儿就无法收集到足够的资料；有时候，资料却又太多了；有时候，手头资料是否真的很重要，或重要程度并不明显。在每一个决策的上方，总是笼罩着某些阴晴不定的云影雾霭。所有的决策，都无法事先确定其效果，也无法知道何时才会发生作用。所以，良好的决策能力跟良好的解决问题能力一样，大部分要靠经验和判断。决策得好，自然能给决策者带来种种好处；一旦失手，决策者便难辞其咎！

如果因为害怕失败，或承担失败的责任，就对问题畏首畏尾，那么这种管理者无论何时也都不可能成为决策大师。

在面对自己的工作任务时，也许会有很多人劝阻你，你也可能会面对很多的问题与疑虑，但是，你首先要勇敢地放弃种种毫无意义的害怕与怀疑。迈出第一步是很重要的，但更重要的是在迈出第一步之前就下定决心，用行动而不是用害怕和猜疑去面对事实。如果决策受到犹豫迟疑的阻碍，哪怕是一丁点的小任务也不会圆满地完成。当管理者以这样的工作状态出现时，他将不会有任何建树。

决策工作是一项高强度的工作，必须克服畏难情绪和厌战思想，以一种坚持不懈抓到底的毅力、说了算定了干的作风、不达目的不罢休的韧劲狠抓落实。这就要求每个参与者都是名副其实的决策者，不得有任何“踢皮球”的行为。企业决策，通常都会涉及相当多的部门和人头，是需要我们相互配合、全身心投入的，就像职业足球运动员那样，过关斩将，通过决策去为企业赢得有效“得分”。

★★★★★★★★★★★★★★★★★★★★★★★★★★★★★

管理一点通

如果因为害怕失败，或承担失败的责任，就对问题畏首畏尾，那么这种管理者无论何时也都不可能成为决策大师。决策本身就是对领导者意志、品行和工作方法的考验，容不得怯弱者立足。

采取组合思考的决策方法

任何人做事情都希望获取最大的利益，但是有一点却不要忘记，风险和利益并存，利益越高，风险越大，孤注一掷的做事方法很难获得成功。要想把事情办好，那就要把握一个原则：不要把所有的鸡蛋都放在一个篮子里。

作家塞万提斯说过：“聪明人是不会把所有的鸡蛋都放在同一个篮子里的。”道理其实很简单，一旦篮子摔了或者篮子坏了，那么所有的鸡蛋就可能全碎了，你将失去翻身的机会。相反，如果把鸡蛋分散放在不同的篮子里，即使有一只篮子摔了，其他的鸡蛋仍然会完好无损。

在决策中，很多潜在问题都没有前车可鉴，未来发生的事情，谁也无法把握，因此决策存在失误在所避免。但如果事先采取了回避危险的措施，就不会酿成悲剧。

避免失败的方法之一就是“不要把所有的鸡蛋放在同一个篮子里”。这就要我们采取组合思考方法。波士顿咨询团曾就产品的组合问题发表过一个见解，引起了很大反响。他们的见解就是要用市场占有率和成长率的高低对产品进行组合，将产品分成“名牌产品”、“摇钱树”、“问题儿”和“癞皮狗”四类。其中，他们称那些尽管成长率很高，但与其他公司同类产品比较，市场占有率相对较低的产品为“问题儿”。

“名牌产品”指成长率高、市场占有率也高的产品。“问题儿”这类产品华美，进钱多，但花钱也多，也就是说在成长期这类产品也很费钱。“摇钱树”是指达到饱和点，成长率已经降低，但市场占有率很高，同消耗的费用相比还是进钱多的产品。成长率低，市场占有率也低的产品叫作“癞皮狗”。

产品组合战略就是针对不同类型的产品采取不同的措施。“问题儿”无论如何都必须朝着“名牌产品”努力，也就是说，要把赚来的钱投入“问题儿”，或投向“名牌产品”，使之成为“摇钱树”，而“癞皮狗”则应该尽早地从市场上撤下来。

依靠单一商品的生意非常危险，同样，过分依赖大买主也非常危险。在使用组合战略进行多元化经营时，注意以下几点：

第一，突出重点，量力而行。不顾人力物力，一味追求产品项目，搞大而全，小而全，是没有前途的。

第二，长短结合，千万不可四面出击，平面推进。以产品开发为例，就应该“生产第一代，掌握第二代，试制第三代，研究第四代，构思第五代”。

第三，有主有次。积极发展主导产品，并辅以与本企业工艺相近、结构相通的其他产品，但不要把力量都分散了，以免“眉毛胡子一把抓”，结果却都落了空。

“不要把所有鸡蛋放在同一个篮子里”，深层意思就是应把所有鸡蛋放到不同篮子里，这样才能有效规避各种风险，从而实现不同篮子中所有鸡蛋收益的最大化。

管理一点通

《战国策》中孟尝君的门客曾经这样告诫孟尝君说，“狡兔有三窟，仅得免其死耳，君今有一窟，未得高枕而卧也，请为君复凿二窟”。古人为了避免失败还要做多手准备，今人办事时岂能孤注一掷？把所有的鸡蛋都放在一个篮子里，倘若篮破蛋打，岂不一无所有？

正确有效地做决策

时机是一项决策的基本方面，把握的恰当与否对决策的效果影响极大。为了确保做出有效的决策，管理者就要把握最适当的时机，适时做出决策。

决策反映了一个人的决断力。尤其是一些应付企业危机的紧急决策，更需要决策者超人一筹的决断能力。时机稍纵即逝，而决策者的优柔寡断往往是造成错过时机的主要原因。

因此，对于管理者来说，最重要的不光是决策内容，什么时候做出决策同样重要。管理者的工作就是种种决策的总汇。而在每一个决策中，都存在什么时候下决心这样一个关键因素。过早做决策可能酿成灾难性后果，过迟做决策则可能意味着坐失良机。有信心的领导应该知道如何把握良机，正确有效地下决心。

管理者在做决策时是仓促成事，还是细细思量，和他的人格特质有关，若你是个急性子，喜欢快刀斩乱麻，你多半下决定时迅速——往往太迅速了，但结果却成了致命伤。你要学会放慢速度，才能有效地做决定，就像高尔夫球选手学习放慢挥杆速度才能让球漂亮进洞一样。如果先有个机会，仿佛天赐良机，可是又有顾虑，以致难以决定时，又该怎么办呢？

如果我们把足球看作一种解决问题的竞赛，那么篮球就是一种寻找机会的比赛。在足球赛中，攻击的一方要设法突破对方防线；防守一方要破解敌军进攻策略，预测他们下一步的行动，摆出阵势，防患未然。篮球就不同了，篮球经常在迅雷不及掩耳间被敌方抢走，攻防瞬息易势，得分的钥匙在于当对方稍有闪失，立刻抓住机会，抢攻上篮。

两种球赛的目的都为了得分，得分的过程却不尽相同。做决策也一样，基本上分为两种情况：有问题需要处理或有机会可以掌握。

做决策前，区分你所面临的情况，有助于选择适用的技巧，做出正确抉择。不论面对的是问题还是机会，时机极为重要。

从解决问题来说，时机尚未成熟时就贸然动手，显得小题大做，过于焦虑；若迟迟不加处理，待事态扩大，又难以收拾。机会也如此，抢得太快，负担开创的成本与风险，纵然心有未甘，只能眼睁睁看着后继者坐收渔翁之利；进行得太慢则先机尽失，若大势已去，唯有徒悲。

把握时机，恰当决策，是一个高效管理者应具有的素质。

管理一点通

决策制定是否有效，与时机的选择密切相关。有些决策基于稍纵即逝的机遇和刻不容缓的威胁，对于它们，管理者必须利用现有信息尽快做出反应。而有些情况下，管理者却并不需要马上进行决策，公开待选方案，静观事态发展才是明智之举。优秀的管理者，能抓住有利时机，准确而果断地做出决策。

用逆向思维来决策

战国时期，有一天魏惠王坐在高高的王座上，问身边的庞涓与孙膑：你们有什么办法使我从王座上走下去吗？庞涓用习惯性思维，苦苦思索良久，想出了外敌入侵、大军压境、非要大王亲征的办法。而孙膑却用了逆向思维，把问题倒过来想，他说：我虽不能让大王从王座上走下来，但我能让大王从地面走上王座。魏王信以为真，痛痛快快地从王座上走了下来。结果孙膑还在魏王蒙在鼓里的时候便轻而易举地达到了目的！

诸如此类的例子还很多，诸葛亮的“空城计”，韩信的背水布阵等，均属此类。他们的共同特点在于故意在解决问题时，进行反习惯、反逻辑的思考，使对方感到莫名其妙，大惑不解，从而达到自己的目的。

所谓逆向思维法，就是人们常说的“倒过来想”。用逆向思维去考虑和处理问题，往往可以是从“出奇”出发，而达到“制胜”的目的。古代司马光砸缸就是逆向思维的范例：有孩子落水，常规的思维模式是“救人离水”，而司马光面对紧急险情，运用逆向思维，果断地用石头把缸砸破“让水离人”，救了小伙伴的性命。

在日常生活中，也有许多逆向思维的例子。古代有这么一个故事，一位母亲有两个儿子，大儿子开染布作坊，小儿子做雨伞生意。每天这位母亲都愁眉苦脸，天下雨了怕大儿子染的布没法晒干；天晴了又怕小儿子做的伞没有人买。一位邻居开导她，叫她反过来想：雨天，小儿子的伞生意做得红火；晴天，大儿子染的布很快就能晒干。逆向思维使得这位老母亲眉开眼笑，活力再现。

由于逆向思维打破了习惯上的正常观念、方法与理论，冲破了一般人头脑中固有的有序方法的束缚，常常使人感到出乎意料，给人一种面目全新之感，因而往往起到出奇制胜的作用。

当今时代，信息的传输、扩散速度加快，在信息利用上的“顺向思维”往往产生大家都往一处挤的社会效果。运用逆向思维于决策中，能使我们透过事物的表象，去捕捉“热潮”中易于被人们所遗弃或忽视的“冷”，避开竞争对手，达到独辟蹊径、出奇制胜的效果。正因如此，逆向思维在领导者决策中往往具有其他思维方式所不可替代的作用。

有一年，美国芝加哥市举办世界博览会。世界各大厂家都将产品送去陈列。美国赫赫有名的五十七罐头及食品公司经理汉斯先生，当然也不例外，将自己公司的罐头和食品也送去参加展览。但令他失望的是，博览会工作人员只给他安排了一个会场中最偏僻的小阁楼。博览会开始后，前来参观的人拥挤异常。但是，到汉斯先生的小阁楼参观的却没有几个人。为此，汉斯想到了一个绝妙的方法。

在展览会开幕后的第二个星期，会场中出现了一个新奇的小玩意。前来参观的人不时能从地上拾到一些小小铜牌，铜牌上刻着一行字：“拾到这块铜牌，就可以拿它到阁楼上的汉斯食品公司领取纪念品。”

数千块小铜牌陆续在会场上被发现，不久，汉斯那个无人问津的小阁楼，便被挤得水泄不通，会场主持人怕阁楼会崩塌，不得不请木匠进行加固处理。从那天起，汉斯的阁楼成了博览会的“名胜”，参观者无不争先前往，即使铜牌绝迹，盛况也未消减，一直到闭幕。

不用说，汉斯先生的这一绝招使他转败为胜，净赚50余万美元，打了一个漂亮的翻身仗。

这个例子充分地说明：汉斯先生为了使自己的罐头食品能够打开市场，他所采取的决策不是大型的公关活动，而在于做出这样一个决策——利用世界博览会的机遇，来“曝光”自己的产品，特别是利用“小小铜牌”的决策更说明了汉斯先生“小中见大”的功夫。这就是奇策，因为他出乎人们的意料，所以才能够收到奇效。

逆向思维在决策中有着积极的重大作用。管理者在决策时，应选择一条有别于常人的思维和手段，来赢得决策的成功。

★★★★★★★★★★★★★★★★★★★★★★★★★★★★

管理一点通

人们的思维习惯总是顺势思维，即用常规性的思维方式采用现成的方案或程序去解决问题，其实这种思维有一定局限性。对管理者而言，从逆向思维入手，解决棘手问题，应是化解矛盾的最好方法。运用逆向思维去思考和处理问题，实际上就是以“出奇”去达到“制胜”。“以攻为守”“欲擒故纵”“以毒攻毒”“以柔克刚”等都是逆向思维运用于决策取得双赢的表现。

规则不是不能打破

每一产业或专业知识界都有其常情推理规则，来指导人们处理问题。这些规则提供一些在任何场合都适用的决策。在做决策时，决策者常常要遵守某些既定的规则。

有一些简单的决策规则，在做决策的动作上占有极高的地位。举例说，商业不动产界人士的守则是“拐角地段的价值为两个接连地段之和”，因为它在地利上的能见度较佳。宝碱公司曾创立一条常情推理的规则是：“当要推出一新产品上市时，在顾客口味上一定要呈现 2∶1 的优势胜过主要的竞争对手。”

这套规则通常能获得良好的决策，远比别无其他助力的直觉效果好。

很多产业在定价上运用常情推理规则。例如餐馆业者通常是以原料成本×3当成售价。当然，理想的状况应是有长期的最大利润。尽管在理论上简单易行，如果真要做到这样，在实务上则是极为复杂的过程。因此捷径式的决策广为各界采用。

如果你想决定如何将你的拐角地段或你餐馆菜肴定价的话，那你可能该找出一个与企业界常情推理规则相一致的解决方案，除非你已发现强有力的证据，证明采行其他替代方案更为有利。这些规则可能具体的包含那些你用任何其他方式所无法全然吸收的决策过程的睿智。

但过多的专业人士以机械的态度来援用常情推理规则，甚至在他们该做一个审慎的独立判断时也是如此。其他的人则是对为什么能预测何时会失败的规则了解不足，因此导致失败。

规则不是金科玉律，绝对不要将任何一条常情推理规则认为是金科玉律而不敢违背。

管理一点通

当人们思考问题时，总会习惯于根据自己已有的知识，按照一种固定的思路去考虑问题。这种旧有的包袱，也就是思维定式给人们在思考问题时带来的倾向性，对于人们解决一般的问题，可以达到“驾轻就熟”的积极作用，使人们熟练地解决问题。但是，当遇到人们需要开创性地解决问题时，这种旧有包袱往往会成为一种障碍、一种束缚。它使人们局限在某种固定的思维模式内，打不开思路，不能形成创造性的新观念、新意识。

领导者要具有自我否定的批判意识，不拘泥于已有的经验、习惯、规则和观念，敢于放弃旧有的包袱。决策要抓住本质问题，不要被表面现象所迷惑，也不要受既有的思维定式所束缚。

决策切忌先入为主

德鲁克很早就为美国通用汽车公司做顾问。到了20世纪50年代，尽管老斯隆先生当时已经年过七旬，但是他还在管理公司。在他管理通用的时间内，公司高层基本上形成了“听不到不同意见不做决策”的决策理念。因此，在每次开会时，与会者之间彼此激辩已经成了习惯。

有一次，德鲁克出席公司管理层的会议。会上，一位管理者提出了一项建议，这项建议听上去非常好，给人印象深刻。但是这一次，当这位管理者提出了这项建议以后，每个与会者，包括老斯隆先生在内，都没有提出反对意见。老斯隆绕着圆桌逐个问道，你觉得这件事有什么不对吗？大家都说没什么不对。这时候，老斯隆说，我也认为没有什么不对，因此我建议延后一个月再讨论那项建议，让我们每个人都有机会重新考虑一下。

一个月后，这个建议被否决了。

在讲完这段经历后，德鲁克告诉我们:“决策并不是个人喜好的竞赛。好的决策并不是在喝彩中决定的。他是由正确的认知而决定。要正确的认知，你就需要有异议。需要给自己一个仔细思考的机会。”

与阿尔弗雷德·斯隆的做法恰恰相反，有些管理者决策时往往是领导“一言九鼎”，他们以自我为中心，对待持不同意见的声音是声音“小”了就装聋作哑，声音“大”了就训斥、指责。这种“一言堂”的说教和决策，使他们听不进任何不同的意见，即使他能勉强自己做出洗耳恭听的样子，但不同的意见只要从左耳进去，马上就会从右耳出来。

事实证明，上司如果不具备海纳百川的胸襟，没有喜听诤言的雅量，总是搞“一言堂”而不是“群言堂”，那么其下属，有的就会投其所好，对你的“英明远见”百般奉承；有的即使有不同意见甚至反对意见，也只好表示沉默。如此不民主的决策，只能带来言路阻塞，决策的科学性及可行性得不到充分论证，又怎能不造成决策失误?

成功的决策者绝不能一开始就有先入为主的想法，“我是对的，他是错的。”决策者必须从一开始就下决心听取不同意见。因为他知道，决策时没有“异议”，有可能漏掉正确的意见，一定不要满足于这个“完全一致”，宁可暂时休会也决不匆忙决断。

不过，能够做到这一点的决策者并不多。绝大多数人都是从自己一方出发考虑问题的。他们的逻辑是：既然自己这么看待问题，那么别人也必然会以同样的方式来看待问题。

不管自己的感情有多强烈，也不管他是多么肯定对方站不住脚，一个想做出正确决策的领导者必须要强迫自己了解不同意见，因为不同意见就是他推敲各种可供选择的办法的必要工具。有了这一工具，决策者才能确保某个问题的各个方面都能被仔细地考虑到。

管理一点通

领导者限于个人的精力、时间和活动空间，不可能完全掌握所有的信息，因而务必把科学管理、民主决策放在管理的首位，广开言路，集思广益，认真虚心地听取不同意见。以期得到情况的全面、真实反映，使决策更切合实际，更具合理性、科学性。

正确对待反对意见

一个领导集体中常有不同意见的争论，出现各种反对意见。最让有些领导恼火的，莫过于反对意见了。

反对意见的提出往往令人陷入尴尬的境地，但对于领导者来说，反对意见虽然不好听，但如果能明白忠言逆耳、苦口良药的道理，并且能够换个角度思考，利用好反对意见同样也能有助于自己解决问题。

唐太宗执政时期，谏臣魏征常常为了指出问题而让唐太宗下不了台阶。长乐公主将要出嫁长孙仲的时候，唐太宗因公主是皇后亲生，特别疼爱，敕令有关部门所给陪送比皇姑永嘉长公主多一倍。魏征劝谏说:“过去汉明帝想要分封皇子采邑，说:‘我的儿子怎么能和先帝的儿子相比呢?’均令分给楚王、淮阳王封地的一半。如今公主的陪送，比长公主多一倍，岂不是与汉明帝的意思相差太远吗?”虽然唐太宗很不高兴魏征当面指出，却听取了魏征的意见。

唐太宗真的“畏”魏征吗？其实唐太宗能容忍魏征常常让自己难堪，是他知道反对意见的好处。

事实上，反对意见对做出正确决策的作用最大，因为反对意见可以使我们头脑更清醒，更加重视那些容易忽视的问题，以利于把方案做得更加周全，避免决策失误。可以说，那些措词尖锐让人不舒服的反面对见是最有用的。

好意见来自于争论。只有引起争论，有理由、有实据，经过深思熟虑的反对意见，才能保证决策者不至落入表面上一致的小团体意见的陷阱。我们发现一个组织或群体的成员总是喜欢寻求统一，以一致性常规压抑行为选择过程中少数人的不同意见。持有与绝对优势的大多数或执权者不同意见的个体在这种无形的压力下，违心地隐瞒、掩饰、改变自己真实的认识、情感和信念。几乎所有的群体在民主气氛淡化的情境中都程度不同地受到这种小团体意识的损害。

反对意见本身往往是决策所需的“第二方案”。多种方案使领导者进可取、退可守，有多方思考、比较和选择的余地。决策只有一种方案，失误的机会必高。当一种方案因为决策错误或者其后因情况变化而不能付诸实施时，别无他途，只有背水一战。

反对意见还足以激发想象力。讨论和表决中，在“不同意”，尤其是面对权力源的胁迫和在群体压力下进行的辩驳与思考，是一种难能可贵的、经过启发和刺激而出现的想象力，它常常为许多问题的解决开创出全新的解决方案。优秀领导者的决策，不是从众口一词中得来，而是以互相冲突的意见为基础，从不同的侧面、不同的观点、不同的见解和判断中进行筛选。

成功的管理者能够广泛地听取决策中的不同意见，妥善处理决策中出现的反对意见。处理好决策中的反对意见，应把握好几个环节：

第一，要有听取反对意见的思想准备。管理者提出自己的方案或陈述意见时，事先应考虑到可能有反对意见，思想上应有所准备。如果思想上没有准备，遇到尖锐的反对意见，就会感到突然，产生急躁、反感情绪。相反，思想上有了准备，也就能够冷静分析反对意见。

第二，对多数人的反对意见采取慎重态度。有时领导者的方案或意见由于某些原因受到多数人的反对，这时千万不能着急，更不能强迫大家服从，要冷静地分析、思考自己的方案、意见正确与否，如果不妥，要重新考虑自己原有的方案。如果原有的理由、论据不足，应找出充分理由，采取一定的方法说服大家。

第三，要主动鼓励下级提出不同意见。作为管理者不应坐等别人提意见，而应主动地发现问题，鼓励下级消除思想顾虑，敢于提出不同意见。即使自己的方案比较成熟，也要欢迎下级提出不同意见，这样有利于统一思想，补充、完善决策方案。

第四，对少数人的反对意见不可忽视，对少数意见管理者也不可忽视。因为有时正确意见往往会在少数人手中，当进行一项决策，大家头脑比较热，会出现多数人同意而少数人反对的情况，这时多听听少数人的意见会避免决策失误。当出现少数反对意见时，管理者要认真分析，对正确的部分给予肯定，并纳入到方案、意见中；对不正确的部分，可以进行说服、解释或教育，但不宜采取强行的方法否定。

聪明的管理者不仅能接纳反对意见，更会运用反对意见和处理反对意见。只有这样，领导者才能使每一个决策“顾全大局”；才能得到“替代方案”，能够在危急之时迅速做出反应；才能拓宽自己的思路，并且激发共事者的想象力。

★ ★

管理一点通

决策不应从“众口一词”中得来。好的决策应以互相冲突的意见为基础，从不同的观点和判断中得出正确的选择。

第五章

决策最重要的是要付诸行动

制定决策相对容易，难的是付诸行动。制定决策可以坐下来用脑子慢慢去想，实现目标却需要扎扎实实的行动，只有行动才能化决策为现实。没有落实，再正确的决策也不会发挥其应有的作用。决策要以执行为前提。

决策离不开执行力

再好的决策，仅仅停留在口头上或者书面上是毫无意义的。没有行动的决策，就像一个人滔滔不绝地说了一大堆计划，然后就回家睡大觉，它所预测的种种结果根本不可能实现。

将决策转化为行动，是决策的重要因素。只有当落实决策的具体措施变成了某个人的具体工作和责任时，决策才有真正的意义。如果没有把执行决策的任务和责任分配下去，并且为实施决策规定一个最后期限，制定决策只是一句空谈，决策也只能算是一种希望。

我们平时可以见到这样的情况：公司请了某著名的咨询公司，对公司的某个方面做出了一个决策。于是，公司郑重其事地又开会，又发文，大张旗鼓地宣传，公司领导也出面表态，对这项决策表示全力支持。然而，最后每个人都把关于这项新政策的文件束之高阁。

要想使一项决策有成效，就必须在决策过程的一开始就考虑需要采取的行动。如果不化决策为行动，那么所制定的决策就成了毫无意义的东西。

实际上，相对来说制定决策倒是很容易的，难的是付诸行动。制定决策可以坐下来慢慢用脑子去想，实现目标却需要扎扎实实的行动，只有行动才能化决策为现实。

许多管理者都会制定决策，从这一点来说每一个管理者似乎都像一个谋略家。但是，相当多的人制定了决策之后，便把决策束之高阁，没有投入到实际行动中去，结果到头来仍然是一事无成。如同除了穿过黑夜不能到达清晨一样，只有行动才是达到目标的唯一途径。

决策已经制定好了，就不能有一丝一毫的犹豫，而要坚决地投入行动。观望、徘徊或者畏缩都会使你延误时间，以至使决策化为泡影。

拿破仑说："不论做任何事情，都必须拼命地去做，如果要半途而废，倒不如不做的好。最重要的是把全副精神集中在自己的工作上。当你决定是否去做某一件事情时，它要么就一定有去做它的价值，要么就是没有去做的价值，答案不可能有中间的，所以一旦决定了去'做'之后，就要集中精神去做。"

制定决策还不算太难，可是要能贯彻到底就不是一件容易的事了。相信很多人都有过这样的经验，刚定好决策时颇有磨刀霍霍的干劲，可是过了一段时间后就没劲了，实现决策的自信早已荡然无存。当你拟妥一项决策后，首要的步骤就是把它写在纸上，这样才能使决策具体化，遗憾的是大多数人连这么简单的步骤都不做。

当你把决策写下来之后，随之最重要的一步就是立即让自己动起来，向着把决策实现的方向拿出具体的行动，可别一拖再拖。一个真正的决定必然是有行动的，并且还是立即行动，此时你就要针对自己的决策拿出立即的行动。你先别管要行动到什么程度，最重要的是要动起来，打一个电话或拟出一份行动方案都是可行的，只要在接下去的几天内每天都有持续的行动。当你能这么做时，这几天小小的行动必然会形成习惯，最终把你带向成功。

★ ★

管理一点通

对于一个组织而言，决策固然重要，关键还在落实。没有落实，再正确的决策也不会发挥其应有的作用。如果领导在做决策时没有落实的观念，忽视了落实，不抓落实，那么，再缜密的计划、再正确的政策，都只能成为一纸空文。领导做决策要以执行为前提，抓住落实这个关键环节。

用行动来证明一切

衡量领导者的工作水平，评价领导者在组织中的工作成就，都可以用行动来证明一切。任何组织的发展都必须依靠执行与落实的不断行动，空想和坐而论道是不能解决任何问题的。只有行动，行动，再行动，才能让领导者从平凡走向卓越，走向成功。

每个人在头脑中都不止一次地想象自己能成功。每个人都有很多美好的愿望，甚至还计划着依靠自己的力量去实现这些愿望。但是因为种种原因，自己的想法和愿望只是在头脑中飞奔，在心底沸腾。当热情退去时，我们还是停留在原地不动。这样，我们永远都不会成功，永远无法实现自己的愿望。

有这样一则寓言：

从前，有两个和尚，他们是好朋友，其中一个富有，而另外一个贫穷。

有一天，穷和尚对富和尚说："我要去南海拜见佛祖，求取佛经，你看如何？"

富和尚听了之后非常惊讶："你可知道去南海的路途异常遥远，听说路上还经常出现匪徒，你怎么能去呢？"

"一钵、一瓶、两腿就够了。"穷和尚双手合十，安静地回答道。

有钱的和尚听了哈哈大笑："我想去南海已经很多年了，可是苦于一路艰险，一直没有去成。我的条件比你好多了，尚且没有去成，你又怎么能到达呢。"

穷和尚笑笑，没有继续争论。

三年时间过去了。穷和尚从南海归来，看望富和尚。富和尚呆呆地看着穷和尚，羞愧得无地自容。

与任何美妙的设想和动人的规划相比，简单的行动更能打动人。一旦事实摆在眼前，就不用再多费一言一语。

对于领导工作来说，唯有行动才是达到成功的唯一途径。如果不能勇敢地实践和行动，任何完美的计划都等于零。虽然有时候自身的条件并不成熟，道路中的苦难远比想象中的多得多，可是一旦付出行动，那就已经在成功的路上了。即使没有太多的优势，但是在行动的那一刻就已经领先了。

有位伟人说过:“不要做思想的巨人、行动的侏儒。”想到只是聪明，行动才是智慧。

事实上，大多数领导者不是缺少成功的欲望，而是缺乏追求成功的行动。

要做一个敢于行动、善于行动的人，把眼光放在最终目标上，清楚在自己前进的道路上该做什么不该做什么，然后把自己的一腔热情和活力投入其中。行动高于一切，只要不断地行动，任何艰难的挑战就都能从容面对，任何远大的理想都能最终实现。

★★★★★★★★★★★★★★★★★★★★★★★★★★★★

管理一点通

比尔·默顿认为，问题在于如何执行，如何落实计划，从而使公司营运变得更加有效率。具体的问题常常是高层管理者不屑于去管的。在一份全球1000名著名经理人问卷调查中，80%的经理人在回答如何使公司的目标落实到实处时，表现得语无伦次和空洞无物。他们通常用这样的回答敷衍了事：创造愿景、成立团队、授权员工等。这几乎是所有企业管理书籍里谈烂了的话题，任何一名企业管理类专业的在校大学生都能给出一个更为出色的答案。问题的关键并不在于用多少案例来证明战略计划的正确性，而是深入细致地考察具体问题，考虑组织是否可以完成这个目标，以及如何使这个目标落到实处。

没有执行就没有决策

执行力，通常是指企业内部员工贯彻经营者战略思路、方针政策和方案计划的操作能力和实践能力。通俗地说，执行力就是一种将想法变成行动，将行动变成结果，从而保质保量完成任务的能力。

“再周密的战略，如果没有出色的执行，也是一钱不值。”这是来自上海国际会议中心“杰克·韦尔奇与中国企业领袖高峰论坛”上，杰克·韦尔奇所说的话。

纵观当今中外市场，诸多企业中，为什么有着相似战略的企业其结果却相反？为什么一些有着聪明才智的经营者最后却以失败告终？为什么无数拥有伟大构想的企业成功的却是寥寥无几？我们再看，为什么市场上众多的咖啡店只有星巴克一枝独秀？为什么在众多的超市中只有沃尔玛、家乐福能够成功？同样做 PC 机为什么只有戴尔独占鳌头？

所有那些失败的企业都有着不同的失败原因，所有那些成功的企业之所以成功也有着诸多的原因，但有一点是相同的，这就是强有力的执行力。

美国 ABB 公司董事长巴尼维克曾说过：“一位经理人的成功，5%在战略，95%在执行。”阿里巴巴董事长马云也曾说过：“一流的创意，三流的执行力。三流的创意，一流的执行力。我宁愿选择后者。”即使是以技术赢得市场的微软公司，比尔·盖茨也曾发出这样的感慨：“微软在未来 10 年内，所面临的挑战就是执行力。”由此可见，执行力对于任何企业来说都意味深远，事关企业的生死存亡。

执行力高于一切。那些能够长久地经受住市场残酷考验，始终立于不败之地的企业，凭借的都是执行力。原来，完美的战略、完美的人才、完美的制度……那些曾经被企业家和管理学家热力吹捧的词汇并非企业成功的关键所在，只有完美的执行才是企业成功的决胜因子。

那么，什么是执行呢?

执行至少可以有三个层面的解释：第一个层面是按照命令和规则做事的过程，简单讲就是能够听话照做；第二个层面是按照预定的计划的行为过程，简单讲就是做事的章法；第三个层面是将想法变成现实的过程，简单讲就是规划的实现。

执行的第一层面比较简单，这对组织来说是最基本的一种执行——对规范和流程的尊重，只有如此才能让组织的基本行为协调一致，才能有基本的效率。

但对一个组织来说，仅有第一个层面的效率是远远不够的，这就需要第二个层面的执行，按照计划来做事情。看起来第二个层面和第一个层面好像是一回事，其实不然。对第一个层面来说，要做的事情是片段的、非连贯的，但对第二个层面来说是连续的、整体的。一个计划并不是一两个步骤能做好就行，而是要将整体的顺序都做好才能达成效果（如健身计划，就绝不是一两个动作做标准了就能解决的问题）。

有了第二个层面的执行，组织的运转就有了相对较高的效率，但仍然不够，这就需要第三个层次的执行：创新规划并落实执行。组织的进步在于创意、在于策划、在于走出习惯的束缚，而且不仅仅是要有想法，还要有实现想法的能力，这就是第三个层次的执行。

这三个层次的执行是相互支撑的，第一个层次是第二个层次的保障，第二个层次是第三个层次的保障，只有到了第三个层次的执行，组织的效率才能够真正提升。

★★★★★★★★★★★★★★★★★★★★★★★★★★★★★

管理一点通

有了正确的决策而不去行动，无人执行则无法达到目的。如果只有一腔热血去执行，却无正确的决策则容易走到错误的方向，导致失败的结果。由此可知这二者是辩证统一的关系，不能将之进行人为的分割。

执行是实现决策目标的关键，执行的方式方法，执行的坚决与否，都会影响到结果的实现。为了一个目标，天天去决策、指挥而不采取行动是不能达到目的的。行动是获得成果的必然过程和重要手段。做任何事，可以没有决策，但决不可没有行动。虽然可能行动造成错误的结果，但正因如此正确的执行更显重要。

我们要做行动的主人，做任何事不仅要认真思考，更要坚决而认真地执行，只有这样才能成功，因此可以说执行比决策更重要。只有通过行动才能检验决策是否正确，为下一步正确的决策做好基础，执行非常重要。

员工执行力差的根源

管理者有时命令下达了，在管理者看来执行就是一声令下，所有员工就像开动的机器一样，没有任何问题、任何疑惑，立刻行动，马上去做，而且保证在执行中不产生任何问题，最后的结果与老板所要求的完全吻合……这就是许多管理者平时对员工所要求的:“五条件执行”“绝对服从”“请给我结果”“不要问为什么，只需照做”，他们对员工想了解做事的原因和目的、了解事情始末的做法很是反感，不喜欢听员工问许多的“为什么”，不喜欢员工在执行中问许多的“怎么办”，他们只喜欢在期限之内可以让员工上交圆满的结果。有这样心理的管理者越想得到预期的结果，员工就越交不出理想的结果，执行总会打折扣。员工执行力差的根源是什么？为什么不能按质按量地完成任务？这除了与员工自身的执行能力水平有关之外，还与以下因素有关：

1. 工作目标不明确

工作目标不明确就是不知道干什么，员工只知道管理者要求的总体目标是实现年增长率百分之多少，但是具体到自己身上应该做什么，每天应完成多大的任务量心里却不清楚。没有目标，做事没有方向，就没有驱动力，还谈何执行力？

2. 找不到工作的方法

执行要有目标，还要有切实可行的方法，岳飞靠发明钩镰枪，教给士兵钩马腿而大破金兀术的拐子马。如果没有这个可行的方法，岳家军再勇猛也未必能取胜。这就是方法对执行结果的重要性。要员工掌握做事的方法，企业就要提供相应的培训，这包括入职培训和阶段性培训。美国有一项统计：企业每增加 1 美元的培训费投入，就会增加 3 美元的产出。所以发达国家的企业都十分重视人员培训，但是中国的有些企业不是对培训产生不了足够的重视，就是培训的内容缺乏实用性。如果只是对员工进行励志方面的培训或者宏观上的培训，员工的热情被激发出来但照样找不到做事的方法，还是不知道具体应该怎么干，执行起来还是不到位。

3. 沟通渠道不畅通

沟通渠道可以起到上情下达、下情上报的作用。如果由上而下的渠道不通畅，当高层制定的政策往下传递时，中层管理者就会对牵涉到自身利益的政策进行干预，员工不能按照政策的原意进行执行，执行就会走样。同样，如果基层员工在执行中碰到的问题由下向上反映的渠道不通畅或者过于繁琐，需要层层审批，问题得不到及时的解决，也会影响到执行的质量。

4. 奖惩不明

上级在下达任务时不跟员工讲明干好了会得到什么好处，只是告诉员工干不好会有什么惩罚，员工就会为避免受罚，应付工作，达到工作的基本要求即可，不肯多做一点，因为做得越多，意味着承担的责任越大，受到惩罚的可能性越大，万一出了风险便成了千夫所指，众矢之的。员工就会被动执行，多一事不如少一事，即便发现了影响到公司利益的事情也不会上报，认为那不是自己的本职工作，而是费力不讨好的事情。

有的企业虽然有奖励，但不在事前告诉员工是什么奖励，等员工竭尽全力超额完成任务后，发现奖励物品是一桶食用油之类的小物件，大有上当受骗的感觉，这样谁还会为企业的发展埋头苦干？相反，一些公司只注重干好了有什么奖励，"干好了，年底人人多发50%的奖金"，但是没有规定干不好的人会有什么惩罚，也不足以激发人们的动力，也有的员工不在乎这点奖金，只要能拿到正常薪水，不受处罚就该偷懒便偷懒，这无疑会影响到执行的结果。

管理一点通

"天下兴亡，匹夫有责"是明末清初著名思想家顾炎武的传世名言。这话用到企业管理中，那就是：企业兴亡，员工有责。每一个员工，不论处在何等职位上，哪怕只是做着最基本的后勤工作，也应该具备对企业负责的精神。"企业兴盛我兴盛，企业衰败我衰败，企业发展我发展，企业强大我强大"，如果员工能都具备这种思想意识，还怕执行力不能落实吗？

正如一位名人所讲的："没有谁必须要成为富人或成为伟人，也没有谁必须要成为一个聪明人，但是，每一个人必须要做一个负责任的人。"由此可见，在企业运作中如果缺乏责任制这个参照物，时间久了非常容易导致执行人员的懈怠情绪，从而不能很好地完成任务。

决策关键是要落到实处

如果不付诸实施，多么正确的决策都是没有意义的，组织决策实施是科学决策全过程的一个重要组成部分，因此，领导者一定要重视决策的实施。

人们常常把企业的失败归咎于决策失误，但在某些情况下，决策本身并没有错。那么，究竟是什么原因导致企业失败的呢？其实，管理的关键不在于知而在于行。经过众谋、详虑之后的决策，能否达到预期的效果和目标，关键在于实施。组织决策实施是科学决策全过程的一个重要组成部分。决策一旦做出，就要坚决执行。如果在决策实施过程中，管理者出现任何犹豫和动摇，都会产生严重的不良后果，甚至导致全局的失败。

某大型企业因为经营不善导致破产，后来被另一家企业收购。员工们都在期盼新领导能带来什么先进的管理方法，带领企业走出困境。出乎意料的是，他们只派了几个人来，除了财务、管理、技术等要害部门的高级管理人员换了人外，其他机构和人员根本没动。制度没变，人没变，机器设备没变。新领导只有一个要求：把先前制定的制度坚定不移地、无条件地实施下去。结果，不到一年，企业就扭亏为盈了。

从这个案例中我们可以看到，再好的决策也要落到实处；否则，一切都是空谈。因此，一些领导者应该改变认识上的误区，不要以为做出了正确的决策，就一定能收到预想的效果。决策目标只是企业的行动方向，是一种主观愿望，而如何采取一些恰当的方式来落实决策才是策略规划。

为此，决策者要在以下几个方面有具体行动：

1. 明确由谁来负责落实已经做出的决策

只有明确了由谁来负责执行这项决策，以及决策实施的时间期限，决策的落实才有初步的保障。许多企业在实施决策中陷入困境，就是因为没有打好基础，没有重视这些最基本的事情，没有将决策逐步落实的打算。

某企业丢掉了在日本市场上保持多年的霸主地位，总结原因，却仅仅是因为他们的公司在做出与日本本土的一家新的合作伙伴进行合资经营的决策后，没有明确由谁去告诉代理商这家合作伙伴用的计量单位是米和公斤，而不是他们惯用的英尺和磅。一个小小的失误，却给企业带来了如此巨大的损失。

2. 向决策的执行者和有关员工说明决策

有的领导者宣布完他们的决策后，就简单臆断：下属能领会并遵从。他们认为，员工们会心领神会，因而就不再努力去谋求其支持，也不需要再做什么就可以确保员工们的理解。但是，这种想法在现实中却几乎是不可能的。在很多情况下，如果管理者们不花时间去做解释工作，以确保其下属员工领会决策的要义，员工可能永远也不会明白其中的道理。如果因为某一个员工对决策的不理解，造成计划的部分与整体计划不协调，那整个计划就将陷入困境，决策也就等同于失败了。

3. 领导者必须重视培养员工的执行力

企业领导者是战略执行最重要的主体，并非说领导者凡大小事务必亲自去做。领导者角色定位变革很重要的一点就是在重视自身执行力的同时，还必须重视培养员工的执行力。执行力的提升应该是整个企业范围内的事情，而如何培养员工的执行力，是企业总体执行力提升的关键。

IBM 公司拥有全世界最强大的销售团队和最完美的售后服务，为什么？就是因为 IBM 对公司的每位员工都要进行详尽细致的培训指导。在 IBM，每一位表现优异的员工都要带领一名刚刚加入 IBM 的员工或者表现不佳的员工，对他们进行随时随地地培训指导。正是有了这样的机制，才使得 IBM 员工队伍具有非常强大的执行能力，保证了所有员工都能够不断地朝着公司的总体战略方向前进，不断地为公司创造着巨大的财富。

4. 对决策实施的情况及时进行监督检查

IBM 前总裁郭士纳曾说过这样一句话："员工不会做你希望的，他们只会做你监督和检查的。"这句话道出了管理的精髓。在企业里面，监督和检查是一个企业真正把执行落到实处的关键一环。当前，在许多企业中，存在许多"半截子"工程，主管领导认为已将工作布置下去了，主管部门也认为已经将该工作分解了，但是，执行的效果怎么样，由谁负责监督检查，工作的结果却没有回音。太多企业的战略目标沦为了口号，组织和组织成员的行为仅仅是在为本位和个人利益服务，就是因为没有一套标准化的适合决策执行的监督检查机制。

★ ★

管理一点通

对于一个组织而言，决策固然重要，关键还在落实。没有落实，再正确的决策也不会发挥其应有的作用。如果领导在做决策时没有落实的观念，忽视了落实，不抓落实，那么再缜密的计划、再正确的政策，都只能成为一纸空文。领导做决策要以执行为前提，抓住落实这个关键环节。

执行力缺失的危害

执行力缺失将成为组织发展的一大痼疾，它不仅会导致组织的战略目标得不到实现，核心竞争力严重缺失，还会给组织其他方面造成不利影响。具体来说，其危害主要表现在以下六个方面：

1. 执行力不佳会致使组织无法高效运用资源，增加内耗

内耗和执行力从表面上看是毫不相关的两个因素，其实二者有着密不可分的内在联系。在流程作业中，一个组织要完成预期的工作目标，就必须保证每一个工作环节都能按质按量地完成任务并环环相扣，整个组织的运行才能达到最佳状态。倘若其中某个环节出现了问题，就会影响整个工作流程的顺利进行，从而造成内耗增加。

2. 执行力缺失会导致组织的创新能力不强

创新力是组织发展的不竭动力，没有创新能力的培养，规模再大，效益也只能一般。执行力是组织创新力的保障，要想将科研的最新成果转化为现实的生产力，就要一级级地去执行，组织成员的执行力不强必然导致转化行为的拖沓或效果不佳。

3. 执行力缺乏会损害组织的形象

对于组织来说，执行力就是将长期战略一步步落到实处的能力；就组织成员个人而言，就是把任务完成的能力。如果组织内部缺乏执行力，组织成员心存侥幸，习惯性违章现象严重，检查部门人员走过场，文化宣传部门搞形式主义，就肯定不能按照承诺的时间完成任务，组织的形象和信誉就会受到损害。

4. 执行力缺失会降低组织领导力

一部庞大的机器要正常工作就需要各个部件按照同一的指令运转，如果任一部件没有按指令运转，这部庞大的机器就会错误百出。一个组织就像一部运转的机器，领导者的意图如果受到歪曲执行，那么这部机器就会产生废品或停滞。

5. 执行力缺失会影响决策水平

当组织在执行上出现问题时，组织的许多高管人员就会被迫参与紧急问题的解决之中，超负荷的工作必然会减少他们研究新的发展战略的时间和精力，影响决策的水平。

6. 执行力缺失会导致不良的工作作风

组织成员执行力不佳，却得不到有效纠正，形成惯性后就会患上“组织末梢神经麻痹症”：工作拖拖拉拉，粗心大意、责任心缺失，得过且过、敷衍了事，不思进取、懒惰推诿，任何一件事都等待上级的指示，上级不安排就不做，上级不督促就不执行，上级不检查就不汇报。这样，表面上看，他们每天7小时都按时到岗，也都在努力工作，实际上只是在简单地重复劳动，被动工作，也就产生不了很好的效益。

另外，执行力缺失还会造成组织内讧。若组织中的执行力缺失，善于搬弄是非的组织成员则会在其中兴风作浪，这必然会使组织陷入一种"办公室政治"之中。

在领导者提出工作的任务和要求后，如果能够保质保量地完成它，就叫作有执行力。

执行力差不仅是基层组织成员的问题，而且是每一个层级都存在的问题。今天，无论是高层、中层还是基层组织成员，无论是政府官员还是事业单位成员，如果不能保质保量地完成自己的任务，那么他的执行力就有问题，就将面临被淘汰的危机。

任何组织、任何单位要发展壮大，必须在每一个环节、每一个阶段都做到一丝不苟；否则，就会像烂苹果迅速使箱子里的其他苹果也腐烂一样，一个环节、一个岗位、一个人员出了问题，也影响其他的环节，使组织也被慢慢腐蚀掉。

执行力不仅是组织的核心竞争力，也是组织成员的核心竞争力。有执行力的组织会在竞争中获得成功，有执行力的个人会获得事业的成功。组织要发展、要强大，必须打造执行力；个人要生存、要飞跃，同样要提升个人的执行力。只有拥有强大的执行力，才不会被时代淘汰，才能向成功迈进。

★ ★

管理一点通

执行力归根结底在于人，企业要提升自我的整体执行力就必须先找到拥有执行能力的人。员工是达到有效执行的最终端的实现者。在这个瞬息万变的年代里，唯有员工可以长久地维持企业的竞争力。这是因为人员优势的特性是少有的，且是独特的，竞争对手往往难以仿效，也无从取代，是一种非常强大的竞争优势。可以说，优秀的执行人员就是完成任务的一把"万能钥匙"。

执行是决策的生命线

执行力的强弱已成为各级党政机关和各种组织能否有效执行党的方针、政策的关键，如何快速而有效地提高执行力，是当今各级领导者共同关心和研究的一个重要课题。对于现代领导者来说，其能力的差距往往表现在执行力的高低上。

现实中，很多企业经常开会，也提出了不少计划，但结果大都不尽如人意，经常发出“落实难”的感慨。从“落实难”中可以看到，执行是一切正确决策能否实施的关键所在。做出决策和制定政策，事情只是做了一半，另一半而且是更重要的一半就是要努力贯彻实施。胡锦涛同志强调:“要把党的事业不断推向前进，需要有正确理论、路线和方针政策的指引，还要有良好的精神状态和扎实的作风，经过艰苦奋斗，把各项工作落到实处。”

执行，就是去做，是把理想、计划等一切美好的东西转变为现实的唯一途径。可以说，一个领导者的执行力决定了一个组织的发展。

实践证明，有效的执行是决策的生命力所在，执行出效益，执行出生产力，执行是一切正确决策的生命线。当前，企业所确定的发展思路，应该说大多是正确、合乎实际的，但为什么一些好的政策没能产生足够好的效果？问题的关键就在于没能得到有效的执行。布置工作责任不清楚、不细化，一项工作参与的人很多，扯皮的人很多，负责的人却很少，没有责任制，更没有责任追究制，奖罚制度不明确。由于学习不够，发现不了事物的规律，抓不住问题的关键，思路不新，方法不多，措施不力，致使作用不明显，甚至有副作用。这些都是制度落实不下去的具体表现。

可以说，执行力是领导者走向成功的必备能力之一。对于一个现代组织来说，要想获得未来的发展，最重要的不光是有远大的目标，而是为实现组织的目标而立即行动起来。这种“行动起来”就是执行。只有具备执行力，才能把科学的规划与决策变为现实。

★★★★★★★★★★★★★★★★★★★★★★★★★★★

管理一点通

拿破仑曾经说:“想得好是聪明，计划得好更聪明，做得好是最聪明又最好!”空谈误国，实干兴邦。落实决定成败。任何一项好的计划，如果落不到实处，到头来只能是一场空。

重大决策部署之后，落实就成了首要问题。如何把蓝图变为现实，把号召变为行动，关键在于狠抓落实。抓落实问题，虽是一个老生常谈的话题，但又是摆在企业面前亟待解决的突出问题。

实践证明，落实是决策的生命力之所在，落实出效益，落实出生产力，落实是一切正确决策的生命线。个人的素质强弱、水平高低、能力大小，从一定意义上讲，取决于抓工作落实的态度、速度和力度。一个优秀的管理者和员工，首先是一个抓落实的行家里手，其次是一个讲究实效的实干家。

管理者应具备相当的执行力

领导者的角色不仅仅是制定战略和下达命令，更重要的是要具备执行力。

如果某位领导者认为从事管理工作不需要执行力，那么这位领导者的角色定位一定有问题。因此，组织要培养执行力，就应把工作重点放在各层级的领导者身上。领导者的执行力能够弥补战略的不足。从这个意义上看，执行力是组织管理成败的关键。所以，为了更好地实现战略目标，领导者不仅应该制定战略，还应该具备相当的执行力。

关于领导者需要相当的执行力的问题，也许有的领导者会说："我是领导者啊！这不是要我事必躬亲吗？我的时间要用来筹划高瞻远瞩的战略！"但是就执行力而言，领导者不妨扪心自问："有谁比自己更了解组织的人员、运营以及所处的内外部环境呢？"唯有领导者才能对以上问题有全局性的了解。

美国吉列公司的董事长兼 CEO 吉姆·吉尔特斯就是一个身体力行的领导者。他没有只梦想吉列宏伟的愿景，而是每晚工作到深夜，考虑卖电池应该使用 6 只还是 8 只包装；他没有集结全体员工大讲吉列如何能够改变世界，而是放幻灯片，与竞争对手比较各项费用的高低。吉尔特斯一上任就对吉列的问题进行了详细调查。他审查以往的年报、华尔街的研究以及业界的评论。他还行程数百英里，与吉列的销售人员一起出差，走访商店，视察仓库和制造厂。他研究吉列的广告，并认真对待消费者的反馈。正是在拜访吉列一家大的零售商时，他发现了吉列的销售人员普遍采用一种称为"快速交易"的有害商业行为。这位首席执行官也彻底检查了吉列的供应链。在吉尔特斯的领导下，吉列各部门实行了统一采购。吉列另外一个大的变化是，吉尔斯特坦率地告诉华尔街，吉列不会继续保持两位数的增长。吉尔特斯说，吉列能够实现 3%—5%的收入增长——不会更多，也不会更少。吉列没有再发布不切实际的目标。对于那些不喜欢他风格的人，吉尔特斯的解决方法非常简单：走人。

也许有人说，他是一个强硬的 CEO，但吉尔特斯正是借助于这种强硬将执行力融入了吉列整个公司之中。

在构建执行力文化的过程中，领导者的行为非常重要。在一定程度上，领导者的行为成了组织行为的标杆。如果领导者没有参与到日常运营当中，那他就不可能对组织文化产生决定性的影响。领导者的行为方式将决定其他人的行为方式。

现实中经常出现这样的现象：一些领导者总是埋怨下属没有执行力，实际上，是他们自己没有执行力。

对于一个组织来说，领导者可以说是一个特殊的人物。但领导者切莫认为自己的行为与组织成员无关，这是每个领导者都必须注意的问题。据统计，领导者错误的表率常常会给组织带来一种难以遏制的坏习气。

松下幸之助认为，要提高商业效益，首先就要求领导者以身作则，起好带头作用。

1945 年，日本战败后，松下公司面临着极大的困境。为了渡过难关，松下幸之助要求全体员工振作精神，不迟到，不请假。

然而有一次，松下幸之助本人却迟到了 10 分钟，原因是他的汽车司机疏忽大意，晚接了他 10 分钟，他认为必须严肃处理此事。

他以不忠于职守的理由对司机处以减薪，其直接主管和间接主管也因监督不力受到处分，为此共处理了 8 个人。

松下幸之助认为对此事负最后责任的，还是作为最高领导者的自己。于是他对自己实行了最重的处罚，扣除全月薪金。

仅仅迟到了 10 分钟，就处理了这么多人，连自己也不放过，此事深刻地教育了松下公司的员工，同时也在日本企业界引起了很大反响。

律己才能律人。领导者自己犯了错，主动处罚自己，这样做的积极意义比制定多少条规定都要好。

如果规章制度对领导者没有约束力，组织的执行力也一定不行。

任何组织要在事业上取得成功，都离不开所有成员的团结奋进和积极努力。如果领导者能够做到准时上班，工作从不马虎，那么成员则会更准时、更认真；反之，如果领导者懒怠了，成员自然不会去加班加点地工作。

领导者能够以身作则，往往是提升组织执行力的关键所在。同时，在构建执行力组织的过程中，领导者自身的因素非常重要。领导者自身的行为是整个组织的风向标，所有成员都会把它作为参照物。所以，在日常管理中，领导者要身先士卒，积极参与。如果领导者在会上大讲特讲某件任务的重要性和紧迫性，号召广大组织成员加班加点，而会下组织成员看到的却是领导者漫不经心的态度，组织成员会做何感想呢?

如果领导者亲自拜访客户，那么下属就会知道客户的重要性；如果领导者彬彬有礼，组织里就不会有粗鲁无礼的下属；如果领导者马马虎虎，下属就会得过且过；如果领导者勇于创新且充满创意，所有下属都会积极寻找新的契机；如果领导者冲锋陷阵，才华横溢的下属自然也不甘落后。

成功的领导者了解这些秘诀，他们带领组织取得成功，靠的不仅是政策或规章，还有身先士卒、以身作则的工作作风。

组织要提升执行力，关键是要从领导者做起。在提高执行力的过程中，具有执行力的高层领导者本人要以身作则，才能制定目标并促使中层提升执行力；中层也有指导基层提升执行力的义务。如果高层没有以身作则，中层在执行过程中就会很吃力，基层则会更难，提高执行力就会成为空话。

如果领导者要建立执行力文化，就必须参与到组织执行过程中去。领导者必须亲力亲为，身体力行，对自己的工作能全心地投入。唯有如此，才能影响所有成员的行为方式朝着领导者所希望的方向转变，最终建立起执行力文化，并将单位打造成一个执行力组织。

管理一点通

再好的策略也只有成功执行后才能够显示出其价值。因此，作为管理者必须既要重视策略又要重视执行力，做到一手抓策略，一手抓执行力，两手都要硬！策略和执行力对于企业的成功来说，缺一不可，二者是辩证统一的关系。策略是企业未来发展的指南，由策略再去导出各式各样的执行方案。

管理者不应将执行力和策略割裂，把它们看成完全对立的部分。一方面，管理者制定策略时应该考虑这是否是一个能够切实得到“执行”的策略。无法执行的策略形成以后只能束之高阁，没有什么实际的价值。另一方面，管理者需要用策略的眼光诠释“执行”，也就是说不要陷入“执行”的泥潭，执行是需要策略来指导的。因此管理者在制定策略的时候必须考虑执行力问题。好的策略应该是与企业的执行能力匹配的。

注重自我执行力的修炼

管理者要注重自我执行力的修炼，因为要想提高企业的执行力，企业的管理者并非只是注重怎样去提高企业员工的执行力就够了，管理者同样应该注重自我执行力的修炼，一个没有超强执行力的领导者不可能会拥有一支超强执行力的组织。

华尔街著名投资人，也是吉列的董事之一的沃伦·巴菲特是吉尔特斯职业生涯中的伯乐，巴菲特在与他长谈一次后，下决心推荐这个“谈业务绝不会胡扯”的人为吉列公司的首席执行官。之后，慧眼识英才的巴菲特就放心地离开了董事会，因为吉尔特斯在吉列任职两年来，不仅遏制住了公司连续 14 个季度没有达到预期目标的颓势，而且在经济低迷状态下，2002 年收入还增长了 5%，每股收益增长了 18%。2002 年 12 月，《金钱》杂志评选吉列为 2003 年 7 个最看好的股票之一。

无论过去还是现在的同事，在描述吉尔特斯的个性时，都会不约而同地用到“纪律性强”“要求高”“认真”等字眼。“我从来没有那么卖命工作过。”CVS 公司 CFO 戴夫·瑞克德回忆起与吉尔特斯共事时的情形时说，“他会非常仔细地检查每笔财务预算，不管是 500 万还是 5000 元的花费，他都同样关注每一分钱的去处。”

“与吉姆没有悄悄话，所谈的都是生意。”与他相处了10多年的朋友、Sean公司CEO艾伦·兰斯这样评价他。但当吉尔特斯谈论30年前他差点被解雇的那件事时，他就变得有些生动，甚至有点动情了。那年他只有23岁，在一家综合食品公司的加工厂负责订货。有一个星期，他忘了为一些食品订购硬纸箱。“公司打电话到我家，我妈妈接的电话。”他回忆说，“妈妈告诉我，领班说纸箱用完了，马上要停产了。她还说，哎呀，他们要解雇你了。”

吉尔特斯当时非常害怕，他当晚就打电话到供应商的家里，请求提供一些纸箱，接着把纸箱装到卡车上，连夜送到公司。生产线又启动了，他也挽救了自己的工作。这个教训他从来都没有忘记。“你必须有责任心。”吉尔特斯说，“人们总说，‘这是管理层让我做的’，其实，我们都是管理层。”

去吉列上任的第一天，吉尔斯特与所有主管见面，他让主管们举手表决:“你们多少人认为公司的成本太高?”每个人的手都举了起来。他接着再问:“你们有多少人认为自己部门的成本太高?”但没有一个人举手。吉尔特斯认为，这是处于困境中的公司经理人普遍的反应：大家都知道有问题，但都认为不是自己的问题。于是他就从这里下手——如果你想保住工作，就必须解决自己的问题。

吉尔特斯对员工非常严格。“他从不会忘记你的许诺。”他以前的一个下属汤·考恩特说，“如果你告诉他3个星期后你会得到69.6%的市场份额，3个星期后，他就真会找到你说，‘我想你已经获得了69.6%的市场份额’。”

吉尔特斯明白，吉列首先需要的是纪律。在前6个月，他实施了打分系统、整理了财务报告系统。尔后，每天早晨，他和高级经理都会拿到一份注明前一天每种产品销售量的详细报告。为了培养财务纪律，他还推出了“管理费用零增长”策略，每个部门都要与行业竞争对手比较，发现差距后，由每个部门负责设法达到行业标准，不久，吉列的管理成本就下降了4%。

当然，吉尔特斯的铁腕式管理对原吉列员工来说，接受起来有些困难。这个公司曾像个仁慈的“大家长”，所有高级经理人都在企业工作10年以上。但吉尔特斯对不接受自己方式的人有一个简单的方法：让他离开。而在“大清洗”中存活下来的经理们认为，吉尔特斯的做法虽然过于激烈，但却是公司所需要的。不难看出，正是因为吉尔特斯个人拥有着超强的执行力，在他的打理下，吉利公司的执行力也得到了大幅度提升。

企业管理者作为企业组织的领头人，一个命令或者一个指示将决定整个组织的命运。因此，这就要求企业管理者应该明确自己的价值观，明确企业的发展方向，起到正确的领导作用。企业要提高执行力，关键还是要从领导人层面开始重视，在提高执行力过程中，领导本人要以身作则。

★★★★★★★★★★★★★★★★★★★★★★★★★★★★

管理一点通

汉武帝晚年面对大厦将倾的危难局面，幡然醒悟，痛改前非，全面调整了国家的内外政策，不但使政权转危为安，而且也为“昭、宣中兴”打下了基础。学会不断自省，抓住机遇。孙子认为为将特质“智、信、仁、勇、严”中，勇正是描述管理者要善于自省，及时修正管理失误，为抓住一闪即逝的发展机遇奠定了坚实的基础。儒家经典《中庸》中提到，“知耻而后勇”。管理存在问题不是发展的障碍，障碍是认识不到这些问题，或认识了却不去解决它才是大问题。因此正视自己管理的失误，及时修正，努力抓住发展机遇才是“大勇”。

切实融入执行的过程

许多领导者都认为，居高位而不必操心实际经营的细节事务。在这种观点下，作为领导者可以说是一件相当愉快的事：高高站在山顶上，思索策略性问题，并且以种种美好愿景来激励下属，至于一些麻烦的事就交由下属去处理。这种观点是极其错误的。

唯有当领导者的心思、灵魂与组织融为一体时，这个组织才会具有执行力。领导者必须亲自并且深入地投身于组织的运作之中。唯有透过领导者亲自、深入地参与执行的实质面，甚至某些细节，才可能让执行力展现出来。

不管是什么组织，都需要领导者在必要的时候身先士卒，全身心地投入组织的日常运营。领导者并不是一个只注重高瞻远瞩的角色，卓越的领导者需要切身融入组织，他必须对这个组织、组织成员和外界环境有综合的了解，这种了解没有人可以代替。

“知易行难”是大家都知道的道理。领导者制定战略之后需要自身也参与执行，因为只有在执行过程中才能够准确、及时地发现能否实现战略，原战略有哪些部分应该调整。根据执行的情况随时调整战略，这样的战略才是应变环境的良方。如果领导者错把忽视执行当成必要的授权，等到发觉战略不能执行时再调整战略，就为时已晚了。

有很多著名公司的CEO就是因为执行不力而在他们的职业生涯中失败。

同样的，在这些著名的公司中，也有很多高级管理者因为他们极强的执行力而被任命为CEO。康柏公司解雇它的CEO法伊弗之后，公司的创始人本·罗森虽承认法伊弗制定的战略没有问题，但他认为问题在于法伊弗没有能够解决执行和落实计划的问题，没有使公司的运营变得有效率。朗讯公司解雇它的CEO里查得·麦克吉恩时，继任CEO亨利·斯查特解释说他们的问题在于学会如何执行。IBM公司的CEO路易斯·V.郭士纳评价他的继任者萨缪尔·帕尔米萨诺:“他的特长就在于能够保证所有计划都得到切实的执行。”

执行应该是领导者的主要工作。首先，作为一名领导者，他的责任不仅仅是设计远景目标和战略，他还必须真正地融合到日常运行中去，掌握生存环境，了解组织成员的所思所想，洞察社会的变化情况。有了第一手材料后，才能拥有把握全局的视角，才能做出正确的决策，才能带领组织成员实现既定的目标。

其次，领导者只有亲自参与到流程运行中去，才会不断发现运行中存在的各种问题，才能与不同层面的组织成员进行沟通和讨论，从而找出解决问题的最佳方案。同时，与下级领导者、组织成员的讨论，也是一个互相学习、知识共享和扩展的过程。

★★★★★★★★★★★★★★★★★★★★★★★★★★★★

管理一点通

我们说管理者是策略执行最重要的主体并非说管理者大凡小事务必躬亲，管理者角色观念变革很重要一点就是在重视自身执行能力加强的同时，作为管理者必须重视对部属执行力的培养。执行力的提升应该是整个企业范围内的事情，而不只是少数管理者的专利。但管理者在其中所起的作用非常巨大，他就像一个火车头，有意识地对企业进行引导，从而使“执行”成为一个企业的核心元素。管理者如何提升个人执行力并培养部属执行力，是企业总体执行力提升的关键。

要做好执行的表率

正人必先正己，律己才能律人。“上清而无欲，则下正而民朴。”要求别人做的，领导者必须自己首先做到；禁止别人做的，自己则坚决不做。唯有如此，才能真正地发挥出自身的影响力，带动下属落实好各项任务。

领导者在一个组织中的地位和作用，常常不自觉地被大家视为学习的榜样。

一旦领导者的行为被“注意”之后，下属一般就会重复所观察到的行为。其实，任何一个组织中的领导者以身作则的言行都可能成为一种榜样，而这种榜样的力量是巨大的。尤其在执行与落实的过程中，领导者的榜样作用会刺激下属的工作激情，使他们更自觉、更有效地完成任务，从而提高整个组织的落实能力。在组织中，如果领导者能够率先示范，以身作则地努力工作，那么这种热情和精神就会影响其下属，让大家都形成一种积极向上的态度，形成良好的工作氛围。可以说，领导者的榜样作用是具有强大的感染力和影响力的，是一种无声的命令、最好的示范，对组织成员的行动也是一种极大的激励。

领导者如果能够身先士卒，以积极、正确的表率做导向，就可以激发组织成员努力向上的干劲，调动他们的积极性；反之，领导者持一种消极、观望的态度，则只能让组织成员削减工作热情，对组织的发展前途失去信心。可见，领导者的表率作用永远是激励组织成员的最有效的方法。

在任何组织中，领导者都不可能时时刻刻地管着下属，解决的办法是加强下属的自我管理。但这里有一个前提，就是领导者要做到身先士卒，以身作则，成为下属的榜样，变“照我说的那样去做”为“照我做的那样去做”。在落实工作的过程中，会出现各种各样的问题。领导者要想推动执行与落实，就要尽力去激发组织成员的热情并促使他们努力工作，最好的办法就是用自己的“激情”去带动组织成员的工作热情，从而推动落实工作的进展。试想，领导者每天努力地工作，不辞辛劳，下属还能不尽心尽力吗？

这并不是让领导者事无巨细都要一手包揽，也不是每天对下属的工作指手画脚，而是经常对他们提出一些富有启示性的问题，以帮助他们用一种全新的思维去处理自己的工作。这样做根本不会压制任何人的创造性，相反，它会更有利于下属能力的提高。

在当今的很多组织中，人们习惯于听到不少高层领导者们绘声绘色地描述美好前景；习惯于看到他们终日埋头于会议和文件中，却没有多少人能深入实际地去参与具体的落实与执行。而一个不争的事实是，执行力越强的领导者越容易成功；而且在他们的领导下，组织内部也会建立起一种执行文化，所有的组织成员都致力于战略决策的执行而不是空谈和推脱责任。而另外一些执行力差的领导者不但自己会遭受挫折，连同他们的组织也会陷入困境。

因此，领导者要带动下属的积极性，首先自己就要积极参与到组织的执行中去，身体力行，让组织成员经常能看见自己的身影。这样，才能给下属做出表率，影响下属，在组织内建立起执行力文化。

亲力亲为，身体力行，对自己的工作能全身心地投入，是执行力强的领导者的显著特征。领导者的行为方式将决定组织中其他成员的行为方式。如果领导者没有参与到组织的日常运营当中，那就不可能建立一个具有强大执行力的组织。

可见，要提升组织的执行力，就要从领导者开始，领导者必须以身作则，率先示范，首先成为优秀的执行者。

★★★★★★★★★★★★★★★★★★★★★★★★★★★★

管理一点通

管理者往往都会把在缺乏执行力的原因归咎到各个方面，却忽略了分析自己身上的根源。事实上执行力是管理者意志的体现，倘若管理者自身的管理能力较差，后面有关执行力的所有事情将无从谈起。

假如管理者怕承担责任，最后的结果只能是大家看到相互推诿扯皮的现象多了，敢于承担责任的人少了；假如管理者的管理不到位，只能让大家看惯了在单位雷声大雨点小的现象；假如管理者走形式主义，企业的各种文件、各种规章也是一纸空文。

这一切即使有着“严管重罚”的牌子，“胡萝卜加大棒式”的管理，详细的表格和程序，同样无法产生什么执行力。因此一些企业执行力薄弱的根源恰恰是在老总身上。管理者决定了整个团队的执行力强弱，一个企业的管理者决定着一个企业的执行力，一个部门的管理者决定着一个部门的执行力。执行力的实施就是管理者与员工之间的沟通和示范来推动的，因此作为一个优秀的管理者，必须身先士卒、百折不挠，由此产生巨大的示范和凝聚作用，有效地激励和团结员工，共同实现企业目标。

注重行动前的准备工作

管理者永远不可能获得所有他想要了解的事实。大多数决策都只能在不完全了解情况的基础上做出。出现这种情况，一则是因为没有现成的信息，另一则也是因为要获得完整的信息需要花费太多的时间和金钱。

做正确的决策并非一定要了解所有的事实，但是决策者必须要晓得自己还缺少什么信息，否则就难以判断决策将会涉及多少风险，也难以判断所提出的行动方案的准确程度和可靠性到底如何。

没有什么会比在信息不完整、不确切的基础上试图做正确的决策更靠不住的了。如果得不到所需要的信息，那就只好进行推测了。这些推测是否有根据，那就只能看事后的事态发展了。

对做决策的管理者来说，医生的一句老话很适用："最好的诊断学家并不是做过很多正确诊断的医生，而是能及早发现并纠正自己诊断错误的医生。"

而管理者想要这样做，他首先必须了解在哪些方面他还缺乏信息，所以不得不做一些推测。他一定要先弄清还有哪些情况以防心中无数。

1. 先对问题进行归类

这样就能明确必须由谁来做决策，在决策时必须征求谁的意见，决策后必须通知哪些人。如果事先不做归类工作，最终决策的有效性将会受到严重的影响，因为只有归类之后才能使人明确哪些人该干哪些事情，才能使决策转化为有效的行动。

归类的原则共有 4 点：

（1）决策的未来性（一种行为方案的时间跨度及需要做出相反决策的速度）。

（2）决策对其他领域及职能部门的影响。

（3）决策包含多少方面质的考虑。

（4）决策的唯一性或周期性。

这样的归类方法可以确保一项决策真正对企业有利，而不会在牺牲整体利益的前提下只解决眼前或局部性的问题。这一办法还可以根据企业整体目标和每位管理者自己所经营的单位的目标来对问题进行归纳和分类。这样就可以迫使经理从企业整体角度来观察他自己所面临的问题。

2. 弄清事实

只有对问题进行分类之后，弄清事实才有可能。在这之前，是没法弄清事实的，最多只能得到一些数据。弄清和分类能让你知道哪些数据是与决策有关的，这些有关的数据就是事实。这样，经理就能摈弃那些有趣的但却无关的信息，就能看清哪些信息是有用的，哪些信息会使你误入歧途。

在了解事实时，管理者必须自问：我做这项决策，需要什么样的信息？他还得确定自己所拥有的信息中哪些是与决策有关的，哪些是对他有用的，还需要哪些额外的信息，应该做些什么事来获取这些信息。

这些工作并非都是机械性的，对信息还需做熟练的、有想象力的分析，还需进行仔细的审察，看有没有潜在的种种迹象可以说明问题被弄错了。

换句话说，“弄清事实”只是一个侧面的工作，而使用信息作为手段来测试你的整套做法是否有效，也显得同样重要。

★ ★

管理一点通

做决策，信息工作要做足，预测是关键。领导要明确是否已经掌握了足够的信息和必要的事实。前面的工作是否严格按照科学决策的程序要求进行，是否扎实，有无漏洞，是否具有充分而可靠的信息保障。充分而可靠的信息是科学决策的基础。只有掌握了丰富、及时、准确、适用的尽可能多的材料，并在此基础上积极对组织未来发展趋向做出预测，领导才有可能抓住问题的关键，做出比较准确、全面、成功的决策。

关键是要使决策生效

管理者要使决策生效，就不要将大量时间花在解决办法上，那是浪费时间。决策的实质是要别人去贯彻执行，使决策生效，管理者要做的就是别人应该做什么事。

决策的性质就是要通过其他人的行动来使决策生效。决策是行动的责任。只有当预期的事情顺利实现，决策才是有意义的。有一件事情人们已经习以为常了，即采取行动的人往往不是做出决策的人。实际上，在决策成为某个人的具体工作和责任，但又还没有实现之前，根本无所谓“做决策”。在化为具体行动之前，决策不过是良好的愿望而已。然而，不幸的是，有太多的决策只停留在愿望的层次上。

除非一开始就将所需实现的行动包括在决策之中，否则决策不会变得卓有成效。若将决策转化为行动，必须先回答这些问题：

（1）决策必须要让谁知道？

（2）必须采取什么行动来贯彻落实？

（3）应由谁来采取行动？

（4）这一行动应该包含哪些内容，以便让执行决策的人可有所遵循？

决策行动也必须与执行决策者的能力相适应。这一点对于那些需要改变自己的行为、习惯和态度才能使决策产生成效的执行者，就显得更加重要了。

★★★★★★★★★★★★★★★★★★★★★★★★★★★★

管理一点通

思考一下你所制定的决策：该决策必须要让谁知道？必须采取什么行动来贯彻落实？应由谁来采取行动？这一行动应该包含哪些内容，以便让执行决策的人有所遵循？

严格按标准和制度执行

标准和制度是企业为了保证战略决策的贯彻实施，而为全体员工制定的行为准则和依据。要想真正有效地保证决策变为现实，达到既定效果，就需要制定激励与约束执行者的标准和制度，好的执行都是建立在好的流程和标准基础之上的。

摩托罗拉早在30年前就建立了自己的流程管理体系，即形成内部控制标准。该控制标准对涉及销售、采购、薪酬、制造、融资、财务、信息系统控制、知识产权保护等各项业务的流程都做了详尽的规定，而且还指出如果不按照标准去工作将会产生何种风险。

既有好的决策，又有好的运转机制和标准来保障这个战略的实施，企业才有可能获得成功。但光有制度和标准还远远不够，重要的是员工如何遵守制度和标准，完成工作要求。同样的制度，同样的员工，因为执行力的强弱不同，使企业有了不同的命运。

许多企业里，普遍存在这样的现象：公司有许多制度和标准，甚至有非常完善的制度，但上至领导下至员工，全都不能也不会坚持贯彻执行。结果是这些制度、流程和标准都流于形式，不能够真正贯彻落实。

好的决策需要严格的运行机制保证有效的实施，才能取得预期的效果。认真地对待自己的工作，严格执行企业的战略，每个环节和阶段都保质保量地完成自己的工作。如果企业里的每个人都能如此，那么我们会发现，企业中所谓的“救世主”其实就是我们自己，只要我们能够再认真一点、再严格一点、执行力再到位一点。

管理一点通

我们绝不缺少勤劳和智慧，我们最缺的是做细节的精神和习惯；我们绝不缺少各类规章管理制度，最缺的是对规章制度不折不扣的执行。

策略和执行并重

执行，是实现既定目标（战略）的具体过程，也是一个非常艰苦、困难和琐碎的事情。而领导者在这其中扮演了一个至关重要的角色，既是管理者，又是策略执行最重要的主体。

许多人认为领导者就是制定策略，而执行属于细节事务的层次，不值得领导者费神。他们认为领导者的角色定位就在于描绘组织远景，定好策略，至于执行是下属的事情，作为领导者只需要授权就行。这个观念是绝对错误的。相反，执行应该是领导者最重要的工作。

领导者的角色不仅仅是制定策略和下达命令，更重要的是必须具备执行能力。如果领导者认为做管理不需要执行能力，那么其角色定位就有问题。

在一些成功的组织里，最高层领导者都是一手抓策略，一手抓执行能力。比如美国戴尔公司的总裁就扮演了强有力的执行角色。他极有远见，通常在认定一个大方向以后，就亲自披挂上阵，带领全公司成员彻底执行。

可见，作为领导者必须既重视策略又重视执行能力，做到一手抓策略，一手抓执行能力，两手都要硬。同时，优秀的领导者不仅自己具有强大的执行能力，而且能训练出一批一流的执行人才。

杰克·韦尔奇认为："如果我们让员工成长，就鼓励他们的自信心，赋予他们更多的责任，将他们最好的想法加以利用，那么我们就有了赢得竞争的机会。"

此外，领导者作为一个"火车头"，其执行能力还应包括：

（1）培养下属的执行能力，启发下属认识到自己角色的重要性。

（2）告诉下属工作的目的是什么。

（3）让下属知道领导者对他的期望。

（4）及时告诉下属他做得如何。

只有这样，领导者的监督和检查才能顺利进行。

★★★★★★★★★★★★★★★★★★★★★★★★★★★★

管理一点通

真正优秀的管理者必须脚踏实地，深知自己所处的大环境、认清真正问题所在，然后不畏冲突勇敢面对。"知易行难"这应该是大家都知道的道理吧！管理者制定策略之后需要自身也参与执行，只有在执行过程中才能够准确及时地发现执行是否能够实现策略，原来策略有哪些应该调整，根据执行的情况随时调整策略，这样的策略才是应变环境的良方。如果管理者角色定位错把忽视执行当成必要的授权，等到发觉策略不能执行，这时候再修改调整策略，可能已经晚矣。

就执行力而言，管理者不妨扪心自问："有谁比自己更了解企业的人员、营运以及企业所面临的内外在环境?”唯有管理者所居的位置才能对以上问题有全盘性的了解。也只有管理者能对企业提出一针见血的高难度问题，促使各项计划不浮夸，植于现实而执行，并于每个阶段实现预定目标。

先从大决策抓起

在决策中，有些管理者会觉得应该先从小决策抓起，方能小中见大。其实，我们谈论决策要百密不能一疏，要大小兼顾。先抓住大的，才能不丢掉小的。先抓住小的，往往大的就被别人抢走了。事实上，有计划地先善大后善小，是一种良好的决策方法。

管理者要做到这一点，应该注意决策时不能一味地求小，也不能一味地求大，而应从大处着眼，抓住命脉；从小处行动，有一种大中有小的决策眼光。因此，真正的善大者，才能更善小。那么在实际决策时，管理者具体该如何做呢?

1. 切勿在小问题上浪费时间

管理者必须尽你所能，以保证你的时间只用在会影响“整个”公司——尤其是公司利润——的地方和事物上。这是非常难以做到的要求，甚至在你做到时，组织里可能没有人注意到——除了你之外。

有时候，甚至你自身都可能成为你最糟糕的敌人。举例言之，你常倾向于耗费太多时间在你所熟悉的问题上，譬如，若你原先专精的部门是市场营运，则你将会常被那些市场问题所吸引而耗费太多时间于其上。这是一个刚出道的主管经常掉进去的陷阱。他战战兢兢地，害怕他第一次的挥棒打击会不会失败，因此他必倾向于留在他认为最有把握、最熟悉的地方。但另一方面，如果公司最主要的问题的确是在市场营运上，则一个主管当然不可因噎废食，不可因害怕掉入这种陷阱却不敢接触到市场营运的问题。

在你列举出你组织正面临的所有问题之后，先选出那些确实影响整个公司的问题，并决定其优先顺序，然后你便依此顺序使用你的时间。找出影响最大的短程问题，并赋予最高的优先。它们常不难解决，而且其解决常可保证，你能继续面对长期的问题。

2. 决策的目的定位在利润上

假设有两个问题——其中一个有关于销货额之增加，另一个有关于利润之增加——则通常，应该选择关于增加利润之问题为第一优先。事实上，除非下一季的利润得到保证，否则明年的主管，很可能已不是你了。

中低层管理人员常会将问题“逐级呈上来”，只因为他们不敢处理它。再提醒你，问题决不可用这种方式送到你面前来。几乎可以肯定的是，它常是“请求你给以顾问指导”的问题。但是顾问与指导，在你的职务说明书上，是列在最底下的项目。职务说明书上最优先、最强迫性的部分，经常是在讨论成果、检讨绩效，而且经常是以利润、每股所得和资产报酬率等数字来表示的。不要让任何阿谀奉迎的词语扰乱了你为自己公司而设定的优先决策顺序。当把决策的目的定位在利润上时，大中见小的决策方法就是完全合理的。对一个企业而言，有什么比获得利润更为实惠的呢？

★★★★★★★★★★★★★★★★★★★★★★★★★★★★

管理一点通

从大处着眼与从小处着手是辩证统一的，是互为条件和互为因果的。从大处着眼强调的是把握方向，注重的是“做什么”。从小处着手，强调的是抓好落实，注重的是“怎么做”。不注重从大处着眼，决策就不会高屋建瓴，就容易出现偏差，甚至决策失误。不注重从小处着手，决策就难以落实，问题就难以解决，决策的运行就难以达到预期目标。

工作要严谨细致

一个做事不追求完美的人，是不可能成功的，而要做事完美，就必须注重细节。古人云:“千里之堤，溃于蚁穴。”这句话强调做大事业不要忽视微小的细节。然而，环顾我们周围，大而化之、马马虎虎的作风随处可见，“差不多先生”比比皆是，“好像、几乎、似乎、将近、大约、大体、大致、大概、应该、可能”等，成了“差不多先生”的常用词。就在这些词汇一再使用的同时，许多决策都只留在了纸上，许多工作都停留在表面上，许多宏大的目标都成了海市蜃楼。

提高决策的执行力，就是要树立一种严谨些、再严谨些，细致些、再细致些的工作作风，改变心浮气躁、浅尝辄止的毛病，以精益求精的精神，不折不扣地执行好各项重大战略决策和工作部署，把小事做细，把细节做精。

一位先生买了一瓶名酒准备送给父亲，因为怕路上被砸破，他仔细用毛衣包好，放在皮箱里面。等回到家拿出来准备送给父亲的时候，却发现瓶里只剩下 1/3 的酒，2/3 的酒被毛衣“喝”了。因为酒瓶的瓶盖没有密封好，使得好酒被白白浪费了。

决策的实施也是一样，要取得成功，必须在每一个细节上都要一丝不苟。反之，不注重细节，就容易出现问题，造成损失。

细节是成就决策的关键点。电影《泰坦尼克号》里有一个镜头，在船要沉没、船尾翘起来的时候，船上所有的碗、杯子、盘子都散落满地。等拍完这个镜头的时候，导演卡梅隆把盘子拿起来一看，发现这些东西上面都没有商标。而实际上，人们把真实的“泰坦尼克号”从海底打捞起来后，发现原来船上的碗、盘子、杯子都是有商标的。卡梅隆发现这个问题后，决定重新拍摄这个镜头。影片投资人说：“你疯了，一万多个盘子重新做一套，那可要多少钱啊。”

卡梅隆说：“那就扣我的薪水吧，即使我不领薪水，我也要把它重新做一遍。”于是，他们又重新做了一套带商标的碗、盘子和杯子，重新拍了一遍这个镜头。

其实，全世界有几个人知道那个盘子底下有商标呢？但对卡梅隆来说，事实上有的东西，就要把它拍好。正是这种追求完美的精神，每个细节的执行力都做到位的态度，才让美国电影风靡世界。

任何一个战略决策和规章法案，都要想到细节，重视细节。任何对细节的忽视，都可能导致决策失误。

★★★★★★★★★★★★★★★★★★★★★★★★★★★

管理一点通

执行不到位，往往是由于细节出了问题。执行中，我们往往只注重大的方面，而不太留意小的细节。但很多时候，灾难和事故往往就源于那些被我们忽略的细节。对于一流的执行者来说，即使再小的地方，也绝对不会随便，这样才能保证决策执行的万无一失。

把任务和人员结合起来

把任务与人员结合起来，才能使决策落到实处，并提高整个组织的执行力。总的来说，把任务落实到个人有以下几个重要步骤：

1. 仔细考虑任命的核心问题

任命之前，至少要先搞清楚任命的原因和目标，并物色出适合的人选。比如，当管理者要挑选一个新地区的营销人员时，首先应该弄清楚这项任命的核心：要录用并培训新的营销员，是因为现在的营销员都已接近退休年龄，还是因为公司虽然在固有行业一直干得不错，但是还没有渗透到正在发展的新市场，因而打算开辟新的市场。根据任命目标的不同，管理者需要寻找不同类型的人才。

2. 初步设定一定数目的备选人才

这一步骤的关键是企业要有相当充足的人才储备以供挑选。正式的合格者是备选对象中的极少数，如果没有一定数目的备选对象，那选择的范围就小，确定适宜的人选难度就大。要做出有效的人员配置，管理者就至少应着眼于3—5名合格的候选人。

3. 以寻找备选人的长处为出发点

备选人能做什么，他有哪些长处，是否与目标相切合是关键。核心的问题是:“每个人所拥有的长处是什么？这些长处是否适合于这项任命?”短处是一种局限，它当然可以将备选人排除出去。例如，某人干技术工作可能是一把好手，但任命所需的人选首先必须具有建立团队的落实能力，如果这种能力正是他所缺乏的，那么他就不是合适的人选。德鲁克曾经对这两种用人思维方法进行了详细分析，他认为一种是只问人的长处而用之；另一种是注意人的短处，用人求全。前者能使组织取得绩效，后者却只会使组织弱化。

如果管理者只能见人之短而不能见人之长，因而刻意于避其短而不着眼于用其长，那么这位管理者本身就是一位不注重落实的人。他会觉得他人的才干可能会构成对他本身的威胁。

4. 把广泛的讨论作为选拔程序中一个正式的步骤

管理者的独自判断往往是毫无价值的。因为我们每个人都会有第一印象，有偏见，有亲疏好恶。因此我们需要倾听别人的看法。在许多成功的企业里，这种广泛的讨论都作为选拔程序中一个正式的步骤。能干的管理者则应该正式地从事这项工作。

5. 确保任命的人才了解职位

被任命的人在新的职位上工作了一段时间后，应将精力集中到职位的更高要求上。管理者有责任告诉他：“你当地区营销员（或别的什么职务）已有3个月了。为了使自己在新的职位上取得成功，你必须做些什么呢？好好考虑一下吧，一个礼拜或10天后再来见我，并将你的计划、打算以书面形式交给我。”同时，还应指出他可能已做错了什么。

如果你身为管理者，却没有做这一步，那就不要埋怨你任命的人成绩不佳。应该责怪你自己，因为你自己没关注落实，没尽到一个管理者应尽的责任。

6. 根据员工的特性分配工作

公司之所以会出现不当的工作分配，一方面或许由于对员工的投资不对；另一方面则是因为组织中许多的工作分配都是以现有的空缺和员工是否能立刻称职为依据。像这种不考虑人员个别的特性，而随机分配的做法，往往会使工作缺乏效率。

一些公司的政策，甚至排除了正常分配应有的过程。例如，公司可能要求调职的员工，从他们现在所属部门的基层重新做起。工作分配的决定，可以由各部门管理者做自由选择，所以，基本上并不一定是组织上的问题。然而，随着传统的人事或团体在最终分配决定上所扮演的角色日趋重要，许多大公司中，分派工作已形成一个特殊的行政参谋机能。许多小公司，也正朝着这个方向渐渐改变。所以分配工作在本质上，应该是有组织性的。

公司经理分配给员工的工作，不能配合其能力的情形有很多。例如，缺乏专业知识、员工的健康或性情不能承担其工作、劳心与劳力者工作的错误配置等。此外，工作分配的错误，也包括了某些社会因素。例如，员工可能被派遣到外地工作而远离亲人，或许由于员工的离乡背井，而产生了家庭问题，使其不利。

如同管理者分配一批员工到新工作的情形一样，有时候，其他因素的重要性，甚至超过分派工作本身，所以管理者并不是总有足够的时间去实现分配的决定。例如，机械设备汰旧换新时，生产线上的空缺，就需要大量的员工去支援。在更新设备之前，将冒着低效率的风险。迅速地调职使员工没有充分的时间去学习，因而缺乏效率。但是，如果能提供员工足够的培训和相当的自由，那么就能减少大部分的调职冲突，而且对于提高工作效率也会有很大帮助。

管理一点通

在实际工作中，一些重要决策没有很好地落实到位，导致方向不明、责任不清、落实不到位。因此，管理者要在任务细化分解的基础上，做到责任主体明确、进度要求明确、完成时限明确、考核追究明确，把任务落实到个人，使其各司其职、各负其责。

合适的人执行合适的事

有观点这样定义工作效率:“工作效率就是合适的人做合适的事。”这句话值得管理者认真回味。的确，只有这二者恰当匹配的时候，工作才会有好的结果，工作效率才会更高，反之，当你选择了不合适的人去做一件对他来说不合适的事的时候，你就选择了失败。

有一家公司遇到了一个很好的发展机遇，需要再开设一家分公司，现在所需要的就是选择经营这家分公司的人选。几经考察，总公司认为有两个人可以考虑，一位是小 A，目前负责公司工厂的技术部门，他的最大特点是技术过硬，毕业于一所知名大学的化学专业；另一位是老 B，他已经 50 岁了，一直负责公司总部的事务，有一定的管理才能，但从未表现出在开拓市场方面的能力。最后，总公司决定派任小 A。

遗憾的是，小 A 并没有人们想象中的那么“能干”。在遇到问题的时候，他总是不知道该如何正确处理，过于频繁地请示错过了解决问题的最佳时机，给企业造成了一定的损失。比如说他无法处理来自于承包商的要求，申请不到许可证，无法解决与工会之间存在的分歧，甚至找不到自己需要的人才。由于工程延期，工厂的实际开工时间远远超出了预定的期限，虽然最终还是投产了，可产品销路的问题又接踵而至……

其实，在现实工作中，很多人都和小 A 一样，有着超凡的能力，可是他们却无法发挥，不能给企业带来更大的利益。并不是他们不愿意这样去做，而是他们根本就没有用武之地。因为对环境的不熟悉、对人文情况的不了解，身上即便有再大的能力，还是等于零。就像一个人，有着强大的力量，却在一个不熟悉的环境下拉车，路面上到底哪里有坑洼，哪里有陷阱都不清楚，力量再大又有什么用呢？

因此，管理者在决策实行的时候，所选人才一定要适合。松下幸之助认为，企业运用人才主要是合适，小材大用，大材小用，都不是理想的用人准则，唯有适才专用，才能使人的才能发挥到极致。

松下幸之助于 1918 年开始做生意，当时公司的规模很小，松下只聘请了几位大的电器公司根本不屑一顾的员工，他们不会高谈阔论，也不会开拓海外市场，但松下认为他们合适。按照公司当时的规模，当时在学校前三名的优秀学生是不会到松下电器公司来的，即使他们来了，松下也会感到困扰，因为没有合适的工作给他们做。松下认为，企业所用的人才必须适合工作的要求，这样才能把生意做起来。即使后来公司规模大了，松下公司及下属分公司在选用人才时仍然以“合适”为指导原则，不像其他企业盲目追求高学历、高工作经验。有一句话:“适合身份”，意思就是以公司经营政策为前提，雇佣身份合适的人。由此可见，让合适的人做合适的事对企业决策的实施有多么重要。

将人才放到适合他们的位置上，才能将人才的作用发挥到极致。美国通用电气公司的总裁杰克·韦尔奇是20世纪最伟大的CEO之一，被誉为“经理人中的骄傲”“经理人中的榜样”。在一次全球500强经理人员大会上，杰克·韦尔奇与同行进行了一次精彩的对话交流。

有人说：“请您用一句话说出通用电气公司成功的最重要原因。”

他回答：“是用人的成功。”

有人说：“请您用一句话来概括高层管理者最重要的职责。”

他回答：“是把世界各地最优秀的人才招揽到自己的身边。”

有人说：“请您用一句话来概括自己最主要的工作。”

他回答：“把50%以上的工作时间花在选人、用人上。”

有人说：“请您用一句话说出自己最大的兴趣。”

他回答：“是发现、使用、爱护和培养人才。”

有人说：“请您用一句话说出自己为公司所做的最有价值的一件事。”

他回答：“是在退休前选定了自己的接班人——伊梅尔特。”

有人说：“请您总结一条重要的用人规律。”

他回答：“一般来说，在一个组织中，有20%的人是最好的，70%的人是中间状态的，10%的人是最差的。这是一条动态的曲线。一个善于用人的领导者，必须随时掌握那20%和10%的人的姓名和职位，以便实施准确的奖惩措施，进而带动中间状态的70%。这个用人规律，我称之为‘活力曲线’。”

有人说：“请您用一句话来概括自己的领导艺术。”

杰克·韦尔奇回答：“让合适的人做合适的工作。”

让适合的人做适合的事，才能突出决策有效执行的能力，否则就很难达到目的。我们知道，执行力是有限的，某人在某方面表现很好并不表明他也胜任另一工作。

一个工程师在开发新产品上也许会卓有成就，但他并不适合当一名推销员。反之，一名成功的推销员在产品促销上可能会很有一套，但他对于如何开发新产品却一筹莫展。

有这样一个例子：一家大型化学公司花费重金雇佣了一位著名的化学教授，

从事某一种重要产品的开发，然而几年过去了，适销对路的产品仍然没有开发出来，老板终于不得不痛苦地承认雇佣这名教授是个天大的错误。原因是这位老先生在宁静的学校里搞研究可能很有成就，但置身于竞争极为激烈的市场，则无法适应巨大的压力，因而无法推出适销对路的产品。

所以，在决策实施时，管理者应考虑其执行力是否与职位的要求相匹配。只有选择适合职位要求的人才才能高效完成任务，为企业创造价值。

★★★★★★★★★★★★★★★★★★★★★★★★★★★★

管理一点通

让合适的人做合适的事，这就要求领导者了解熟悉自己的下属，从性情到工作能力都要悉数掌握，从而知道下属适合做什么，能做好什么，这才能保证让合适的人做合适的事。

了解下属，可以从两个方面进行：一是通过绩效考核，从中可以了解下属的业务能力以及别人对他的评价，知道他的优点和缺点。二是亲自跟下属沟通。坚持通过各种渠道跟下属交流沟通，在这个过程中，根据下属的表现和反应，你会撕开下属的伪装，认识到下属更真实的一面，判断出下属在哪个方面是个人才，最适合干什么。这比分析研究绩效数字更重要。

制度是执行力的保障

制度保证执行力。所谓制度，简单地说就是纪律或规矩。它能够对相关行为做出规范和约束，以确保工作的顺利展开。任何一个部门倘若缺乏制度，势必会像一盘散沙一样，执行不力。合理的制度是执行的保障和前提。

一些企业缺乏执行力，根源在于制度本身不合理，缺少针对性和可行性，或者过于烦琐不利于执行，最终的结果是决策得不到有效的执行；制度在制定出来后朝令夕改，表现出太多的随意性和不确定性，就会让员工执行时感到无所适从。

制度不合理可能是制定制度的程序存在问题。一项制度的出台会牵涉到许多部门的利益，在制定的过程中各部门应该共同参与、积极协商，但是在实际制定过程中总会出现不合理的现象。

比如，管理者想制定某方面的制度，一声令下身边人员就忙着起草，制定完了就强行执行，既没有征求各个部门的意见，也没有让全体员工参与制定，更没有开展民主性的讨论；或者虽然有不同部门的参与协商，但始终达不成一致意见，最后不再对制度进行调整修改就匆忙出台；有的强势部门出于一己私利，压制其他部门的意见表达，还有的部门意识不到民主参与的重要意义，只是出席，但不表明自己的态度和看法，即便对某项制度不满，在大多数人都赞同的情况下也随声附和。这样，制度在执行时，必定会有人发牢骚，有的即便口头上不说，但是也会做出违背制度的行为。

制度不合理还与制定者的素质有关。将想法落实到文字上形成固定的制度，这一过程虽然看起来简单，但是如果制度的起草人不懂得流程，不懂得公司各派系间的微妙关系，文字功底较差，起草时不懂得遣词造句，制定出来的制度就难免出现偏颇，影响到制度的执行。再者，制定出来的制度执行起来难度过大。制度制定的目的表述得很清楚，原则要求的东西多，但是在讲到一些关键部分时，比如，执行的关键流程环节或比较敏感的地方就表述的模糊不清了，就以“根据相关规定”“实行相应惩罚”等模糊化的语言一笔带过，执行起来没有确切的标准，制度根本解决不了问题。或者是因为离现实距离太远，发下去之后有的简单传达一下，有的根本不传达，然后就被扔在文件夹里，这样，制度就成了一纸空文。

企业制度的不合理性还表现在制度只满足了领导层单方面的心理，而忽视了执行者的心理感受，如果强迫执行，就会招致人们的反感，收不到很好的效果。譬如，一些只注重理论的理想派管理者，不管在什么场合，什么背景，都一味强调“要怎样，不要怎样”的单方面主张，恐吓下属触犯了规定就会严加惩罚，这样忽视了员工心理感受的制度，在执行时怎能会受到较好的效果？

从制度的执行环节来看也存在着不合理的现象，制度虽然摆在那里，但是执行时并不是按照有关规定，而是按照一些潜规则。譬如制度中明确规定了上下级之间的职责界限，但是上级就是喜欢干涉下级的具体工作，认为自己是上级，不管什么事下级都必须听自己的。这样下级的自由受到很大的约束，不能在自己的权限范围内办事，但是下级知道，如果自己按制度办事，不同意上级干预自己的工作，上级必然会心怀不满，没准还会故意难为自己，或者向高层领导进谗言，所以他们对于上级“越界”只能是睁一只眼闭一只眼，多一事不如少一事。时间长了形成惯例，大家办事都不依制度而依“惯例”，企业的制度厚厚的一大本被搁置一边或者薄薄的几页纸钉在墙上，人们却视而不见，时间长了还会进入休眠期，既没有相应的废除文件，处于执行期的文件又没有在真正被执行的状态。

制度是否能真正执行，还受到企业内部政治因素的影响。当下属提出制定某方面的制度时，企业管理者尽管内心知道这是对企业发展非常有利的制度，但出于自身利益的考虑，不会爽快地答应，就一而再再而三地往后拖，最后由于各种压力不得不签字“试行”。“试行”说明企业管理者对这项制度是否会威胁到自身的利益没有把握，试行了一段时间，发现“行不通”就不再严格执行了。当然这里的“行不通”并不一定是指制度不符合公司的实际，而是指有损管理者自身的利益。

制度不能被执行还有可能是因为保证制度执行的机制没有建立起来，单位主要领导不能率先垂范。作为公司一把手，尽管制度都是他亲自签发的，但更多的时候他自己根本记不清制度都包括哪些内容。当下属对企业制度也不怎么了解，遇到事情不知该怎么办时，就找公司的一把手，公司一把手在不熟悉制度的情况下，就按照自己的意思给批了。这样，员工以后遇到什么事情就直接找领导签字，也不再去关心制度的详细规定了。

还有一些领导总觉得制度碍手碍脚，影响自己权力的行使，甚至有的还把制度看作是影响自己谋取私利的“绊脚石”，想去除还来不及呢，更不要说去主动执行了。所以，管理者在解决执行这一难题时，千万不要本末倒置，忽视了影响到执行力结果的企业制度建设，这虽然是一个长期的过程，但是科学合理的企业制度对企业的整体执行力的意义是非常重大的。

管理一点通

制度作为一种公共契约，寻求的是个人利益的“公倍数”。让制度内化成一种行为规则，制度才谈得上生效。正如美国法学家伯尔曼所说:“法律必须被信仰，否则将形同虚设。”同样，只有制度意识深入人心，制度这种契约才真正有成立的可能。管理者应带头执行制度，在执行制度上率先垂范，行动先于下属，标准高于下属，要求严于下属，模范带动和促进制度的有效落实在管理过程中才能获得良好的执行力。

敢于肯定并坚持自己的决策

在决策的实施中，困难和障碍在所难免。如果在决策实施的行动中，稍一遇挫，就后退放弃的话，决策永远都不会得以成功的实施。只有用巨大的毅力，顶住压力、阻力，迎难而上，一点点地克服，坚持不懈，逐步推进，才能推动决策向成功的方向前进。

摩托罗拉公司最初并不是做寻呼机和移动电话的品牌，而是专门生产汽车收音机。当时，高尔文在一个蓄电池厂里工作，但后来他觉得生产汽车收音机一定比蓄电池更有前途。于是他辞去蓄电池工厂的工作，独自搞起汽车收音机来。

公司成立之初，雇员仅 5 人。在刚开始的几个月，公司的运转十分困难，连房租都交不起。流动资金不足，让高尔文伤透了脑筋，唯一的办法就是求助于银行。为了争取贷款，在与一家主要的银行谈判中，高尔文曾建议为银行家的一辆汽车装一台收音机，作为测试汽车收音机的实际演示。

在贷款文件最后签字的日子里，高尔文带着一队人，为银行家的帕卡德牌新车安装收音机。当安装完成，收音机开动运转正常后，银行家们心情激动地将车开走。但是，才没开出多远，车内的收音机便起火了。高尔文赶到现场时，就只看到被救火队浇灭的那辆冒烟的帕卡德牌汽车残骸了。这件事在好长一段时间里，影响着全厂的气氛。当时有好几位朋友劝他放弃，都被他毫不客气地赶走了。

高尔文在自传中说:“你得坚信你的决策——真的，人的一生也许就因某一次决策而大为改观，你不要轻易改变自己的决定。”第二年，为了公司的生存，为了跻身于汽车收音机的生产行列，高尔文在 1930 年 6 月及时地完成了一个完好的收音机装置开车到了亚特兰大市场举行的“收音机厂商协会会议”上去展示。在会场，他没有摊位，没有职位，也没有演示的地方，只好在临近的会场附近的一条环形路上，找了一个停放汽车的位置。这里会有一些散步的与会商人，高尔文竭力吸引他们到他的车里参观，让他们听他的车载收音机。他的妻子丽莲，在高尔文去联系别的商人时，也会怀着和高尔文一般的热情展示他们的收音机。

后来，他们的展示的确引起了一些人的重视，但却被人们误认为是“非法贩酒商人”。当有人慕名来找他，问他:“你的酒在哪儿?”他的妻子深感尴尬，拉着高尔文，劝他赶紧放弃这项工作。

然而高尔文依然坚持自己的意见：虽然这次亚特兰大之行没有得到什么直

接的或积极的效果，但不失是一个有希望的开端。有些商人对汽车收音机有了好印象，订购了一两台。还有的人买的多一些，最多的一位要 6 台。但后来的 55 型汽车收音机，由于电力供应设计得不合规格，为了收音机能在汽车内成功地运转，他们将电线同蓄电池直接连接起来，而未用保险丝，导致功率不足，振动器紧贴，变电器着火，然后是电线，最后连汽车也着了起来。

有一位衣阿华州苏城的代理人，就在他的车里装了一台 55 型收音机。当时车放在车库中，收音机起火后，汽车也着了，然后是车库，这个车库又与其他房屋相连，结果把房子烧掉一半。还有一个 55 型收音机，是安装在一个丧葬的灵车中，收音机使车着火，后来连灵车上的尸体也烧成了灰烬，结果引起了其亲友的极度愤怒。在越来越多的怨言与愤怒指责中，没有任何一个人能够若无其事，高尔文也不能例外，他也感到失望。但是，他却仍然从来都没有后悔过自己当初生产汽车收音机的决策。

1430 年底，他的制造厂账面上净欠 374 万美元。在一个周末的晚上，高尔文回到家中，他的妻子正等着他拿钱回家买食物、交房租，可是他摸遍全身却只有 24 美元，而且还是借的。高尔文并未被这些倒霉的事情所打倒。面对当时的局面，他决定回收已装运的几千台 55 型收音机，然后把这些收音机销毁。艰苦与不景气的岁月，不能动摇他当初的决策，只能更加证明他果断的决策能力。

高尔文说：“我们已经跌倒多次了，我知道我能重新站立起来因为我相信自己的决策，我得坚持下去。”顽强的意志，使高尔文能够坚持自己的决策，在总结了所有失败的经验后，经过多年的不懈奋斗，终于成就了后来辉煌的事业，这就是当年的汽车音响公司，今天的摩托罗拉公司。

干任何事业，决策之后都可能会碰到许多不曾想到的困难。这时，敢于坚持自己的决策是第一位的。事业的未来和成功，也在于意志的坚定和百折不回。这一点对于管理者来说尤为重要。

卓有成效的管理者不会向外来的压力让步，更不会说“让我们再研究研究”。如果决策时因为外来的压力而犹豫不决，这样的管理者是不称职的。卓有成效的管理者必然善于谋断，一旦做出判断，必须有坚持下去的勇气，否则再正确的判断也无济于事。

坚持自己的判断，利于决策产生，使企业能够在第一时间获得行动指南。如果一个企业在任何决策上都犹豫不决，磨磨蹭蹭，无人敢拍板，最终将会一事无成，无所作为。

成功的领导者一旦做出了决策，就会坚持到底。

★★★★★★★★★★★★★★★★★★★★★★★★★★★

管理一点通

干任何事业，决策之后很可能会碰到许多不曾想到的困难。这时，敢于坚持自己的决策是第一位的。事业的未来和成功，也在于意志的坚定和百折不挠。这一点对于管理者来说尤为重要。

决策后实施要及时

《孙子兵法》中说：“兵贵胜，不贵久。”难怪有企业家说：“抢先一步走在别人前面，便可将经营引向成功。”一个企业制定的未来战略规划，如果不能迅速果断地实施，不管决策怎样美好，都不可能实现预期的目标。

托马斯·沃森是电脑巨霸、美国 IBM 的缔造者，第二次世界大战后，沃森的长子小沃森成为 IBM 的执行副总裁助理。当时正是“打孔卡计数器”和“电子计算机”这一老一新两大电子产品的并存时代。

小沃森敏锐地预见电脑市场的前景，认为那种“电脑粗大笨重、运算不可靠、价格昂贵”的说法是缺乏远见的，他向老沃森提出建议：迅速投入人力、物力，进行电脑的研究工作，将生产和销售电脑作为公司未来的发展战略。但老沃森看到公司当时的打孔卡计数器及打字机制表机等主导产品仍热销市场，对电脑的前景心存疑虑，因此，他没有实施小沃森提出的战略规划。

随着科技的进步，老沃森才逐渐接受小沃森的建议，但仍行动缓慢，投入不足，因而收效也不大。而与此同时，其他公司早已在电脑领域中飞速进步。

20 世纪 50 年代初期，IBM 的主要竞争对手兰德公司荣耀地确立了在电脑产业中的领先地位，而 IBM 只处于中等水平。随后，老沃森才知道自己的主导产品全面滞销的噩讯，而打败 IBM 打孔卡计数器的，正是电脑。老沃森又气又悔，马上决定让小沃森出任公司的执行副总裁，实施他的战略规划。小沃森经过 9 年的不懈努力，才为 IBM 获得巨大的收益，为 IBM 成为电脑巨霸打下了坚实的基础。

原克莱斯勒汽车公司总裁李·艾柯卡指出："一个好的企业领导人不能拖拖拉拉，迟滞决策。因为一个再正确的决策，如果决策做迟了，也会是错误的。"

在瞬息万变的现代社会，存在着很多不确定的因素，稍有迟疑，就可能使原来非常杰出的构想，在片刻之间变得一文不值。因此，今天想好的主意今天就得实行。

一个企业要使自己的决策达到预期的目的，只要条件成熟，就毫不犹豫地予以实施，使头脑中和纸上的东西变成现实。

决策之快与行动之快缺一不可。没有快决策，行动必然慢半拍；没有快行动，决策再快也没用。只有两者紧密结合起来，才能在市场竞争中制胜千里、占尽先机。

管理一点通

一位企业家曾指出："在瞬息万变的现代社会，存在着很多不确定的因素，稍有迟疑，就可能使原来非常杰出的构想，在片刻间变得一文不值。因此，今天想好的主意今天就要实行。"这位企业家的话确实是经验之谈。要使自己的决策达到预期的目的，只要条件成熟，就要立即予以实施，使头脑中和纸上的东西变成现实。

决策要谨防漏洞

在决策的实施与执行中，如果不够专心细致，常常就会百密一疏。即使仅仅漏掉一个目标，对企业而言都是灾难，对做决策的领导而言则是失败。

为了防止决策时的挂一漏万现象的发生，我们在决策之初就要根据决策目标数量的多少，将其划分为单一目标决策和多目标决策。

单一目标决策是指在一定的时间、环境等条件下，所要达到的决策目标是单向的，或只有一个明确目标。决策的目的是满足某个指标要求。如是否经销彩电的决策，就只需要考虑是否获利和获利是否达到一定的目标来进行。

单一目标决策的特点是目标决策直接明确，目标单一，相对简单。在单目标决策中，决策准则较为简单。例如决策目标是收益值，可以选用货币量作为决策准则，或选用货币量的效用值作为决策准则。因此单目标决策也是单准则决策。

多目标决策指决策的目标有两个或两个以上的决策。如一个企业要关系到企业环境、企业资产、企业投资、企业管理、企业人事、企业竞争、企业产品、企业形象等一系列问题。

在实际生活中，除了十分简单的任务外，往往都是多目标决策。目标多了，衡量决策的标准也就相应地增多，目标之间有时就会产生矛盾，这就会给决策带来困难。如减少企业职员，就存在如何加大生产数量和质量的矛盾问题：人少了没人干活，人多了活又太少。

我们常常要求生产出来的商品要“物美价廉”，这里就有“物美”和“价廉”两个目标，这两个目标如果处理不好就会产生矛盾。因为要做到物美，一方面，必须要提高产品质量，而这又往往要增加成本，与价廉相矛盾；另一方面，要做到价廉，就必须要降低成本，而降低成本又会影响产品质量。

管理一点通

要做到决策周全，就应该知道按照一个目标安排大小事情的过程；不要又抓这个，又抓那个，结果什么也抓不住；对自以为是不错的决策，尤其要审慎；万一有所疏忽，能制定配套方案加以立即解决；执行决策是严格的计划行为，不要因为外部因素干扰，而丢三落四；及时检查构成决策的大小环节，责任到人。

第六章

决策要科学进行前景预测

管理者在决策时一定要学会先区别事件或者计划的不同处、重点性，再去几个方案中选择、平衡，几个方案一定要权衡利弊，定下当下最适合的方案。科学的决策一定需要决策者有博大的胸怀，要广开言路，认真听取不同的意见。

预测和决策要掌握信息

信息是产生决策意识的萌芽阶段，任何决策目标的确立和决策备选方案的提出都是对信息进行总结、归纳的结果。

1975 年初春的一天，美国亚默尔肉食加工公司的老板正躺在沙发上看报纸，突然，一则短讯让他双眼圆睁：“墨西哥将流行瘟疫。”这位老板立刻推测，如果墨西哥有瘟疫，必定从加利福尼亚和得克萨斯两州传入美国，而这两州又是美国肉食供应的主要基地。这两地一旦瘟疫盛行，那么全国肉类供应必定紧张。

于是，在证实了这个消息的可靠性之后，他倾囊购买得克萨斯州和加利福尼亚州的生猪和牛肉，并及时运往美国东部。

不出所料，从墨西哥传来的瘟疫蔓延美国西部几个州。美国政府立即严禁这些州的食品外运。于是美国全境一时肉类价格暴涨，肉类奇缺。

亚默尔公司数月内净赚 900 万美元，一时占尽风光。

正是亚默尔公司的老板掌握了信息，进而做出的决策给公司带来了巨大的利润，可见信息在决策中的重要性。

在社会发展到如此复杂而且多变的今天，信息量已经爆炸性地剧增，信息对于预测和决策的意义就显得更加重要。今天的管理干部所面临的问题往往十分复杂，牵涉的因素很多，需要大量的信息才能做出正确的分析与判断。信息的意义就显得十分突出了。由于缺乏信息而导致决策失误的教训很多。

上海有一家保温瓶厂，花了 10 年时间，耗费大量人力物力，成功研制了以镁代银的镀膜工艺，事后才知道该项发明专利早在1929年就由英国一家公司申请了。信息不足，尤其是主要关键性信息的缺乏，使企业吃了大亏。

俗话说“知己知彼，百战不殆”。何以知己？何以知彼？靠什么来了解竞争双方的特点和条件？靠的就是信息，也就是我方的情况和对手的情报。孙子这句名言说的就是信息极其重要性的原理。

信息对预测和决策是如此的重要，但预测和决策对所需的信息也有其要求，并不是随便什么信息或者随便有多少都可以满足需要。归纳起来，对信息的要求有及时、准确、适用、完整和经济5个方面。

信息及时的重要性自不待言，其准确性更值得重视，尤其是在信息量剧增、各种干扰性甚至欺骗性信息充斥的今天，更是需要有一双“火眼金睛”。信息能否准确，关键在两个地方：一是在信息源那里，要看信息是否来自真实的原始记录或者深入的实地调查，依靠弄虚作假、假账真算、瞎编乱估等产生的只能是假信息；二是在传输与加工之中也有可能引起信息失真。

在科学技术高度发达的今天，一个企业要想在竞争中立于不败之地，关键在于信息是否灵通。有人把信息比作企业的生命，这种比喻是十分贴切的。例如美国加州有个服装公司，1985年销售额约达3亿美元，当人们问到他们的成功秘诀时，他们回答:“是信息灵通给我们带来了繁荣。”

现今是一个信息的时代，信息量呈爆炸性地增长，因此，如何在纷纷繁繁的各种喧嚣声中寻找到你所需要的信息，是每个企业、每位管理者必须解决的问题。

★★★★★★★★★★★★★★★★★★★★★★★★★★★

管理一点通

市场信息是成功的平台，也是失败的陷阱。作为一名管理者，如果不能及时或提前捕捉到有利于自己做出经营决策的信息，就会被赶出这个无情的竞争场所。只有将获得的信息最有效地利用，才能将信息转化为对的资本。

好的决策要富有远见

对领导者来说，做决策的过程就是一个冒险的判断过程。你要从诸多备选方案中做出选择（它是你对未来的一种预测），然后凭借极大的勇气向组织内外的人宣布自己的预测。如何让这一过程的冒险系数实现最小化？这就要求管理者通过锤炼自己的洞察力做出正确的决策。

洞察力是指管理者对事物本质和发展方向的认知能力，是管理者必备的重要素质之一。对管理者来说，洞察力则表现为对于本组织在将来某一时刻必须采取某些行动的个人预见能力。

广东湛江半球集团公司，原本只是一家生产捕鼠笼、锄头等产品的小五金厂，经过短短 7 年多时间，就已发展成为一家年产值超亿元的大型企业——广东湛江家电公司。之后，又一跃成为年产值几亿元的集团公司。该公司腾飞的关键一步，就是它的决策者利用信息做出了迈开腾飞步伐的关键性决策。

1981 年前后，该公司经理李君等决策者，在当时国内电炊具市场萎缩、市场需求疲软之际，逆流而上，做出了转产电炊具的决策。这是为何呢？原来，李君从当时的报纸和广播所报道的消息中得知：我国的森林资源遭到严重破坏与农村中以木柴为主要能源的传统炊事习惯有重要关系。有关专家指出，若照此速度滥伐下去，到 2020 年左右，我国将无林可用，并将加剧水土流失等环境危机。为从根本上扭转这种局面，不少专家和权威人士都指出，应大力提倡在农村发展小水电，逐步做到以电代柴。另外，党的十一届三中全会以来，随着农村改革的率先开展并取得巨大成功，农民的富裕程度高于城市居民，家电产品开始大量进入农村家庭。由此，李君等人认为，以电代柴很快会成为我国农村能源消费的大趋势，农村将成为电炊具的主要市场，因此，他们做出了这样的决策方案：不仅应当扩大现有电炊具的生产，还应抓紧研制和投产附带电炒锅、电蒸笼等装置的多用电饭煲，以满足农民的实际需要。

果然，1982年，国务院就做出了在农村大力推进小水电建设，实行以电代柴的能源政策的决定。结果，该公司上一年生产的80多万只多用电饭煲成了抢手货，全被订购，该公司也一跃成为全省生产电炊具的最大厂家，由此迈开了腾飞的步伐。

半球集团公司的成功之处，就在于决策者以敏锐的洞察力做出了具有远见卓识的战略决策。

战略决策是有关组织全局利益和长远利益的决策，对组织的发展能产生决定性影响。可以说，做决策是冒险的判断过程，涉及的一个重要方面就是利用现有信息对未来进行预测，这就是我们所说的“远见性”。高效的领导者都具有出色的远见能力。

一旦你做出某种决策和选择，就意味着你向世界宣布了你对未来的某种预测。也许只有你做出了这种预测，也许这种预测是错误的。表明自己的立场是需要勇气的，决策的不可逆转性越强，你需要的勇气就越多。

要做出某种决策，领导者还需要坚信自己的选择对自己和企业而言都是正确的，他必须从内心深处认同自己的选择。如果缺乏这种自信，领导者就不会具有执行决策的勇气。

远见能力的关键在于能够发现未来最有可能朝哪发展。此外，它还能给你带来其他好处。比如，你可以识别关键的里程碑事件，预测潜在的环境变化，并识别和预测成功道路上的阻碍因素。这种预测很大程度上取决于领导者的直觉。领导者可以通过实践和评估以往决策的成效来锤炼自己的远见能力。

★★★★★★★★★★★★★★★★★★★★★★★★★★★

管理一点通

一个杰出的领导能够预见未来之危机与际遇，提早预防与准备，这种能力必须在非常冷静与深度的思考下才能将自己由现状抽离，置己于未来之情境，然后设想当下该做什么？使我们能够改变及改善未来，而不是任由未来以它的方式到来。

正确地过滤信息

这是一个信息高度发达的时代，有人将信息的无限制增长叫作信息爆炸。没有信息的时候，我们会感到恐慌，因为我们的天性中充满了对未知事物的恐惧因素。

然而，当信息无限量地出现在我们面前时，我们同样也感到不知所措，因为我们不知道我们的决策究竟要依据哪一条信息，我们不知道我们的决策将要被这些信息带到哪里。若对泥沙俱下的信息不加筛选而是统统纳入决策的话，轻则造成管理的效率低下，重则无法进行决策。

错误的信息，不仅会阻碍决策的进度，还会把决策者的思路引向相反的方向。比如，我们每一个人的头脑中都有许许多多自以为不用证明的“公理信息”，而且，我们经常凭借这些信息进行决策，但却往往会走入误区。

因此，决策者在严格要求下属提供可靠信息之外，还要学会正确处理收集信息。这不仅是为了让我们快速获得有效信息，也是为了更快地舍弃错误信息，从而提高决策效率。

很多决策的失败也源自于企业内部信息的失误。想从中获利者会把“好”和“坏”的数字混杂在一起，通常会导致此消彼长，使经验不足的决策者分辨不出哪些是正确的信息。另外，还可能导致管理者忽视“卡桑德拉信息”。

“卡桑德拉信息”这一概念来自于希腊神话。卡桑德拉是希腊神话中特洛伊最后一位国王普里阿摩斯和他的妻子赫卡柏所生的女儿，她曾经预言特洛伊会被希腊灭亡，并劝特洛伊人尽早采取预防对策。然而，没人将她的话当回事，并认为她是一个疯女人。后来，“卡桑德拉信息”用来指由于内容难以置信，导致决策者不去相信和理解，而做出忽视正确信息的错误决策。

决策者一定要对收集来的信息进行处理，只有对每日、每时所发生的信息形成的信息流进行及时、迅速、科学地处理，才能做出正确的决策。

正确处理信息要从信息的准确度、可信度、合理性入手进行判断，可信度主要是指信息的来源是否可靠，准确度是指信息是否真实且具有时效性，合理性是指内容是否合理。在面对一个信息时，只有从这三个方面入手，才能判断这个信息是否真实，从而为做对决策带来依据。

决策者是企业的核心，决策指引企业的发展方向。在信息爆炸和竞争激化的背景下，利用海量信息服务于决策，才能适应当今大环境对决策者和决策的要求。越是权力大的领导，信息的依存度就应该越强，如果注意不到这一点，错误决策导致的损失就越大。因此，面对大量信息，把握重点、分辨真伪、判断主次、抓住商机，通过改进信息处理方法，采用信息化技术提高实际工作效率，有效满足决策者的信息需求是当务之急。

★★★★★★★★★★★★★★★★★★★★★★★★★★★

管理一点通

决策信息的收集与处理是决策环节中至关重要的一环，因为决策信息是领导者决策的基础和前提。只有正确地收集与处理信息并充分发挥其在决策中的作用，才能保证决策制定的民主和科学。

数字是定量决策的重要参考

“一个数字，抵得过一千个文字!”这是一个数字化的时代，数字在决策中的地位举足轻重。

数字与决策之间的关系非常密切，是一种定量分析。据说，由于这种定量分析总给决策带来正误两方面的特点，你不摆脱数字，却又必须依靠数字，因此，数字在决策中总是非常神秘的，具有很难的可操作性。难怪有人说:“数字的计算在决策中是另外一种哥德巴赫猜想。”尽管如此，作为决策者，企业管理者仍然要尊重数字，必须掌握定量分析——定量决策，从数字方法中寻求最佳答案。

比尔·盖茨的资产到2000年已达1100亿美元。2013年5月1日，他超越墨西哥富豪卡洛斯·斯利姆，在2007年之后又夺回了世界首富宝座。总的来说就是18年来他用数字逐步评判“微软王国”决策的方法之一。

数字本身就是王国，就是财富。任何企业管理者在决策时都不能离开数字的基本要求。但是在企业决策中又相信这样一条近似真理的话:“数字只不过是正确决策的一种证明而已，绝不可能永远正确。”这就又需要定性分析——定性决策，主要依靠领导的经验和分析判断而形成的决策。

美国的史洛安1922年出任通用汽车公司总裁一职，当时通用汽车公司由几个企业合并而成，可是在合并后，各部门的主管都各自为政，整个组织完全是一盘散沙，史洛安的前任未能解决好这一问题。史洛安接任后认为，这种现象不是由于企业合并以后发生在过渡期间的问题，而是由一个大型企业制度引发的问题，必须应用新的组织制度来解决。

史洛安认为一个大型企业，不仅需要有一个统一的方向和统一的高层管制中心，还同时需要有一个积极进取和干练的营运阶层。营运阶层的领导，不仅应当有选择自身营运方法的自由，而且还应有领导的确切责任和与其相适应的职权，同时，应该充分发挥其特长，使他们的成就得到应有的鼓励。史洛安想出了分权制度的决策，这一制度实施后既保证了总公司的权威与统一管理，又充分发挥了各部门主管的主观能动性和营运自主权，而且取得了巨大的成功。

对于企业的数字，无论采用定性还是定量分析，只是我们在研究解决问题时的侧重不同，但定性研究往往是探索性的，而定量研究则应该是描述性的、下结论的。

在企业解决问题过程中要明确制定决策过程，一般需要采用定性和定量方法相结合。那么什么时候我们应该采用定量研究呢?

（1）问题复杂，如果没有定量分析，管理者可能无法找到解决问题的方法。

（2）问题特别重要（比如涉及大量的资金），管理者希望在决策前进行深入的分析。

（3）新问题，管理者没有以前的经验做参考。

（4）问题是重复的，管理者希望通过定量分析的方法得到程序化的决策制定过程。

记住：任何定量研究都不会像定性研究那样深入，定量研究最终要下定性结论，也就是要进行价值判断。

★★★★★★★★★★★★★★★★★★★★★★★★★★★★

管理一点通

企业决策通常是以企业数字来支撑的。用以支持的这些数字愈能耐得住审问、详察与检试，则该决策成功的机会愈大。作为企业管理者，你的兴趣与力量应集中于对企业的决策及对其所根据的数字的正确性、可靠性与相关性的判断。

尽量避免预测的盲点

一家成长迅速的公司领导层成员之一最近提出一个建议：“我们需要提高本公司的研究发展能力。”该公司领导层对于这一建议讨论了两个多月，同时也考虑了各种可供选择的方案。结果公司领导层雇用了一名新的研究发展经理——这个人以前曾为该公司领导层的竞争对手工作过，因而被认为是“最佳人选”。这位新经理到任半年后，并没有真正解决该公司面临的发展问题。为此，该公司领导层认识到他们做了一项拙劣的决策。

企业的领导者在做决策时经常避免不了预测的盲点，未经深思熟虑就为决策设想出一个预测目标，却因此忽略了最好的选择，或看不见更重要的目标。这种错误使决策者一开始就走错了路，最后的结果也就可想而知了。

预测的盲点现象是比较常见的。没有预测——就如你所知的，没有任何一种思考法——能考虑到所有的可能情况。因此，无人能完全避开预测中所隐含的危险。很多专业人士甚至还搞不清有这种现象存在，因而付出惨痛的代价。

要进行决策前的预测，有时是非常棘手的，因为总希望预测到全部，可事实上，并非如愿。可以用安装窗框来作比喻，巧妙地说明这个困境：建筑师要选择在哪儿装上窗户，以取得所希望拥有的视野，但没有任何窗户能让你看到全景。

当你选择某一面窗向外透视——或即使你决定要同时眼观三面窗户，看看到底会有什么发生时——你仍然无法事先肯定，你所见到的就是最实际管用的画面。

决策的预测要设定出范围，即考虑什么，不考虑什么。此外，不是所有考虑的因素都要予以同等重视。我们的预测主要是在对某些主要事项进行考虑，而对其他部分则淡化处理。

举例说，如果一位广告代理商简单地问，“我们要如何才能降低成本?”或是“其他的广告代理商要如何才能降低成本?”此类问题将其从业人员导向一些简单的降低成本技巧，诸如延缓办公室设备的购买，或是解雇一些不具有生产力的员工等。现在又假定是同样的广告代理商，如果在其预测中多加一点询问材料的话:“其他类别的企业是如何降低成本，而又不损及产品质量呢?”这就开启了一个更具有新颖特征的决策。

只有消除预测的盲点，才能做出最好的决策，更迅速地解决问题。否则，就会掉进误区，在错误的问题中打转儿，却找不到出路。那么如何消除决策过程中的盲点呢?

1. 判断哪些是“正确”决策，而不是先考虑决策可否被接受

一开始就考虑“什么样的决策才会被接受”对决策者毫无益处。因为在考虑这一问题的过程中，决策者往往会丢掉重点，根本无法做出有效的决策。正确的做法是，先判断出正确的决策，然后再采取折中的办法，让大家接受决策。

2. 搜集有意义的资讯

在开始搜集资料之前，必须先评估自己有哪些资讯是知道的，有哪些是不知道的或是不清楚的，才能确定自己要找什么样的资料。资讯不是愈多愈好。有时候过多的资讯只会造成困扰，并不会提高决策的成功机会。因此必须依据资讯对于决策的成功机会，依据资讯对于决策目标之间的关联性以及相对重要性，判断哪些资讯是需要的，哪些可以忽略。

3. 在制定决策时将实施行动考虑在内

决策机构不过是美好的愿望而已。在这个步骤中，管理者要确保任务和责任已经明确地落实到具体的人；另外，还要确保任务执行者能够胜任工作。如有必要，还必须调整对执行者的考核方法、任务完成的衡量标准以及激励机制。将决策告知相关人员也很重要，否则，很可能产生严重后果。每个人都有思维特点，同样，每个人也都有思维瓶颈和思维盲点，这将导致决策瓶颈和决策盲点。外脑和集体决策是突破决策瓶颈和盲点的途径选择。

4. 考虑各种可能的解决方案

这个阶段最常听到的抱怨就是:“想不出好的解决方法。”事实上，不是想不出来，只是因为考虑得太多，觉得什么都不可行。但是这个阶段的重点在于大家相互脑力激荡头脑风暴法，提出各种想法，不要考虑后续可行性的问题，把此问题留给下一个方案筛选优化阶段，目的是激发出创新、能够突破思维瓶颈和盲点的思路和方案来。

5. 仔细评量筛选出的选择方案

每一种方案的优缺点是什么？可能造成的正反面结果是什么？这些选择方案是否符合你的预期目标?

首先你必须依据先前所搜集到的客观资料作为评量的依据；其次评估自己是否有足够的资源与人力采取这项选择方案。除了理性的思考外，个人主观的感受也很重要。反复思索每一个选项，想想未来可能的结果，你对这些结果有什么感受。有些你可能觉得是对的，有些可能感觉不太对劲。要仔细想想，有没有什么方法可以改进让自己感觉“不对劲”的方案，或是消除自己负面的情绪感受？也许你需要更多的资料消除自己的疑虑，但也有可能你的真觉是对的，某些负面结果是当初你没有考虑到的。

6. 决定最佳的方案

某些方案如果确定不可行或是超出本身的能力范围之外，可先行剔除，再开始讨论其余的方案。

成本效益分析法就是一个比较好的分析工具。另外，层次分析法等都是选择决策方案比较好的工具。把每项方案的优缺点列出来，优点的部分给予 0 到 +10 的评等，缺点的部分给予 0 到 –10 的评等，最后将所有优缺点的分数相加，这样就可以得出每个方案的总分，决定哪一个是最佳方案，这就是著名的“本杰明·富兰克林决策法”。

应该选择“正确的”方案，而不是最能被大家接受的方案。在讨论的过程中必定会有某种程度的妥协，但是必须分清楚正确的与错误的妥协，决策者不应害怕遭到反弹或反对而选择一个大家都可接受的方案。

★★★★★★★★★★★★★★★★★★★★★★★★★★★★

管理一点通

一个决策的出台，必须充分考虑好决策实施之后可能出现的情形，有一种先见之明。所谓“先见之明”，就是企业领导能够预测未来，为自己决策避免一些盲目性，而增加一些可靠性。它不仅是一些理论和公式的推导，关键是在掌握信息的前提下进行科学的归纳、推理和准确的判断。所谓未卜先知，并不是坐在屋里幻想和空想，而是依据大量的信息和对信息进行正确的分析、推理和判断。

选准决策的坐标

美国思想家弗洛斯特曾经说过：“在筑墙之前应该知道把什么圈出去，把什么圈进来。”决策的坐标正如“弗洛斯特法则”所形容的那样，范围必须是“在筑墙之前应该知道的”。因此，决策前的科学预测是必不可少的。对此，英国管理学大师考尔曼·奎斯特俏皮地说：“预测不是在决策面前随意玩耍，而是要到一种经营观念的坐标中去寻找真相。”

决策坐标的选择，能对决策的预测产生重大的影响。坐标好比是物理学中的参照物，选择不同的坐标，对决策预测的影响也大不相同。

在决策预测上，坐标的作用就像图画或原图的中心焦点。如同技术纯熟的画家能在帆布上选择最佳的焦点，技术纯熟的决策者也能在处置问题时选出最佳的坐标。

预测的坐标（决策者用以判定成功或失败的因素）能用来判定决策，同样的也能用来判定预测的范围。很多人不用脑筋去思考他们预测的坐标，是因为他们无法了解预测的坐标是如何影响其决策。应该讲，凡是正确的决策，都必须有可靠的预测坐标存在。

20 世纪 80 年代初风靡全球的“随身听”，是新力公司董事长盛田昭夫依个人决策而创造出的得意杰作。

“随身听”的产品决策来自于：除了“室内、汽车”之外，是否也可以享受音乐。这一异想天开的决策，后来竟成为“随身听”主要的“卖点”，因此畅销全世界。年轻人大都喜欢音乐，青少年尤其爱好此道，不过他们欣赏音乐的场所只能在室内或车中，出了门、下了车，音乐便离他们而去。所以许多年轻人往往为了音乐而不喜爱户外活动。盛田昭夫想到：我们是否能开发出在房子、汽车之外欣赏音乐的机器，同时还要有轻巧的耳机，这种耳机即使戴上一整天，耳朵也不会不舒服，那样音乐就可以“无所不在”了。

当他把这个决策在公司的产品设计委员会提出之后，除了一个年轻人兴致勃勃地表示这是个很棒的决策之外，其他的人都认为不可思议而加以反对。盛田昭夫几乎费了九牛二虎之力，才说服该委员会的成员接受他的提案，开始着手开发“没有录音功能的‘随身听’”。

产品开发成功之后，第一批的生产量是 3 万台，许多人对于这 3 万台的销路表示担忧。盛田为了鼓舞士气，反倒信心十足地立下重誓:“年底之前销售量若达不到 10 万台，我便引咎辞职。”谁能料到，“随身听”上市之后，立即引起年轻人的抢购，销售量势如破竹，几创纪录，到该年年底的销售量就已突破 40 万台，盛田不但保住了总经理的职位，而且该产品还成为该公司获利最多的商品。

紧接着，“随身听”在产品功能上再做改良，以扩大市场以及应付竞争者的挑战。首先以黑色、红色做性别上的区别，即男孩用黑色，女孩用红色。接着又开发出慢跑、雪地、潜水等不同功能的专用随身听，使爱好各种户外运动的人也都能同时享受音乐。此外，更在轻、薄、短、小上再次突破，使它的体积相等于一个卡式录音带，携带更方便。

到了第三年，“随身听”在全球的销售量已达到400万台，创造了该公司单一产品在一个年度内最高的销售量，也再度证明了新力公司以开发见长的能力。

“随身听”的成功，在事后被认为是项了不起的决策，在事前是谁也无法预料的，即使是盛田昭夫本人也不敢有乐观的把握。成功之后盛田昭夫谦虚地表示:“随身听”开发成功，不过是“旧构想，新决策”而已。即使是“旧构想，新决策”也是“预测坐标”，而只要准确的预测坐标，便会有正确的决策。

盛田昭夫的预测坐标是什么呢？就是把“随身听”的适用范围扩大到户外，满足户外运动的需要。从实际而言，这个预测坐标的建立完全正确，因此才有开发“随身听”的成功决策。

再来看一个例子。设想以下两种情形中的一种出现，你的情绪会发生什么变化：

老板给你发了1000元奖金，过了一会儿同事偷偷告诉你，她得到了2000元。

老板给你发了1000元奖金，过了一会儿同事偷偷告诉你，她只拿到500元。

不用说，在第一种情景中，你可能会十分沮丧，心想，都是做同样的事情，凭什么她要多得。而在第二种情景中，你心中可能暗自高兴，觉得老板在偏爱自己。

其实对于你来说，无论别人发了多少钱，你只收到1000元，但情绪为何会发生如此之变化，就是因为其参考点的不同。坐标的选定为决策者提供了不同的参考点，它既能用来判定决策，同样的也能用来判定决策的范围。

管理一点通

领导决策是否科学，方向是否正确，关系到事业的兴衰成败。领导者所面临的是一个稍纵即逝、瞬息万变的竞争态势，作为一名领导者，当你思维若定，高高举起“拍板权杖”的时候，一定要慎思明辨、多谋善断，牢牢地找准科学决策的坐标点。决策坐标的选择，对决策的预测产生重大的影响。坐标好比是物理学中的参照物，选择不同的坐标，对决策预测的影响也大不相同。

别掉进预测的误区

决策者要做出正确决策，就必须防止错误的预测产生，不要陷入预测的误区。通常讲，预测出现误区是难免的，因为一个预测总是要面临许多不同的因素和条件，呈现出非常复杂的情况，这都不利于决策。但是决策本身就是要在这些误区中创造出来，否则决策就毫无意义。

预测作为一种满足正确决策的方法，是由决策者来完成的。由于决策者有时看不清事物的真相，跟不上事物的变化——尤其是在市场经济中总有一种慢几拍的感觉，所以产生预测的误区极其常见。甚至可以说，预测本身就是含着正确与误区之分，都是正确的预测，那是神话；都是带有误区的预测，那也不是事实。企业的管理者想要锻炼正确预测的本领，必须学会分析别人掉进预测误区的失败之由。

1. 预测是产生决策的前提条件

有些企业领导只是凭想当然办事，认为自己的大脑能想出什么，就能预测到什么。这是现代企业中最可怕的预测误区，从而使有些大企业在一夜之间荡然无存。

2. 缺乏正确的判断

把假的信息当作真的使用，使决策一开始就出现“硬伤”。

3. 不懂得变化之理

认为预测本身永远是正确的，只是决策不时地出问题。因此，总是试图变换决策，结果使企业的发展没有长远性。

4. 没有任何单一的预测能全盘掌握住复杂多变的问题

在很多情况下，甚至可以说没有任何单一的预测能适当地掌握住一个繁杂的问题。通常你必须使用多重的预测，审慎地由其中选出一个或数个来运用。但你通常是选择一种预测方法。

5. 采用容易失败的战术

许多领导者非常善于回顾自己的丰功伟业，却不懂得要系统研究，过去一部分决策为什么会失败。领导人多半不会花太多时间思考该怎么做决策，结果有些决策流程成效相当不错，都没有受到太多的注意与讨论。因此，在面临新的决策时，往往不会特地选择采用战果辉煌的最佳实务范例或是战术。

6. 要贸然投入

许多决策者想到什么就做什么，然后会耗费宝贵的时间与资源，设法落实自己的想法。决策者容易便宜行事，或者想要参考其他产业中某些组织的成功做法，加以如法炮制，但结果为了亡羊补牢，会要耗费大量资源。如果一开始就采取周延的做法，需要的资源往往会少得多。

7. 把不当的投资合理化

有些决策者会把所有时间都用来分析情势，却从来不会真正采取行动。会出现这种状况，通常是因为领导人设法让自己偏好的项目合理化。这些人会花大把的钞票进行评估，强调构想不仅可行、对组织有利，而且符合经济效益。在这种情况下，分析就变得比绩效更为重要。

企业的管理者要达到决策的准确无误，必须对影响企业的宏观和微观环境进行研究、分析，注意这些环境的变化。在对环境进行研究时，更要注意政策环境的变化。掌握了这些变化，才能使决策具有超前性，收到“运筹于帷幄之中，决胜于千里之外”的效果。

企业如何才能立足市场，关键取决于管理者决策的超前性及这一决策是给企业带来无穷的生机与后劲，还是相反。而决策的超前性还必须是企业家在时刻把握市场脉搏的基础上实行的，只有常常对市场进行观察和分析，才能做出超前的决策。

谁都不愿走入预测的误区之中，但并不意味着它就不存在。更何况，只要在决策的时候，逐步排除一些预测的误区，反而使企业的发展变得更加坚挺。

决策本身就是一场智慧练习，消灭错误，找到正确的答案是其目的所在。正确的决策就是对错误预测的战胜！

管理一点通

市场预测是企业决策的基础，而信息又是市场预测的基础。为使企业走出市场预测的误区，管理者应不断提高信息质量，完善和改进预测方法，从而提高市场预测的准确性，更好地为企业决策服务。

决策时做出的预测范围要广

一位企业管理者最重要的任务就是让决策过程少走许多弯路，创造能让公司赢定的预测。怎样才能为决策创造一个完善的——也就是赢定的预测呢？那就是在决策之前预测的范围要广，如市场同类产品的情况、市场消费的心理、市场营销手段等，这些预测范围看起来简单，实际上涉及大量的事实收集、数据分析工作，不这样做，被预测的范围就缺乏客观性，会给决策带来致命的打击。假如能在每一项预测范围的基础上，建立相应的有效决策，那么就会使最初的预测成为赢家手段。

在实际决策中，管理者具体该如何做呢？这是企业决策成功的关键。这可以从下面的例子看起：

在儿童营养液市场上，贝贝血宝自 1989 年问世后始终稳定保持着年销售额 2000 万元的份额，贝贝血宝的成功之处就是做出了集中性市场营销决策。

1. 确定预测的范围

在 20 世纪 80 年代中期，由于我国经济情况的改善，绝大多数的独生子女被作为家中的“小皇帝”“小公主”，父母们一般都不惜代价精心培育，期望子女能够健康成长，儿童营养液由此应运而生。

浙江康恩贝公司透过细分市场后，从自身作为专业药厂的优势出发，不随大流，另辟蹊径，迈向了当时“被人遗忘的角落”——儿童补血方向发展的新路子，而且邀请了上海儿童医院营养研究室的儿童营养专家们一同参与研制，以便增加技术含量。

贝贝血宝问世后立即引起轰动，当年就以补血功能占据了儿童营养液的市场份额，以后每年销售额都稳定在 2000 万元以上。

2. 扩大预测产品的范围

贝贝血宝在市场上扮演着特色产品专家的角色，贝贝血宝的包装摒弃了市场上长方体式包装而采用小房子造型，画面上用卡通形象与红色为基调，迎合了使用者——儿童的心理，非常具有特色。

康恩贝公司在产品定位方面舍弃了大市场拼搏，转而追求局部优势，愿意当市场补缺者，而且使自己的资源能力比其他大企业更好地服务于这块“夹缝地带”，贝贝血宝在儿童补血营养液的市场占据了优势地位，而且获得了较高的收益。

3. 市场补缺者预测回应情况

贝贝血宝正在研制的时候，国内儿童营养液已经不胜枚举，一些人怀疑若再创造一种营养液是否能够争取到足够的市场空间。

事实上，没有一种产品能绝对地全面霸占市场，许多相对狭小的市场需求就犹如一个个“夹缝地带”，这些“夹缝地带”就是市场空缺。较为理想的市场空缺必须具有下列个性：

此空缺市场具有足以获利的规模和购买力水平；此空缺市场具有成长的潜力与购买力水平；市场上主要的竞争者对此空缺市场暂时提不起兴趣；此厂商有足够的技术与资源，可以有效地服务此空缺市场。

那时我国儿童缺铁性贫血发病率达50%—70%，婴儿更是高达90%，还没有下降的趋势，生产专门纠正与预防儿童缺铁性贫血的营养液，肯定具有发展商机。所以，贝贝血宝定位为纠正和预防儿童缺铁性贫血的儿童营养液。市场补缺者最重要的制胜策略即是定位策略与再定位策略。

在一些大城市的少儿贫血率逐渐下降时，康恩贝公司又一次地根据儿童营养专家的提议，适时地将贝贝血宝再次定位于为“孩子即使再健康还要进行常规性补血”的营养常规补剂。因此，贝贝血宝一直霸占着既安全又能获利的市场空缺。

4. 儿童营养专家预测广告方案

市场补缺战术的主要概念是专业化，厂商需要随着市场、顾客、产品、价格、销售渠道、推广、品牌来实施专业化。

贝贝血宝的广告决策就是树立“儿童补血营养专家”的形象，明明白白地告诉广大的消费者，倘若您的孩子头昏、乏力、胃口不好、抗病力差、脸色苍白、学习无兴趣，很可能是得了缺铁性贫血，可别忘记了给孩子经常服用贝贝血宝儿童营养液。

绝大多数的家庭，都是男人挣钱，女人花钱，家庭中百分之七八十的钱是通过女人之手花出去的。给小孩服用的贝贝血宝更是大多由母亲购买，所以，贝贝血宝以后的广告策略就是展开了以针对家庭主妇为主的宣传攻势，效果甚好。

在保健品良莠不齐的现在，贝贝血宝重新调整了广告策略，回归自然，设身处地地站在消费者一边，提出“我为什么要买贝贝血宝?”颇入人心。

5.以点带面预测销售方案

贝贝血宝的销售决策是：划片管理，按片指派出一人，建立销售点，每个销售点运用经销商制抢占市场。经销商制是利用公司把产品直接调拨给各地的经销商，由经销商将商品传递给消费者，具有发货方便、回笼货款方便、联络感情方便、收集信息方便等特点，而且还可以大大提高产品的覆盖率与产品的销售率。

公司对经销商直接发货，环节少、费用少，有利于公司和经销商双方利益互补，并按销售政策进行多销多奖，所以经销商的积极性都很高。

因为各地的经销商均经过物色选定，所以他们的素质较高，资金实力较雄厚，活动能力较强，货款支付能力较可靠，这样能大大减少销售费用，加速货款回笼，促进了企业良性循环。

贝贝血宝在每个经销点都选择两三个经销商，促使他们在服务上有了竞争，有利于公司控制市场。

而且，每个片区的营销人员负责当地的宣传与推销决策，像巩固根据地一样，将贝贝血宝逐渐渗透到各个角落。那些销售点就像一张网上的一个个结，连接了遍布各地的销售网络。

贝贝血宝决策的成功，无疑是预测方面的成功。

★★★★★★★★★★★★★★★★★★★★★★★★★★★★

管理一点通

好的决策者会在预测方面下大工夫，做大量的市场调查，对他们所采用的决策预测有充分的了解，玩出一点“绝活”来，搞好决策，创造效益。他们预测的道理是：看清模糊的东西，看准发展的目标，比别人更能掌握机遇。如果预测能做到这一点，就会做出更佳的决策。

第七章

高效执行要有良好的沟通保障

命令虽短，却意味深长。命令的执行程度决定了组织的兴衰成败。领导是指方向，管理是下命令。没有正确的方向不行，方向正确不下命令也不行，领导与管理不可偏废。心理学研究表明，人们大多更喜欢命令别人而不太喜欢被人命令。所以，“下命令的艺术”往往被领导者作为一项基本功来修炼。

与下属展开有效的沟通

我们正处于一个沟通的时代。下级领会上级的战略和计划需要沟通，平级同事之间的工作协作需要沟通……沟通无处不在，只有沟通好了，组织成员才能准确无误地完成任务。

沟通渠道可以起到上情下达、下情上报的作用。如果由上而下的渠道不通畅，当高层制定的政策往下传递时，中层领导者就会对牵涉到自身利益的政策进行干预，组织成员不能按照政策的原意进行执行，执行就会走样。同样，如果基层组织成员在执行中碰到的问题由下向上反映的渠道不通畅或者过于繁琐，需要层层审批，问题得不到及时的解决，也会影响到执行的质量。

有一个主管发现自己的办公室起火了，赶紧跑出来冲着刚走到门口的员工说："快拿桶水来！"员工边走边想：水龙头在哪儿？水桶在哪儿？他终于想起不远处的食堂有水桶，他盘算着，先拿桶，然后再到最近的水龙头打水，这样最省力。但当他回头一看，不得了！主管的办公室起火了。原来，当主管发现了火情，情急之下便要不知情的员工马上去拿水。主管脑子里想的事，员工是不知道的。员工直埋怨："早知道是救火，附近就有灭火器，何必要跑到远处去拿水呢？"

如果主管对员工说："着火了，你赶紧给我拿水来救火！"这位员工脑袋里就会想：要救火，赶紧！但是救火不一定非得用水呀！附近不是有灭火器吗？这样，几分钟内，火警就会解除。

这是典型的沟通障碍的例子。不能有效沟通，就无法明白和体会对方的意思，就难以把要做的事做得顺利圆满，工作上就会出现障碍。

现实中有的领导者做决策时很少主动和下属沟通，制定战略或前景目标时，没有多少信息是来自基层的，大部分是几个领导者坐在一起商量出来的。

有的领导者在授权下属贯彻其决策意图时，不把原则、框架和资源条件交代清楚，只是说:“这件事就交给你办了，至于怎么办，你自己拿主意，我只问结果不问过程。”下属不明所以，只好凭悟性揣摩着干，结果自然落实不好——即使个别悟性高者落实好了，那也是偶然。

落实力太差，有时不一定就是下属的错，可能是领导者交代得不清楚。工作中的沟通和理解是必要的，领导者起码要懂得将任务向下属交代清楚。诺基亚公司董事长兼首席执行官约玛·奥里拉在自己的管理箴言中这样写道:“我觉得有两个技能很重要。一是沟通的能力，二是人才管理的能力。但没有好的沟通能力，一切都无从谈起。”执行力与沟通息息相关，那么领导者如何才能与下属进行有效的沟通呢?

1. 要注意自己的态度和情绪控制

成功的领导者都有自己的行事风格和方法，他们不会人云亦云、唯唯诺诺，而是态度和蔼、平易近人、一身正气，极少对下属吼叫和谩骂。他们有高度的自信，相信一定能说服下属，一定能让下属踏踏实实地把工作做下去；能够把握事情发展的方向，而不会受到一些不良情绪的影响。他们是沟通的专家，能够确保良好的沟通效果。

2. 学会询问

当对方退缩或有难言之隐时，可以通过询问揣摩对方内心真实的想法，学会站在对方的立场考虑对方的需求、顾虑、感受和愿望。领导者也可以主动以聊天的方式，引导下属沟通。如“最近工作如何”，或问一些有关其个人的事情。这是为以后的沟通铺路，营造一种轻松自然的谈话气氛，以获得下属的共鸣和好感，从而使下属把自己的心里话说出来。

3. 使用身体语言

身体语言对于沟通也非常重要，有一半以上的信息是可以用身体语言来传递的。眼神、手势、微笑和动作都可以影响沟通。例如，专心凝视、高高在上、虎视眈眈、咄咄逼人、不屑一顾，这些都会影响沟通的结果。只有让下属尽可能地放松，才能让他表达真实的感受和情况。

管理一点通

沟通是双向的行为。要使沟通有效，双方都应当积极投入交流。当下属发表自己的见解时，领导者应当认真地倾听。当别人说话时，很多人很多时候都是被动地听，而并没有主动地对信息进行搜寻和理解。领导者应当积极地倾听接受他人所言，而把自己的意见推迟到说话人说完之后再表达。积极的倾听要求领导者把自己置于下属的角色上，以便于正确理解他们的意图。同时，倾听的时候应当客观地听取下属的发言而不做出评判。当听到与自己不同的观点时，不要急于表达自己的意见，因为这样会漏掉余下的信息。

保证下属清楚命令

当领导发布指令时，下属好像已经明白了你的意思，但到真正执行时，却总是漏洞百出，或者跟不上进度。这个时候，如果领导仅仅指责下属无能，于事无补，而且还有可能损害领导的形象，同时让下属感到泄气。

其实，下属工作有疏漏，也不一定完全是他的错误；领导与下属之间的沟通，发生误解的情况在所难免。为了使下属有效率地执行任务，领导有责任在发出指令之后，试探对方的接收程度。例如围绕任务的范围进行讨论，听取对方的意见，并且在适当的时间询问工作的进度等，及早地纠正下属工作发生偏差才是上策。

当然，也有一些领导喜欢向下属一问再问:“你明白我的意思吗?”但一再过分明显地叮嘱，会使下属感到厌烦，反而产生抗拒心理。这好比大多数母亲屡次叮咛孩子，孩子根本没听进去的道理一样。在聆听者的心里，以为对方是在不断提醒自己，因而不会将他所说的话铭记。领导必须确认下属对以下问题已经清楚：任务目标是什么、清楚如何入手、任务还涉及何人、明确完成日期。

领导下达指令的时候，一定要十分清楚自己的指令及下属此时的心理状态。要在下属十分清醒时，不受干扰时下达指令。下属的头脑越清醒，没有干扰，领导的指令才会深刻地停留在下属的头脑之中。如果领导在下属忙碌时去下达指令，下属很有可能会忙中出错，把命令执行错误。所以，传达命令的时候看清楚下属的工作状态十分重要。一条明白的命令，才不会执行错误。

★★★★★★★★★★★★★★★★★★★★★★★★★★★

管理一点通

管理者的很多时间都是在对下属进行管理，其中最普遍、最常见的管理方式就是下命令。一个管理者每天可能要下很多命令，这些命令都是下属工作的方针和目标。实际上，下属工作的好坏，在一定程度上与管理者下命令的方法有关。比如，如果管理者无法让下属准确地明白他的意图，就很难想象下属能否圆满地完成工作。

下达命令时要明确责任

下达命令时，必须要明确责任。这是IBM公司的创办人托马斯讲述的故事：

一天晚上，一个男孩子买了一条长裤，穿上一试，裤子长了一些。他请奶奶帮忙把裤子剪短一点，可奶奶说，眼下的家务事太多，让他去找妈妈，而妈妈回答他，今天她已经同别人约好去玩桥牌。男孩又去找姐姐，但是姐姐有约会，时间就要到了。男孩子非常失望地睡了。

奶奶做完家务事，想起了孙子的裤子，就去把裤子剪短了一点；姐姐回来后心疼弟弟，又把裤子剪短了一点；妈妈回来后同样也把裤子剪短了一点。第二天早上男孩起来后，穿的是一条七像八不像的裤子。

管理的失误在于，要么都不管，要么都来管。

很多时候，执行中出现问题，当事人竞相推卸责任，是责任不清造成的。在执行任务之前，有的人确实没搞清自己该承担什么样的责任，只是盲从或者被动地执行，一旦让他承担责任时他便接受不了，推卸责任是一种出于本能的自我保护。而有的人是故意模糊责任，甚至混淆责任，为自己推卸责任制造借口。

其实，想要解决这个问题很简单，只要明确了参与执行人员的责任，让他们清晰地认识到哪些责任是不可推卸的，他们就无法找到推卸的借口了。

南京明城墙是我国保存比较完整的古城墙，也是世界上现存最大的古代砖城，这与它所用砖块的质量不无关系。据记载，该城墙所用砖块都是由长江中下游附近的150多个府（州）、县烧制的。砖的侧面刻着铭文，除时间、府县外，还有4个人的名字，分别是监造官、烧窑匠、制砖人、提调官（运输官）。

砖上刻人名的用意，用现在的话来说，就是职责分明，责任到人。参与人员的名字都烧在砖上，清清楚楚，一目了然，一旦出现问题，谁也赖不掉。无论监造官、提调官，还是烧窑匠、制砖人，哪个环节出了问题，一样要被追究责任。这就使得参与人员丝毫不敢懈怠，尽职尽责地努力工作。最后交砖时，检验更为严格，由检验官指使两名士兵抱砖相击，如铿锵有声、清脆悦耳而不破碎，属于合格；如相击断裂，责令重新烧制。正因为责任如此清楚，才保证了城砖的质量上佳，以致南京明城墙历经600多年的风雨，仍巍然屹立。

★★★★★★★★★★★★★★★★★★★★★★★★★★★★

管理一点通

管理者往往工作很忙，如果下属很多，有时会忘记自己下达的命令。为了避免这种情况的发生，管理者应该将自己下达的命令记录下来，写明下达的对象、命令的内容、完成的标准及反馈时间等。对于管理规范的公司，应该制定一个管理控制表之类的表格，让管理者严格记录自己的命令，这种表格管理者和下属各持一份，可作为对管理者及员工进行工作考评的依据。这样做也有助于在工作出现问题时分清各自的责任。

下达命令的口气要坚决

我们应该清楚，领导与下属之间的关系，从雇佣关系上来说是平等的，但在执行命令时，绝对不是平等的，而是上与下的关系。在对下属下达命令时，一定要清楚自己的领导身份。

虽然你昨天可能与大家在同一岗位上，但今天你已经是领导了，你应该清楚自己的角色与身份。你必须尽早地制造机会来明示你们之间关系的转变。如果你忽略了这一点，还是用以前的态度和口吻说话，就有可能发生下属不遵从命令的情形。也许他们不是轻视你，只是众人无法适应新的转变，会误以为你只是与他聊天或者商量某件事情而已。

你不能跟下属以商量的口吻说话："你看这件工作什么时候可以完成？"如果你这样说，就把主动权交到了下属手里面。他会说："好吧，我会尽快完成。"因为没有压力，他就不会对工作产生足够的重视。

如果你以不容商量的口吻说："这件事情你必须在明天完成。"下属就会很清楚，如果不在限定时间内完成，后果会很严重，他就会不遗余力地去执行任务，而不敢产生拖沓的心理。

我们可以从被命令者的立场来思考和对比一下。当一位个性温和、待人诚恳的领导命令你做这项工作之后，你又被另一个表情严肃的领导叫去要求马上完成另一项工作。你该怎么处理呢？你会先完成和蔼领导交代的工作，还是先完成严肃领导下达的任务？答案不言而喻，你肯定会先完成后者交给的任务。

所以，有魄力的下命令可以给下属带来执行的压力——任务不容置疑，必须要完成。

你必须注意下命令的声音不能太小。如果声音太小，有可能被下属误以为是在说一件不重要的事情，因此，必须明确地表示任务必须完成，不容置疑。

你必须要表情严肃地下命令。这并不是要你逞威风，而是要让下属感受到你的斗志："对于这件工作我很认真。我绝不会原谅那些企图违抗命令，或者糊弄交差的下属。"

有魄力的命令，会让下属明白：嗯，这工作虽然不好干，但我也不能糊弄，而且也糊弄不过去，还是踏踏实实地干好才是上策。

有魄力的命令不但可以建立领导的权威性，也可以让下属产生执行命令的决心和力量。

★★★★★★★★★★★★★★★★★★★★★★★★★★★★

管理一点通

做领导的发布命令不可能事事都如下级的意，使下级非常乐意主动去做，有些命令下级不愿意执行，有些工作下级不愿意去干，这就需要领导有说服能力，劝说下级去干他所不愿意干的工作。

怎样说服下级干自己所不愿意干的事情。首先，让下级感觉到领导让其干这份工作的信赖和诚意，但命令是命令，不能用乞求的口气来求他干，而应用坚决的态度、坚定的口气来下达指示。其次，适当地提示下级正确的做法，给予适当的照顾和关心，使下级即使为了报答你的关怀，也要干好这项工作。

下达命令要考虑下属个性

领导在对下属说明命令内容时，必须用对方易于理解的方法。领导要在考虑下属的个性、能力与特点之后，再使用妥帖的语言来说明。在下属中，可能有少部分的人对工作缺乏自信。面对此类下属，你必须尽量使他有机会尝到成功的喜悦。对他来说，这很可能是一个重要的转机。

要提高下属的自信，可以采用以下方法：与下属交谈时，要认真对待，让他觉得自己受到重视；不要勉强下属做自己无法办到的事；积极鼓励和赞扬下属的创见，要尽量给部属以表现的机会。要让成员多抛头露面，如开会时让部下多讲几句话，多引用部下的意见和观点；托付责任时，让下属按自己的方式尽情发挥，即使事做得不当，也不要马上收回成命；适当地让下属分享参与决策的权力；如果下属工作表现能力欠佳，要让他理解你不满意的是他的工作，而不是他本人。

在众多成功者的经验谈中，我们经常听到这样一句话："因为那时候的成功，我的道路才得以拓展开来。"在运动明星的回忆录中，也经常听到这类的感想："由于那一次的胜利，才会有今天的我。"

胜利是世界上最好的能量来源，也是你最可依赖的支持者。因为获得了成功，下属对你的信赖也会加深。即使下属没有完成任务，但是他对你的感激与敬意，并不会因此而受到影响。

有时候可能会因为下属的成功而引发一些问题，这是因为效果太过显著的关系。有时下属会误以为自己相当有实力而骄傲自大。必须防止下属产生这种错觉。因此，不可将全部工作交给他，而必须预留一部分，那部分就为你的"禁区黑盒子"，或者你也可以刻意不让他完成某部分。

例如你命令下属做某地区的市场调查时，刻意将其中政府机关的部分删除。尔后，当他向你提出调查报告时，你再向他显示一份更加严密精细的有关政府机关的调查报告，并插在他的报告中，这样这份报告就完整了。此时你必须表现出豪爽的态度，而使下属衷心地佩服并认同还是领导考虑得周详。

领导下命令时一定要考虑得周全具体，下属的执行力也是一个重要的因素，根据下属的个性考虑下命令的方式，让命令得到有力地贯彻与执行。

管理一点通

面对威严的上司，下属可能不敢过多地追问自己听不清楚、弄不明白的地方，只能凭着自己的经验和直觉来猜测上司的真正意图，而下属所猜测的"意图"，很有可能与上司的真实意图相去甚远。所以，下属在执行过程中就会出现偏差。为了避免偏差，上司在下达命令时就要将自己的意思表述明白。

那么，我们如何确定下属是否明白了自己的意思呢？我们可以要求下属重复我们所说的话。如果下属能够重复说出我们的话，就证明他把我们的话听了进去。但听进去并不代表真正理解，我们可以询问下属的看法，如果他的看法与我们的相契合，就可以放心地让他们去执行；如果看法不同，就要修正他的看法。

下达命令的基本要领

有一位领导由于得不到下属的协助而深深地困惑，他向前辈诉苦。前辈提醒他:“你在命令下属时，是否明确地指出命令的内容和目的呢?”经同行前辈指点，这位主管突然醒悟，原来在这之前，他从未向下属说明命令的目的，于是他改正了这个错误。“这项资料必须在下个月举办的职员大会中提出，所以，你必须在会议举行前3天完成。”“这则招聘启事除了登在报纸上，还可以刊登在求职杂志上，你要将这点列入考虑范围，并且尽快做好。”

命令虽短，却意味深长！命令的执行程度决定了组织的兴衰成败。

心理学研究表明，人们大多更喜欢命令别人而不太喜欢被人命令。所以，“下命令的艺术”往往被领导者作为一项基本功来修炼。

首先，要简洁明了，重点突出。所下的命令必须是具体的、可衡量的、可实现的、有相关性、有时限要求、可执行、有最终结果。比如类似“今年好好干，干好了年底给大家涨工资”这样的命令就不符合上述原则，因而对员工行为的激励作用就非常有限。如果换成“以每个季度的最后一天为基准，销售额每增加一个百分点，个人税后提成增加半个百分点”，就完全符合上述原则，对员工的行为就很有激励作用。

其次，下命令者一定要以身作则。在下达命令时，下命令者还要十分注重一个原则——以身作则。在现实生活中，经常有这样两种情况：有的人在下达命令时，常用的是“同志们，跟我冲啊！”这是一种以身作则下达命令的方式。还有的人在下达命令时，常用的是“同志们，一定要完成任务，完成后重重有赏！”这其实就是另外一种下达命令的方式，而这种方式讲究的是让他人服从自己的命令，对自己并没有什么约束力。

第三，下命令者一定要换位思考，所下命令一定要动态管理、量身定做。因为最贴近市场、最了解市场的是下属员工，一切策略的执行者也是下属员工。上级在下达任务时，有认识上的高度，但从任务的周密性、可执行性及结合市场实际等方面来讲，一线的下属员工反而更清楚。所以，下命令时要充分考虑到这一点。

你想让下属干什么就要告诉他们，不要推他、挤他，甚至踩他。直截了当地告诉他，因为他们需要得到命令，而且是明确的命令。否则他们认为被推、被挤，甚至被踩是他们每天应该受到的“礼遇”。

管理一点通

在下命令时，要注意五条基本原则：清楚、完整、简明、自信和正确。这五个原则基本概括了下命令的方式。管理者应对照这五个原则的要求，找出自己存在的问题，并积极改正。另外，你还可以制定一份简单的调查表，让你的下属从这五个方面对你进行打分，从而找出自己的问题。这样做可以增进你和下属的合作关系。

避免“多头领导”

森林里有一群猴子，每天太阳升起的时候它们外出觅食，太阳落山的时候回去休息，日子过得平淡而惬意。

有一次，一名游客穿越森林，把手表落在了树下的岩石上，被一只猴子捡到了。这只猴子很快就搞清了手表的用途，于是，它成了整个猴群的明星，每只猴子都渐渐习惯向它请教确切的时间，尤其在阴雨天的时候。整个猴群的作息时间也由它来规定。这只猴子逐渐建立起威望，最后当上了猴王。

做了猴王的猴子认识到是手表给自己带来了机遇与好运，于是每天加倍时间地在森林里寻找，希望能够得到更多的手表。功夫不负有心人，它果然相继得到了第二块、第三块手表。

但出乎意料的是，得到了三块手表的猴王反而有了新麻烦，因为每块手表的时间显示得都不相同，猴王不能确定哪块手表上显示的时间是正确的。群猴也发现，每当有猴子来询问时间时，猴王总是支支吾吾回答不上来。猴王的威望大降，整个猴群的作息时间也变得一塌糊涂。只有一块手表，可以知道是几点，拥有两块或两块以上的手表并不能告诉一个人更准确的时间，反而会让看表的人失去对准确时间的信心。这就是著名的“手表定律”。

“手表定律”带给我们一种非常直观的启发：对于任何一件事情，不能同时设置两个不同的目标，否则将使这件事情无法完成；对于一个人，也不能由两个以上的人来同时指挥，否则将使这个人无所适从；而对于一个团队，更不能同时采用两种不同的管理方法，否则将使这个团队无法工作。

在上面的故事中，猴王其实是被“多头领导”了。而这种“多头领导”的现象，在现实的企业管理中其实并不少见，尤其是在国内的企业管理中，这种现象更为普遍。解决问题的方法就是“一个部门，一个头儿”。比如，只有总务科长才能对总务科的职员下命令，会计科长或采购组长并不能直接对总务部门的职员交代任务，因为此行为违反了规定。所以即使下属得到其他部门领导的命令，也不必听从，只需表明:“请你去向总务科长说明。”同样，你在对下属交代任务时，也不能忘了此项原则。即使你对其他部门的下属下命令，对方也不会听从。如果他接受你的命令，公司的指挥系统可能因此而混乱。因此，当其他部门的领导对你的下属下命令时，你必须提出抗议，并且断然拒绝:“你若要对他下命令，必须先经过我的同意。”然而有时你的直接领导会跳过你而直接命令你的下属。如果上司命令的工作内容轻而易举，则无大碍，若是一件困难、重要的任务，你则必须斩钉截铁地陈述你的不满:“你这样做让我很为难。”

你必须清楚，如果你的下属不断接收重复指令，他们就会无所适从，势必会对你的执行力大打折扣，必须严防“多头领导”的出现，将下属控制在你的“势力范围”之内。

管理一点通

不要超越自己的权限主要指两个方面的权限。第一，不要对非自己的下属下命令。每个员工都有自己的直接上级，你如果不是他的直接上级，就不应该直接给他下命令。如果你确实需要该员工为你做一些工作，可以去找他的直接上级，通过直接上级来给他下命令。第二，不要对部门职责以外的事情下命令。每个部门都有自己的工作职责，你不应该命令自己的下属去做其他部门职责中的事情。上述两个权限，不论逾越了哪个，都会给公司的整个管理造成混乱，甚至会出现部门与部门之间，下属和上级之间的矛盾冲突。

下命令要以身作则

领导者在下命令时，一定要先要求自己做到才行。试想，如果你是别人的下属，上司只懂得摆架子，下命令，举鞭子，却从不深入工作现场，你的心中会做何感想？或许你会认为这是上司与下属的区别，也许你会感到自卑，无论你怎么想，心中肯定有种说不出来的不舒服。

作为领导者，一是要“领”，二是要“导”，二者都强调领导者应当有从自我做起的意识，必要时能拿得起放得下，对下属尽到言传身教的职责。走在下属前面的领导，总是要比尾随其后，充当督战队员好；否则的话，你就会被下属牵着鼻子转。有很多领导者把检查督促当成自己行使管理权的根本手段，认为自己只要拿着鞭子在后面盯着，下属就不敢不听使唤。殊不知，他们已不知不觉地把自己降格成了下属的小尾巴。

“身先士卒”更多的是对领导者不畏风险、勇挑重担的管理意识的评价，是说只有时时处处敢为人先，别人想不到的自己想到，别人不敢做的自己敢做的领导才能起到表率作用，才能激发下属的活力。

人的反叛性是与生俱来的，只是各有程度上的差别而已。被别人颐指气使，谁也不会乐于接受。相反地，下达命令的人与你一起工作，你会有被重视的感觉，甚至受宠若惊。

作为上司，显示自己的权力，不是表面上令下属的行为服从，而是使下属无论任何时候，看见或想起上司，均有一种肃然起敬的感觉。如果你想使下属做到这一点，凡事以身作则是最重要的一环。

以上班为例，上司要下属准时上班，没有比以身作则更有效了。上司准时出现在办公室，对迟到的下属不要即时大兴问罪，而是看他们是否自动报告。通常迟到的下属会主动向上司解释，装作若无其事的下属则需要加以指导。

首先待迟到的下属上班，跟对方打个招呼后，有意无意地看看手表；如果对方仍无反应的话，也就别再追问。等待他再一次迟到，如果与上次的情况一样的话，不妨问他是否住得很远，然后建议他早些起床。整个过程，别忘了保持友善的笑容；声音不要太大，仅对方能听到就可以了，以免他在同事面前感到尴尬，而产生怨恨感。

许多上司都会犯一个严重的错误，就是开会和散会的时间不定，全凭个人心情行事，这是最要不得的。开会时间一经定下，就不能因个人私人理由而随意改动；须知下属已经刻意腾出那段时间开会，如果你随时改变，将会使下属大失所望，影响工作进度和情绪。

作为领导要以身作则，有令先行。如果你先做到，下属就会以你为楷模，不会再为自己做不到而寻找理由。

管理一点通

领导工作说服力的强弱，取决于多方面的因素。除了工作内容符合情理、切合实际、方法得当外，还有一个重要的因素，就是领导自身的形象。管理者必须十分注意重德修身，塑造好自身形象。努力做到：不说假话，少说空话，示人以真实形象；有令先行，有禁先止，示人以表率形象；公平待人，公正处事，示人以公道形象。自身形象好，管理者说话才会就有感染力、号召力、说服力。

对新下属下命令由易到难

对新下属下达工作指令时，最好先从简单的工作开始，逐步向复杂的工作过渡，不断变换所给予的工作内容和难度。并且要让新进人员养成提出反问，复杂事情进行复述的习惯。有的新进人员怕对上司失礼，不好意思反问，这样对复杂的工作内容，也只好凭自己的想象去干，因而难免常会陷入被迫返工的窘地。

有些刚从学校毕业的学生，他们对“领取工资就得对工作负责”的哲学还没有理解，更不习惯，头脑里仍然是学生时代的那种意识。在公司里服务不同于约会朋友、参加社团活动，领受指示如果不能按要求执行，就会错过时机，给公司造成危害。

对上司指示或分配的工作，原则上是应该一次就得做好。如果这中间有不太清楚的地方，要毫不掩饰地当场问个水落石出，对稍微复杂的工作，更要复述一遍指示内容，待确认准确无误后再去执行。这是每个新进人员必须要养成的工作习惯。

多数新进人员都能毫不费劲地通过这一关。然而也不能不承认，有那么一部分人工作总是难以一次办好。如果对于这种情况，不去及时纠正，就会使这一部分人成为经常犯错误的人，从而受到同事的疏远，失去对工作的兴趣，或导致提出辞职。就是留下来，也会成为人们关注的有问题的人。

下属提出问题时，当领导的不能流露出不耐烦的神色，这样会造成下属有话不敢说，而是凭自己的想象去干的结果。

上司交给的工作，即使过程复杂一点，也能够一次完成，这是训练新进人员基本行为规范的第一步。这项工作看起来似乎很简单，然而做起来则需要付出很大的耐性和热情。特别是对比较散漫的新进人员，得反复进行训练。让新下属快速适应上司的命令方式，教会他们如何迅速进入工作状态，是领导必须要做好的一门功课。

管理一点通

在下命令时，管理者有必要向下属全面介绍相关工作的情况，这样有助于员工把握全局，发挥工作的主动性，更加出色地完成任务。但管理者必须抓住问题的要点，向下属讲明：什么是他要做的，要达到什么样的目的。否则，下属会不清楚他具体负责什么事情。

很多时候，其实管理者本人就没弄清楚命令中的要点是什么，所以他自然无法向下属讲清其中的要点。向下属下命令之前，管理者首先要认真去思考各工作的要点，做到心中有数，这样才能把握全局，合理调度。

让下属做分内的事

所谓应该干，就是下属职权范围之内的事情。每个下属的工作都有自己负责的范围，领导一定要清楚，把任务落实到下属工作职权范围之内，这样下属既好处理工作，也不会有什么意见。

Ada 得知某公司招聘初级秘书，经过两次面试后她被录取了。上班之日，领导要她跟一位秘书小姐学习，并由那位秘书派工作给她。做了一个月，Ada感到不是滋味，因为她的工作与一般打字员无异。Ada 有种被欺骗的感觉，于是未过试用期即提出辞职。领导知道她的工作能力很强，便问她何故辞职，Ada说期望与实际不符，并询问他初级秘书与打字员有何分别。那位领导似乎从未想过这个问题，当时不知如何作答。想了一会儿，他只是苦笑道："也许只是职衔名称有别。"Ada 为遇到这样的领导感到很失望。

很多工作容易混淆，例如打字与接待工作、一般办事文员与初级秘书的工作，都容易出现混淆。一位连下属的职衔与职权也不懂得区别的领导，是糊涂的领导。他们大事精明、小事糊涂，视下属的职责范围分配为小事，其实说到底，是领导把维护自己的利益当作头等大事，没有从根本上重视下属。

分清下属的权责与下达命令、分配工作有着极为紧密的关系，每个人应该做什么，对哪些工作负责，都要仔细划分。

领导在分配了任务给某位下属后，不能再将它分给另一位下属，除非下属表示需要协助；领导要让每一个工作程序均有人负责。以便一旦工作出现疏漏，可当即找出问题发生在哪一环节，并尽快得到解决；对于一个人完成的工作，不要再派其他员工参与，以免造成员工的依赖和惰性。

领导下达命令时，应对下属的职责有深切的了解，当下属为职权和责任提出意见时，应该公平地对下属做出判断，对于超出下属职责范围的命令还是不要下为好。

★★★★★★★★★★★★★★★★★★★★★★★★★★★

管理一点通

在一项工作未明确之前，就安排下属去进行相关工作，这种工作很可能就是无用的工作，相关的命令也是无用的命令。另外，有些管理者见不得下属在工作时间没有事情做，于是就安排一些没有意义的工作让员工不停地忙碌，这便是无用的命令。

当员工发现自己是在执行没有意义的命令的时候，会对管理者的管理能力产生怀疑，甚至对管理者本人产生反感。这些都会损害管理者在员工心目中的形象，从而降低管理者的管理影响力和穿透力。所以，管理者在下命令之前，认真地思考一下命令的必要性是十分必要的。

对下属要有必要的信心

虽然命令下达给了下属，但却总是放心不下，这样的心理，初当领导时最明显。虽然领导者在理智上也知道应该简明扼要地把工作交代给下属，然而，实际上却不能做到这一点，总是莫名其妙地担心。“这件工作你应该这样做”，在你满怀好意时，下属“嗯啊”之余并不见得有多感激你的苦心，甚至还会在心底里暗笑你的啰嗦举动。

在“啰嗦”型的管理者当中，以经验尚浅的新任领导居多。另外，在技术人员或专业工作人员出身的管理者中也不乏其人。希望下属把工作完成得尽善尽美，看起来好像是件大好事，其实会对下属造成不可估量的损害。

首先，下属在第一次得到你过于详细的指示时就会产生疑心：“一开始交代工作就信不过自己”，从而对你产生不满和不信任感。

其次，工作起来也无多大兴趣，机械地按照上司的指示应付了事。

第三，下属的能力也会在这种“关怀”之下日渐萎缩。久而久之，再有能力的下属，也会变成一个被动行事的“操作工”。更有甚者，还会使下属的工作兴趣荡然无存，而把精力发泄在工作以外的事情上。

人的头脑如果长时间不思考，就会失去自己思维判断的能力。这是非常严重的问题。很多人到了可以成就事业的年龄，却无法胜任工作，通常就是为此所累。一个从不思考问题的人，怎么可能有思考问题的能力与习惯呢?

有些领导总是一味地大包大揽，却又一味地埋怨下属“太消极”或“无能”等。殊不知，自己正是一手造成此种情形的始作俑者。在下达指令时，领导应当克制自己，把认为该讲十分的只说八分，给对方留一些思考的余地。

对新进人员还是下属干部，应当根据他们各自的实际能力，分配给他们一些需要思考的工作，以培养、锻炼他们的思考能力和判断能力。这才是领导不容忽略的管理培养之道。

在对下属下达指令时，你要相信你的下属绝对可以完成，这样他才会有信心，领导要学会把自己的信心转化为下属的信心。

★★★★★★★★★★★★★★★★★★★★★★★★★★★★

管理一点通

与下属建立良好的信任关系，是企业领导试图达到的一种理想用人状态。所谓“疑人不用，用人不疑”，讲的就是这个道理。问题的关键是：你如何在用权的时候能够赢得下属的信任，或者如何使下属对你的权力支配心甘情愿呢？但一些领导之所以紧抓权力，其中一个重要的原因就是不信任下属，怕下属把事情办砸了。因此，领导放权的一个前提就是信任。没有信任，上下级之间很难沟通，很难把一件事处理好，这样领导用起人来就很困难，甚至受到阻碍。

懂得激发下属的工作热情

领导在运筹帷幄制订了工作方案之后，不愿让它成为没有现实意义的海市蜃楼。那么，把方案传达到下属去，并让他们付诸实施，如何使下属言听计从呢？有经验的领导会用好口才去激发下属接受任务和完成任务。

指导和激励，即以帮助解决问题和创造成绩的方式出现，是最佳的方式。

一般人希望领导是帮助他们提供方法、解决难题的导师，是他们创造成绩、争取进步的牵引者，而不希望领导是不懂装懂的“蹩脚传令官”。沙场宿将排兵布阵，农村干部部署春耕，总工程师布置技术任务分工，之所以一呼百应，就是因为他们善于采用指导的方式，这是了解了一般人的期望所做出的贯彻主张方法。

有些人群的领导者似乎会更难一些。比如当你所领导的下属在各个方面都有比你突出的专长时，你的技术指导似乎苍白无力。然而不要怕，更高明的方法，不是直接的技术指导，而是帮助你的下属找到创造成绩的契机，通过激励他们实现成功的欲望，来让他们心甘情愿地实施你的方案。

比如某经理要开展一个新市场，他对一位老推销员说：“你如果能不断开发新市场，你就能在我们公司保持最高威望，从而保住最高工资。这次我公司看好某地，我看，你不会不想去吧？”老推销员被经理击中心中要害，自然乐意听从，至于开发的难度等，已在其次了。

又如某单位接受一个科研新项目，员工觉得领导在自找麻烦。领导不动声色地在例会上讲：“大家都知道，咱单位都是年轻人，谁也不会不想进步。

但我昨天碰到一位老同志，苦恼地对我讲：他一生虽如一头老黄牛一般勤勤恳恳地苦干过来，到最后却没有任何科研成果，结果职称很低。同志们，这位老同志的话给我很大的启发：我们在工作的同时不能不创造条件搞科研项目。所以，我向上级领导申请了一项科研任务……”说到这里，他已经把大家的成功欲望激发起来，“惹麻烦”的念头烟消云散，领导的科研方案顺利落实。

但有些人偏偏会在你任务很急的时候，因为某种偶然的原因拒绝接受任务，怎么办呢？有经验的领导就会造势攻心，不动声色地强制执行。首先，你要拿方案的科学依据，并先将它在行政班子或职工代表中介绍和讨论，或由上级领导批示，然后再公布方案，提高方案的分量。其次，你要拿出单位的规章制度，晓以利害，使下属在一定压力下执行。

如某厂想调一名政工干部去营销部，该干部闹了情绪，厂长找他讲:“咱厂近来按制度让几位干得不好的干部闲置起来，作待聘处理，你不会不知道吧？你有口才，我决定让你到营销部闯一闯，你如不去，可没其他机会了。”在竞争激烈的今天，被闲置的人就是竞争失败者，厂长一番话，政工干部脸红了，心知利害，便心甘情愿地服从了厂部的安排。

对有些人，你使用一下激将法，也能取得意想不到的效果。军营指挥官一句“你敢立下军令状吗？”叫多少热血将士冲锋陷阵，立下赫赫战功。经理一句“你不能胜过××，去争取最高工资？”叫多少技术人员苦攻难关，创造惊人效益。而教师们运用激将法来转化一些顽皮学生，就不胜枚举了。激将，就是激起人们战胜他人的欲望，这种欲望的动力是巨大的。有位领导见一位年轻下属正在抓一个车间的改革试点，故意激他道:“你这么点年龄，行吗？”年轻人答道:“基本完成任务了，请领导验收吧！”领导见状，又有意激道:“车间只是个小单位，你要能把咱厂的改革搞成功，我就服你！”年轻人红了脸:“能让我试试吗？”领导于是让他当起了业务副厂长，年轻人奋尽全力开始他的改革方案。

要让下属言听计从，以事晓之，以理服之，以情动之，以利导之，以气鼓之，已有80%以上的把握了。

★★★★★★★★★★★★★★★★★★★★★★★★★★★

管理一点通

当员工完成了某项工作时，最需要得到的是上司对其工作的肯定。上司的认可就是对其工作成绩的最大肯定。经理主管人员的认可是一个秘密武器，但认可的时效性最为关键。如果用得太多，价值将会减少，如果只在某些特殊场合和少有的成就时使用，价值就会增加。采用的方法可以诸如发一封邮件给员工，或是打一个私人电话祝贺员工取得的成绩或在公众面前跟他握手并表达对他的赏识。

善于让下属肩负重任

有些企业存在着这样一种情况，管理者喜欢挑大梁，无论大事小事都要亲自过问，这就导致管理者在时大家忙忙碌碌，管理者不在时大家无事可做、精神懒散，什么工作都停滞不前的现象出现。为了防止这种情况的发生，管理者必须懂得发挥下属的作用，让他们思考和操作，给他们一个挑大梁的机会。

善于让下属勇挑重担，是管理者考验其能力的手段，也是管理者用权的策略。如果是千斤重担一人挑，只能说这个管理者的权力欲过于膨胀，而不是什么值得称道的工作方法。如果不能够让员工感觉到自己在为企业挑着一个重担，就容易让他们觉得自己的工作没有价值。管理者要坚持“尊重人就得委以重任”的用人原则。有十分之才，交给十二分的重担。

东芝一向奉行重担子主义，也就是说，人的工作情况必须在工作能力之上。比如说，这个人可以拿起100公斤的东西，那么实际上就应该交给他120公斤重的东西才成。如果不赋予重任，那便是一种罪过。如果要做到尊重人，那么就应该给他重任，这样才可以激发他的创造能力。

三星集团的董事长李秉哲就是一个善于给下属重担的人，三星集团的一个社长在回忆他的一段往事时说："还是在我担任第一毛织总务部长的时候，有一天，我突然接到一个任职令，让我到新世界百货店去当经理，实际上，那时候我还是个连在新世界百货店卖东西的经验都没有、刚从乡下来不久的人，而且又是在百货店处于经营状况不好、经营出现赤字和发生事故的时候。"

而这恰恰是李秉哲的高明之处。他深知，当一个人担任某项重要的职务时，往往会干出意想不到的成就来，关键是要发现这样的人才。前面提到的那位社长的经历就说明了这一点，他原来只是个无技术、无经验的来自乡下的普通社员，但是，由于他能力很强，被李秉哲发现并重用，入厂两年多就当上了第一毛织厂的厂长，不久又被接连提拔为总务部长、新世界百货店经理、社长等。

从创业时期起，李秉哲就认为，信任可以换来忠诚，信任可以激发员工的潜能。他以各种形式传达对员工的信任和关怀，并对确实有能力的员工委以重任，为其提供施展才华的舞台，三星也因此成为了世界知名企业。

为了让下属可以挑起重担，要做到以下几点：

1. 让下属了解其工作的重要性

当你为下属分配工作的时候，不仅要做到把任务交代清楚，还要对下属讲明这项工作的重要意义、与该工作密不可分的其他方面、最后将获得的效益以及如果该项工作出现失误将会给整个企业带来怎样的损失等，让下属感到自己所从事的是一项很有意义的工作，而且责任重大，这样他们自然会对工作产生兴趣，并会充满热情和干劲地投入进去。

2. 分配工作务必要因人而异

对于那些有一定工作经验的中级员工来说，轻易即可完成的工作或是反复做以前的工作对他们来说是没有什么吸引力的。应该将难度适应其现在能力的工作交给他们，最好是只提供任务，而不涉及细节，这样一来，他们就会感到身上有压力，就会开动脑筋，想方设法地去钻研，努力去完成。而一旦获得成功，这将给他们带来更大的喜悦和成就感。

对于企业的基层员工来说，虽然他们每天所做的都是大量重复性的工作，但仍应让他们知道所从事的工作对企业的重要性，管理者应及时对他们的工作给予积极的评价。

3. 一些需要把握的细节

建议你在大庭广众、众目睽睽之下，有意制造最隆重的气氛，将最困难、最光荣的工作交给下属，使他觉得这是管理者对他的最大信任，是“看好他”。

在听到别人对下属的非议时，当即旗帜鲜明地予以驳斥，并且一如既往地重用下属。

在下属出现了某些工作失误，特意赶来向你解释时，给他一点不过分的安抚和照顾，暗示他继续大胆干，不要为此而背上思想包袱。

当下属确实因为某些客观原因而遭到挫折和失败时，管理者应敢于承担自己的责任，绝不可将全部责任都推到下属身上，让下属当替罪羊。

倘若采用了这些步骤，无论多单纯的工作，也能令下属体会到工作的重要性，并由衷地致力于工作岗位。

管理一点通

对于刚刚走出校门、步入社会的年轻人，不要一味地强调他们缺乏经验，应大胆地放手让他们去干，把具有一定难度的工作交给他们去独立完成。当然，在完成的过程中出现问题是很自然的，作为管理者，千万不能责怪他们，否则就会大大挫伤他们工作的积极性和自信心，从而产生一种畏惧和厌倦的心理，这对他们的成长和企业的发展都是极为不利的。

给予下属及时有效的帮助

下属在工作时遇到困难，领导要给予下属及时的、卓有成效的帮助，以弥补其能力、经验的不足。适度帮助下属，给下属一定发挥潜力的空间，帮助下属建立成功的信心与决心，这样的领导才是聪明的。

有人认为反正已将工作委托给了下属，能否圆满完成都是下属的责任，这种态度不是身为领导者应有的、负责任的态度；一味斥责下属，不会有利于问题的解决。诚然，用压担子的方法向下属交代一些经过努力可以完成的工作，有利于激发下属的潜能。可是，如果不问青红皂白乱给下属安排一些难以胜任的工作，那么所造成的危害将会更大。

下属难以完成工作，就会处处被动，会彻底动摇下属的勇气和信心。所以，你要适当对下属进行援助。当然，施以援手时也要注意因人而异。比如，对 A、B、C 三人，你给他定下的工作目标均为 100，而三个人的自身能力却分别为 60、40 和 80。在这里，A 的差距为 40，从理论上讲你就应给予 40 的支援，如果当真如此那就大错而特错了。最好此时来自你的帮助是 30 左右，余下部分正是为 A 在实际工作中充分发挥其潜能留下的余地。为什么呢？因为如果你全部给予支援，A 就等于只是在做自己现有能力能够胜任的事。长此以往，他的能力就只能停留在现有水平上，而不会得到迅速的提高。更坏的后果是，如果你经常不遗余力地去弥补某个人的工作差距，那么就会让下属产生依赖性。在他遇到困难时，他就会想，“没事，还有我的上司呢。”

作为技术出身的公司领导李某，一直都在不经意中做着大量的管理工作。

说不经意，是因为领导李某一直都顺其自然和跟着自己感觉走的方式在管理日常的下属工作。不经意中，他有时事无巨细，甚至对下属对问题判断的速度不满意就直接发挥自己的判断能力，快速将下属遇到的问题判断，并将解法强行安排给下属；有时，他又一个月不过问下属项目的事情，不是简单地放手让下属去做，而是彻底心里没有了下属所做的项目。

每每事无巨细后，领导李某就发现下属不敢自己去想问题和解决问题了，总是依赖他的脑子，领导李某十分恼怒他们为什么不动脑子；每每彻底不管不顾，他就发现下属逐渐没有了心气，也懒惰了，也感觉做的没有意思，项目还可能出现严重问题。

下属这种依赖感产生的原因就在于：一个人要是吃太饱了就容易犯困，就容易失去警惕性，而在半饥饿状态时，各种机能反应才最为灵敏。所以，你在对下属施以援手时必须给对方留出发挥他们自身潜能的余地。人们总是在不断发挥其潜能的过程中增长才干的，过分地为下属考虑一切，甚至忘记了下属还有一个能思考的大脑，实行不折不扣的包办代替，只能造就一味地依赖他人、无一点创造精神的下属。按照这种观点去做，对能力为 40 的 B，只需给 50 的支援，对能力为 80 的 C 则可以不予支援，任其发挥。对于能否正确地根据工作和下属的能力，给予适当的帮助支援，则为一个企业领导是否可以管好一个部门的重要责任。

援助是必不可少的，过分放手，不管不问，一味地让下属“自立”，也是不可取的。正确的方法是：工作布置下去后，仔细进行跟踪观察，发现下属遇到困难，及时给予恰到好处的援手，既不妨碍下属发挥潜能，又不会大包大揽或完全放手。

可见，管理需要给下属一个适当的空间，就像放风筝，不能总拿着风筝而不去拉线，这样风筝是飞不起来的；也不能松开线，松开线风筝就飞走了。其实就是一根线足以让风筝飞舞得美轮美奂，留出适当的空间，就可以让下属的发展和进步与公司比翼齐飞。

管理一点通

主管交付一项任务给下属，并不表示你的责任已经完成，你还要继续不断地给他协助和指导。才能激发起他工作的热情。假如你认为，把工作交给他就是他的责任，已经与你无关，成败都由他负责，那么可以说，你不是跟这个下属不和，想排挤他，就是想看他的笑话。结果，他固然会因未完成任务而受到处分，或被辞退，而你也绝占不到便宜。因为工作都是整体性的，他的失败，也会影响到你负责的部门的工作绩效，至少会给老板一个印象，你负责的单位不是个工作效率很高的部门，对你的领导能力的评价自然也会大打折扣。在企业中，一个精明的老板，绝不会用一个“看下属笑话”的主管，因为经营企业就像打篮球一样，不是把球交到谁手里，责任就是谁的，一定要相互照应，相互支援，这个组织才能发挥强有力的作用。

尽量避免对下属指手画脚

鲁国有个人叫阳虎，他经常说：“君主如果圣明，当臣子的就会尽心效忠，不敢有二心；君主若是昏庸，臣子就敷衍应酬，甚至心怀鬼胎，表面上唯唯诺诺，却在暗中欺君而谋私利。”

阳虎这番话触怒了鲁王，阳虎因此被驱逐出境。他跑到齐国，齐王对他不感兴趣，他又逃到赵国，赵王十分赏识他的才能，拜他为相。

近臣向赵王劝谏说：“听说阳虎私心颇重，怎能用这种人料理朝政？”

赵王答道:“阳虎或许会寻机谋私，但我会小心监视，防止他这样做，只要我拥有不至于被臣子篡权的力量，他岂能得遂所愿?”

赵王在一定程度上控制着阳虎，终使赵国威震四方，称霸于诸侯。

“下属在工作中愈感到自己有能力和有效率，则在完成工作时就愈不想要命令和指挥。”美国历史学家J. M. 伯恩斯如是说。“伯恩斯定律”解析的是能力、工作效率与独立性之间的关系，也是被管理的下属和管理的上司之间的辩证关系。

最成功的上司恰恰是不用多对下属指手画脚的上司；而最出色的下属也正是不想要命令和指挥的下属，这是现代企业一种高级的上下级之间的关系。在这种没有过多使唤的上下级关系中，很多工作和事情都是靠默示、默契和自觉、主动来完成的。

如何衡量一个高级的企业管理者呢? 除了企业高管自身的水平外，一半是看他所带领的下属是否能够具备较好的独立性，恰如“伯恩斯定律”所说，“下属在工作中愈感到自己有能力和有效率，则在完成工作时就愈不想要命令和指挥。”具有独立性的下属，在完成工作时，是不需要上司来多费嘴舌的，他们自信，有着很高的工作效率，更重要的是他们有着自觉、主动完成各种工作的能力。

不少体育比赛，进入白热化的决赛阶段，众目睽睽之下，谁胜谁负都让观众捏把汗，也让双方的教练为之怦然心跳。关键时刻，教练往往会宣布一下暂停，给自己的运动员打气并且及时灌输些战略战术的技巧，点拨一些临场发挥的窍门。遗憾的是，如果运动员综合素质差，灌输往往照样无效，教练再怎么指点，比赛到最后还是会以败北结束。与此相反，不少运动员在功败垂成、一决雌雄的关键时刻并不需教练的暂停赐教，他们凭着一股自信和坚韧，做最后的冲刺，总能化险为夷扭转局势，最后获得比赛的胜利。我们可以想见：运动员的自信和独立性在体育比赛中是多么的重要，而紧急时刻要教练来指挥的运动员并不是都可以扭转局势取胜的。要人指点，虽不违规，恰恰证明了其能力的缺陷。同样，我们的企业人遇到一些困难时，一旦需要上司来指挥和命令的时候，也是不够优秀而且是令人担忧的。

有道是：愈是善于使用自己手脚的人，愈不喜欢别人对他指手画脚。学生时代，人们的确需要老师的教育和帮助，走上社会成为一名合格的企业人或者员工，就应该脱离师长的牵手和呵护，自己展翅飞翔。倘若还要人跟着身后看护和指挥，显然是不成熟的，没有达到毕业的标准。

一般来说，下属是要服从上司管理和指导的，并以服从上司命令为最高的神圣天职，但这不等于说处处都要上司手把手教你，实际上上司也不可能事无巨细、事必躬亲地指挥你。“伯恩斯定律”较好地揭示了一个企业人的独立性与工作能力之间的反比关系：需要上司指挥越少的下属，其能力则越高。

★ ★

管理一点通

当企业管理者，在日常工作中遇到那些看似唯命是从的老实下属，千万不要以为自己的领导水平怎样高，也别以为遇到了怎样忠厚的下属，更不要以为可以心安理得、高枕无忧。在老实下属面前，有的企业管理者甚至还会生出一些指挥的瘾头来，动辄就对下属说三道四指手画脚，被一种权力欲所驱使，被一种好为人师的虚荣所迷惑，执迷不悟于一种迂腐的长官陋习中。殊不知，在你指挥得头头是道自以为是的时候，下属的惰性和无能也在日益滋生。随着这些“指挥”的不断频繁进行，上司将不堪疲累，致使整个组织体系发生了严重的病症而出现疲软乃至瘫痪。

合理有效地监管下属

引领一群为你效力的下属，他们所做的一切最终责任理所当然也就由你来承担，不过，这并不代表你可以拥有百分百地控制他们的权力。因为对于下属来说，被操控和监视的管理方式只会惹来反感，继而失去对工作的兴趣及投入感；反过来说，过于宽松的放任策略，又会令他们在毫无指引下出错，兼怀疑其自我存在价值。因此，在管理不同的下属时，你必须具备一定的灵活性，才可达致透过监督下属来提升业务素质的正面效果。主管在监督下属工作进度的过程中，要权衡个中轻重。

在给下属安排工作前，必须确定他们已经了解整项工作的方向和过程，并先跟他们说明你对该项工作成果及要求的预期目标，让他们朝着正确的方向去做，免得费时失事。同时你亦可要求他们自行编订工作时间表，让下属按自订的时限去把工作逐一完成，并按时给你递交工作报告，让你清楚其工作进度。这样做既能令下属感到有自主权，而你其实亦正从另一角度去监察他们的工作情况。

但当大家对工作预期目标有一定共识后，你亦应避免事无大小都要召开各类会议做工作汇报，这除了是很明显的督工行为，令下属自信心大减，更甚有可能妨碍了下属的正常工作程序，及后反而延误了工作。

基于你对个别下属能力的认知，在分配工作时，你应让他负责一些极有可能成功的任务，因你早已对该项工作的最终成果怀有一定的信心，而下属也可在过程中尽量发挥，当达到理想成果后，亦可大大提高员工的成就感和自信心，令他对其日后的工作更有干劲。

要知道不同的人对同一项工作会有不同的处理手法，因此在没有充分理由的情况下，切勿干涉下属的处事方法。要是你惯性地希望别人依从你那一套，定会引来下属的极度反感，亦有可能日渐养成他们的惰性。

不妨允许下属自行思考和决定一些非关键性的决策，让他们在所属工作范围中肩负某种程度的风险。这样除了可以锻炼员工的判断能力，更有助于培养他们的责任感，令他们在面对大小事情时，都懂得先考虑后果才做判决，可避免日后不必要的错误。

虽说在工作过程中应尽量避免干扰你的下属，但亦应跟下属保持一定程度的沟通，尤其是当有人提出要求协助时，你更不应拒绝。让他们知道你虽已下放权力让他们自行处事，但你并非置身事外，对于下属及其工作仍是抱着关心的态度，如能适时地给予援手，自然会令下属视你为一个善解人意的好上司。

所谓“强将手下无弱兵”，能够在你领导之下，培训出优秀的下属来，其实亦反映你是一位具备实力的上司。因此在监察下属表现期间，不要因为害怕自己的地位受到威胁，而对表现突出的下属诸多掣肘，反而更应多给予其发挥的机会。

★★★★★★★★★★★★★★★★★★★★★★★★★★★

管理一点通

在团队管理中，只看结果不管过程的管理者越来越少，因为过程决定结果，不管过程就不可能有好的结果。但是如何既信任下属又不至于让团队管理失控，是困扰企业管理者的问题。信任下属，给予适当授权，不过多过频地干涉他们的正常工作，这有利于激励下属，让他们的积极性得到充分发挥；可问题是，管得少了，又如何能避免下属的过失？这就是管理者的过程管理技巧，是管理团队的必备技能。

如何有效控制好下属的工作过程，又不招至反感和抵触，必须关注三个要素：一是让员工愿意主动汇报工作过程；二是了解过程中的关键环节，这些关键点才是过程控制点；三是要确认清楚过程责任，为什么结果不好，是因为过程的反馈不够，导致没有将影响结果的问题及时解决或排除，这个责任是要下属担负的。

让下属主动执行

拿破仑·希尔曾经说过："主动执行是一种极为难得的美德，它能驱使一个人在不被吩咐应该去做什么事之前，就能主动地去做应该做的事。这个世界应对一件事情给予大奖，包括金钱和名誉，那就是主动执行。"卡耐基在十三四岁的时候，曾在一家纺织厂里当一个普通的记账员。他的工作很简单：只要把收入和支出记清楚就行了。

然而，当他了解到还有更好的复式簿记方式时，就开始利用晚上的时间，自费学习复式会计。尽管当时他并未曾预料到这一先进的会计知识对他日后事业的发展会起到怎样的作用，但他还是主动去做了。

后来，他又到一家电报公司做邮差。在那里，卡耐基每天都会提前一个小时到公司，他首先打扫卫生，然后再悄悄地跑到电报房里学习接收和发报技术。他每天都是如此，不但丝毫不以为苦，反而为能有这种秘密学习的机会兴奋不已。

有一天，卡耐基一大早就赶到了电报公司，打扫完卫生后便习惯性地来到了电报房，突然听到有人说："紧急电报！电报员还没来，有谁能收下这份电报吗？”

卡耐基连想都没想就主动上前，顺利地收下了电报。

到了月底领薪水的时候，老板把他单独叫了过去。他心里有些忐忑不安，还以为自己偷偷操作电报机的事被老板发现了，甚至做好了为此接受处罚的准备。然而让他意想不到的是，老板却对他说：“你很积极，也很主动，做得很好。从这个月开始给你加薪。”不久，他就成了一名真正的报务员。显然，卡耐基这样的员工是最让领导省心的。然而，如果领导因为个别下属的自觉主动，就以为所有下属都是这样的自动自发的话，那就大错特错了。

不得不承认，在现实中，有一少部分员工是类似卡耐基那样的，他们能够自觉、主动地去完成分内甚至是分外的工作，并不需要领导时刻去督促。但同时，领导人员也应该清醒地意识到，更多的员工是存在惰性与偷懒心理的，如果领导对其放任自流，他们就会像迷失了方向的羊群一样漫无目的地乱撞。

如果上司有能力无需下达指令就能使下属知道自己该干什么，那就是最理想的状态。在这种气氛下，下属必定积极、情绪高昂，并且能够发挥平时能力的几倍，而实现领导的要求。下属因而得到充实感与满足感；即使工作任务十万火急，也能从容不迫地完成。

要想达到如此完美的境界，你可以采取以下几种方法：

1. 激起下属的责任感

你可以对下属说：“这件工作拜托你了！希望你能好好地完成它，大家都拭目以待。”这样，下属会深受感动，并且振作精神，全身心地投入到工作中。

2. 激起下属的工作激情

你可以与下属商讨：“这个问题不知道该如何解决，真伤脑筋。你有没有什么好的点子？”此时如果下属接着说：“如果……应该可以！”你就趁热打铁，并且告诉他：“这是一个好方法，那这件事就交给你了！”

3. 唤起下属的自尊心

假如你对下属说：“这件工作很难办，我看算了！”“这件工作一定要由拿手的张某来做才行吧?”然后询问他的意见，此时若对方是位自尊心强的人，相信他会拍胸脯保证说那种工作他也可以胜任，若下属欠缺此魄力，你还是不要让他负责比较妥当。

新上任的领导不要一味地认为每个人都会很自觉，而应该因人而异，采取不同的管理对策，不要盲目地搞一刀切。

管理一点通

人对于外来的压力，总希望加以抗拒，以免自己承受不了，危及自己的身心健康。而不施加任何压力，人就无从抗拒，从而形成自动的行为。这就说明在企业的管理中，上司要让下属自己产生压力，而不是对他施加压力，只有这样，下属对自己内心所产生的压力，就会无从抗拒。自己的内心所产生的压力有所反应，便是自动的行为。要让下属自动自发，上司就必须从自己做起，不施加任何压力给对方。

做好工作追踪

德鲁克大师的目标管理在全球普及甚广，但实施中却有很多企业走形变样，其中一个痼疾就是工作追踪很差，如果没有工作追踪，目标管理也就只剩下了美丽的目标这个外壳。

根据管理大师德鲁克的观点，目标管理所要达到的两个核心目的，一个是激励，一个是控制。通过设定目标对整个组织的行为进行控制，从这个意义上讲，那就不光是设定目标，而是要使整个组织把各种资源调动起来，围绕目标往前走，这就需要不断地对工作进行追踪。如果发生了偏离，通过工作追踪及时把这个偏离的情况进行评估，然后把这个信息进行反馈，并采取一定的措施，保证我们的目标能够按照原来的设定实现。

那么，如何进行工作追踪呢？领导可以根据工作追踪方法，进行下面的工作：

（1）衡量工作进度及其结果。

（2）评估结果，并与工作目标进行比较。

（3）对下属的工作进行辅导。

（4）如果在追踪的过程中，发现严重的偏差，就要找出和分析原因。

（5）采取必要的纠正措施，或者变更计划。

有的经理认为工作追踪应以下属的工作表现为主，每天都能保证不迟到、不早退，在领导视野所涉及的范围内勤奋工作的就是好员工，问他们这样做的理由，他们会说："我就看到某某工作认真了，所以他就是好员工，某某人我从来没看见他干什么。"

实际上，因为经理的精力有限，不可能对所有下属的工作表现都能凭着主观的感觉走。一方面，造成工作追踪的片面性；另一方面，很可能伤害到其他员工的感情，从而起不到工作追踪、进行阶段性工作评价的作用。到头来，没有人再去重视这个过程。因此，工作追踪应当着重客观性的标准——工作成果，同时也要兼顾主观性的标准——工作方法和个人品质。

工作追踪是在给人充分授权的情况下，让下属在按照自己的想法做事情的基础之上所进行的追踪。而且，工作追踪不是干涉，不是说你来替下属做决定、给下属支招，而是对下属的工作做出一个目标完成情况的评价。

目标管理要想起到一个激励下属的作用，关键就是你让下属按照自己的想法做事情。如果决策都让你一个人做了，那就不叫工作追踪了，更不是目标管理了。

工作追踪第一步：搜集信息。

搜集信息现在主要有这样几种途径和方式：

（1）建立定期的报告、报表制度。很多公司销售部门、生产部门的定期报告制度要好一些，甚至连值班日志都已经很规范了，但其他大多数部门可能就是以口头汇报为主，这是不行的，一定要制定严格的报告、报表制度。

（2）定期的会议。

（3）现场的检查和跟踪。

这些工作就方法而言，并不复杂，但关键是要能细致并且不断坚持。

工作追踪第二步：给予评价。

在进行工作追踪进行评价时要注意以下 4 个要点。

（1）要定期的追踪。管理者有时候工作一忙，就顾不上去了解下属的工作情况，而一旦形成三天打鱼、两天晒网的习惯，下属的工作就有可能渐渐松懈。对下属工作追踪要养成定期的习惯，同时让下属也感到主管有定期检查的习惯，这是非常重要的。

（2）分清楚工作的主次。管理者的事务很多，不可能事事追踪，因此一定要分清事情的主次，对重要的事一定要定期检查，而次要的事则不定期抽查。

（3）对工作进行评价。工作评价的一个重点是看目标是否偏离，有时候是与目标有差距；有时候是具体方法的差异；有时候看上去业绩实现了但目标实际上是偏离了，就像前文所述分公司的例子。如果评价发现目标有偏离，就要及时把它拉回来。

（4）避免只做机械式的业绩和目标的比较，应当发掘发生偏差的原因。在分析偏差时，必须首先分清哪些是下属无法控制的因素引起的。比如分配去做市场调研，但是经费迟迟无法到位，下属无法找到足够的调研员，从而延误了时间。其次还应分清哪些因素归因于下属本人，比如由于下属工作不得力造成销售额没有完成。正确地分清这两类原因，就可以有针对性地采取相应的措施。

工作追踪第三步：及时反馈。

经理必须定期地将工作追踪的情况反馈给下属，以便下属：

(1) 知道自己表现的优劣所在。

(2) 寻求改善自己缺点的方法。

(3) 使自己习惯于自我工作追踪及管理。

如果发现下属目标达成不理想，那么可以提建议。有的下属，当你指出他的工作偏离了目标，他能够很快地意识到这一点，根据主管的建议去进行调整。另一种方式就是强行把目标拉回来。

不论是采用哪种方式，都必须做到及时反馈，这样坚持的时间长了，大家就会发现，凡是偏离公司目标的事情是绝对不允许的，这就在公司内形成了一个基本的职业原则。既激励大家去完成目标，又威慑那些有可能故意偏离目标的人。

★★★★★★★★★★★★★★★★★★★★★★★★★★★★

管理一点通

追踪管制是目标执行过程中不可缺少的环节，它不是对下属工作的简单监视与部署，也不是对其行动进行严厉控制，而是协助下属解决在目标执行过程中所遇到的困难，使其处于工作的正常轨道上，按时保质地完成任务。

目标管理追踪的目的，概括起来主要有三点：发现目标执行过程中的偏差，并适时、及时加以纠正；以考核的手段来激发员工的责任意识；可提供上下级之间定期沟通机会。在目标管理的实际追踪过程中，由于各企业的情况千差万别，因此实施目标追踪的目的也相应的有所不同，企业应根据目标实施的具体情况，确定最合适的目标追踪目的。

避免下属产生抵触情绪

为了能够让下属与自己精诚合作，有些领导就和下属在办公室中互相嬉戏，美其名为寓工作于娱乐，殊不知这样却使下属难以集中精神工作。或者他们与下属称兄道弟，以为这样就可以笼络住下属的心，下属对自己就可以言听计从了，但事实却实难如愿。

虽然与下属可以做朋友，但是在工作上要划清彼此的权责。公事公办时，做下属的往往埋怨领导没有人情味。其实身为领导，有许多无可奈何的时候，上级的压力、下属的要求，都是不易应付的。最难做的，是一些本来感情融洽的人，有朝一日被晋升为领导时，从前称兄道弟的同事，有嫉妒的、有畏惧的、有失望的。以前大家一起想偷懒的方法，现在其中一人成为领导，必然不复从前，而有所顾忌了。如果领导怕下属不合作，而刻意迎合他们，实在不是解决问题的最好办法。

任何工作的指令，都不应视作儿戏。领导可以不用命令的口气，但是最低限度，也要让下属知道工作不是闹着玩的。遇到拒绝接受指令的下属，也许让身为领导的你感到威严受损，心里非常反感，急于将他列入“黑名单”内。你暂且不要恼火，不妨先冷静分析一下，先弄清楚对方为何拒绝接受指令，看看属于以下哪种情况：

(1) 缺乏完成任务的自信。

(2) 预算不足。

(3) 与其他参与工作的人不和。

（4）时间不够，不能如期完成。

（5）感觉完成任务的限制过多。

如果是以上几条，你要向下属表明“必须遵从”的态度，并鼓励他尝试摒弃心中的顾虑，保证如果遇到财政、权责或其他问题，你必会做出适当的安排来协助他。

另外，该下属有辞职的打算，不想在临离开前接受太大压力的工作；该下属被私人问题困扰，或刚受打击，所以不敢接受较重要的任务。遇到这两种情况，领导就不要勉强情绪无法再集中的下属做这些重要工作。

如果该下属仗着平时与你的感情融洽，随意推托任务或该下属另有兼职，时间不容许他接受其他的工作任务。遇到这种情况你的态度便要显得较强硬，但不能当众指责，以免破坏领导的形象同时伤害对方的自尊心，造成怨恨。对拿着昔日与上司的感情关系随意拒绝指令的下属，更不能纵容。

如果你在乎他的威胁，下属便可能得寸进尺，更加无视你的命令。对这样的下属，更要从严要求。你必须面对他。你要先从自我检讨开始。向他显示你比他优秀、更适合做主管的地方。对待资格很老的下属，要先尊重他，但尊重不是妥协。和他来一次开诚布公的谈话，谈话的基调是一起解决问题，而不是故意找茬：谈到你们彼此的责任，彼此的权利，谈他上次失误所造成的损失以及原因，谈谈下次你们做事的打算步骤，以及可能的解决方案；谈他应该扮演的角色，你对他的期望。下一步向可以调动他的人谈谈你对他的看法，既然是老员工了，他的毛病相信很多人会了解的。最后对他使用激将法，让他明白这样下去对大家都没有好处：要么离开，要么改正。

★★★★★★★★★★★★★★★★★★★★★★★★★★★

管理一点通

要消除下属的抵触情绪，最根本的要求是尊重你的下属。而尊重下属的最好体现就是像对待专家一样对待你的下属，像与专家交谈时那样与下属交谈。说到底，尊重下属，就是要尊重和尽量满足下属的的需要。当我们通过沟通了解下属的想法和需要，并采取一定的措施满足他们的需要，不仅能消除他的抵触情绪，而且所焕发的工作积极性也是不可低估的。

第八章 高效执行首先要有责任心

军事上有句行话：三分战略，七分执行。道理很简单：执行力强，就能逢山开路，遇水搭桥，排难除险、千方百计实现战略目标；执行力弱，就会找借口，讲条件，错失良机，贻误战机，导致战略目标一塌糊涂。正因此，人们常说“成也执行，败也执行”。

责任能够让我们以积极主动的精神工作。在各种各样的工作中，当我们发现那些需要做的事情，哪怕并不是分内事的时候，也就意味着我们发现了超越他人的机会。因为这自动自发的工作背后，需要我们付出的是比别人更多的热情、智慧、创造力和想象力。

懂得承担责任

约翰和戴维是新到速递公司的两名员工。他们俩是工作搭档，工作一直都很认真，也很卖力。上司对这两名新员工也都很满意，然而一件事却改变了两个人的命运。

一次，约翰和戴维负责把一件大宗邮件送到码头。这个邮件很贵重，是一个古董，上司反复叮嘱他们要小心。

没想到，送货车开到半路却坏了。

戴维说："怎么办，你出门之前怎么不把车检查一下，如果不按规定时间送到，我们要被扣奖金的。"

约翰说："我的力气大，我来背吧，距离码头也没有多远了。而且这条路上的车特别少，等车修好，船就开走了。"

"那好，你背吧，你比我强壮。"戴维说。

约翰背起邮件，一路小跑，终于按照规定的时间赶到了码头。这时，戴维说："我来背吧，你去叫货主。"他心里暗想，如果客户能把这件事告诉老板，说不定还会给我加薪呢。他只顾想，当约翰把邮件递给他的时候，他却没接住，邮包掉在了地上，"哗啦"一声，古董碎了。

"你怎么搞的，我没接你就放手。"戴维大喊。

"你明明伸出手了，我递给你，是你没接住。"约翰辩解道。

约翰和戴维都知道，古董打碎了意味着什么。没了工作不说，可能还要背负着沉重的债务。果然，老板对他俩进行了严厉的批评。

“老板，不是我的错，是约翰不小心弄坏的。”戴维趁着约翰不注意，偷偷来到老板的办公室，对老板说。老板平静地说：“谢谢你，戴维，我知道了。”

随后，老板把约翰叫到了办公室：“约翰，到底怎么回事？”约翰就把事情的原委告诉了老板，最后约翰说：“这件事情是我们的失职，我愿意承担责任。另外，戴维的家境不太好，如果可能的话，他的责任我也来承担。我一定会弥补上我们的损失的。”

约翰和戴维一直等待处理的结果，这天老板把约翰和戴维叫到了办公室。老板对他俩说：“公司一直对你俩很器重，想从你们俩当中选择一个人担任客户部经理，没想到却出了这样一件事情，不过也好，这会让我们更清楚哪一个人是合适的人选。”

戴维暗喜，“一定是我了”。

“我们决定请约翰担任公司的客户部经理，因为，一个能够勇于承担责任的人是值得信任的。约翰，用你赚的钱来偿还客户。戴维，你自己想办法偿还给客户，对了，你明天不用来上班了。”

“老板，为什么？”戴维问。

“其实，古董的主人已经看见了你俩在递接古董时的动作，他跟我说了他看见的事实。还有，我也看到了问题出现后你们两个人的反应。”老板回答说。

这个故事给人的最大启示是勇于承担责任，这也是优秀员工和平庸员工的差别。

勇于承担责任是人的一种品质，也是身在职场生存的基本条件。无论职位高低、能力大小，还是身在何种性质的企业，不管岗位职责管理幅度宽窄，必须立足本职，独当一面，肩负起应有的责任，对得起那份薪水和良知。

每个人都会犯错误，犯错误不可怕，可怕的是找各种借口理由推卸责任，不敢承认，并养成习惯，成为一种习惯性思维定式、行为定式。不知不觉，身在其中没有意识到更麻烦。犯错后关键找到问题根源所在，解决问题，使同样的错误不再重复地犯，“人不能两次踏进同一条河里”，是最为重要的。

公司最后选择了约翰做客户经理是明智正确的，因为约翰勇于担当，并能为他人着想。而戴维则不敢担当，所以被扫地出门，请退回家，希望戴维能"吃一堑长一智"，明白其中的道理，这个"跟头"摔的才有价值、有意义，否则，换一家企业照样如此，"重覆前车之鉴"就麻烦了。

无论是做管理者还是普通员工，勇于担当，对企业、对客户、对社会负责任，做有价值的事，做有价值的人。

★★★★★★★★★★★★★★★★★★★★★★★★★★★★

管理一点通

一位伟人说过："人生所有的履历都必须排在用于负责的精神之后。"勇于负责的精神是改变一切的力量，它可以改变你平庸的生活状态，使你变得杰出和优秀；它可以帮你赢得别人的信任和尊重，从而强化你脆弱的人际关系；更重要的是，它可以使你成为好机会的座上宾，频频获得它的眷顾，从而扭转向下的职业轨迹。如果你已经足够聪明和勤奋，但依然成绩平庸，那么请检视自己是否有勇于负责的精神。只要拥有了它，你就可以获得改变一切的力量。

负责才能发挥能力

麦肯锡曾经做过一个调查，一个成功的领导者应具备什么样的素质？结果有近90%的人选择了要敢于承担责任。敢于负责任，是领导者应具备的基本素质，因为，只有负责才能让能力发挥出来，为什么这样说呢？

请先回答下列问题：

今天下雨忘记带雨伞，你该负多少责任？你的孩子不到10岁就开始抽烟，你该负多少责任？你的夫妻关系有点紧张，你该负多少责任？你是销售部门经理，产品质量出了差错，你该负多少责任？你的上级决策出了差错，你该负多少责任？城市的空气污染严重，你该负多少责任？

一般人可能会说：忘带雨伞，我要负100%的责任；孩子抽烟，我大概要负80%的责任；夫妻关系紧张，我要负50%的责任；产品质量出了问题，谈不上要负责任，如果一定要负，就负20%的责任吧；上级决策失误，我无能为力，应不用负责任吧；城市环境污染严重，就更与我不相干了。

看看你的回答是不是也与之相同，如果是，那么你与绝大多数人一样有这样的看法："如果我认为这件事与我有关，我就会去负责任。""我的上级出差错，与我有什么关系？"你当然可以这样看。但是，如果你这样看时，你一定不会对那件事产生任何影响力。

在这里，负不负责任，既不是法律问题，也不是道德问题，而是心态问题。

你或许会说，人的能力是有限的，不可能对什么事都负责。但是没有人知道你到底有多大的能力。神经语言学的研究认为，每个人"以拥有所需的一切资源，来对付他们面临的任何处境"。很显然，你的上级要负的责任比你要多。负责任是扩大自己能力的一个入口。一个人有多重要，通常与他所负责任的多少成正比。

你可能会说，当一个人重要的时候，他的责任自然就多，就会重。但事实却是，当你愿意负责，并且对那些你认为和你有关的事去负责的时候，你就会变得重要起来。同时，在这个过程中，你能力的提升可能是你所意想不到的。

你愿意负责任的事越多，你的能力就越大。

你认为自己的孩子跟自己有关，你去关心他，爱护他，是不会觉得自己能力不足的。

有一篇感人的新闻报道，写的是一位老人风雨无阻、坚持多年替孙子上学的故事。这位老人的孙子在10岁的时候突然得了一种怪病，遍寻名医也没有治好，只能常年躺在床上。为了不让孩子丧失学习的机会，她决定自己去替孙子上学。70多岁的老人风里来、雨里去，每天往返数十里路，去替孙子上课，记下笔记，晚上回来再一字一句地教他。新闻照片上，老奶奶和孙子的同学一起站在黑板前演算习题。她坚持了整整3年时间、1000多天！最后让这个孩子以优越的成绩通过了毕业考试！

对于一件事，如果你事先已经认为它是不可能的，那它一定是不可能的。如果你认为它有可能，它就有可能。如果人类认为比空气重的东西永远不能飞上天，那么今天我们就不会有空中旅行的便利。

如果你认为夫妻关系出现问题的责任在于你自己，你一定会找到解决的办法，并具备处理的能力；作为销售部门的经理，如果你认为自己也应该为生产质量负责，并认真地把它当作自己的事，你一定会促使他们改进生产质量，因为你认为产品质量与你有关。这样，你会很快对生产部门具有发言权。有理由相信，一段时间以后，你就具有可以管理至少销售和生产两个部门的能力了。

上级出了差错，如果你真的认为和你有关，愿意去负责的话，你一定会找到既顾全上级的面子，又可避免错误发生的办法。并且如果你真的具备这种能力的话，你将有机会做你上级的上级。

有这样一位老师，他只有高中肄业的学历，却在初中的数学教学中取得了显赫的成绩，他所带的学生个个数学顶呱呱，参加数学竞赛均名列前茅，他也赢得了所有人的尊敬。是什么力量使他比那些大专、本科的同事更胜一筹呢？是高度的责任心使然，他凭着自己对工作的热爱，在工作之余勤于钻研、博览群书，不断提高自己的知识内涵和课堂教学艺术，从而赢得了学生对他的拥护和敬爱。

责任能够让一个人具有最佳的精神状态，精力旺盛的投入工作，并将自己的潜能发挥到极致；而只有能力没有责任的人却往往对工作糊涂应付，彰显不了他的实力。

管理一点通

社会在发展，企业管理要求更加精细化，个人的职责范围也越来越明晰。在工作中，只有让负责到底的敬业精神来承担责任，才能最大限度地发挥潜在能力。常常有刚踏入工作的年轻人，不愿为工作牺牲哪怕一丁点儿的私人时间，坚决拒绝加班。这种人的职业前景恐怕不太乐观。工作中要你付出和牺牲的可能很多，包括休息日、包括陪家人的时间，但只有负责任的员工才能任劳任怨地发挥出自己的最大能力，而业绩无疑是他们最好的回报。

有关切之心才会有责任

我们都有这样的体验：对自己关心的事，我们会时刻惦记，用心琢磨。反过来，如果是自己不关心的事，哪怕它天天都在眼皮底下出现，我们还是会视而不见。执行也一样，只有你时刻关心与本职工作有关的事，你才会用心做好。

有一次，一位宝马公司的员工到外地出差，准备到一家宾馆住宿的时候，发现不远的地方停了一辆满是泥土的车。出于职业本能，他多看了几眼这辆车，结果发现那是一款自己公司生产的宝马。

那么有档次的车却脏成这样，别人看了会不会觉得宝马车也不怎么样？如果真那么有档次，车主怎么会那么不爱惜，任由它脏成这样？

想到这一点，他立即走过去，挽起袖子开始擦起来，直到车身光亮如新才停下来。

这时，车主正好回来了，一看车子，差点以为自己看花了眼。得知这位义务帮助自己擦车的小伙子竟然是宝马公司的员工时，他既感动又吃惊，对宝马公司的服务大加赞叹。

或许很多人会想，又不是自己卖出去的车子，为什么要多此一举？再说了，就算是自己卖出去的，公司也没有规定要义务帮别人擦车。

的确，如果不是出于对产品的热爱、对公司形象的关心，这位员工完全没有必要去做这些事情，但正因为有了这份关心，就多了一份责任。既然是宝马公司的一员，那么走到哪里，都要体现出宝马公司员工最高的素质。关心还是不关心，所体现的结果是完全不同的。

在《白求恩传》里，记录了这样一段关于白求恩医生的事迹：

白求恩医生在抗日战争爆发时，来到中国担任救治工作。1938 年 11 月，白求恩领着医疗队到达涞源北面的转岭口，也就是 359 旅旅长王震同志的司令部所在地。因为战争激烈，战士们伤亡惨重。一连几天，伤员络绎不绝地从前线被送往这里救治。

白求恩早早把手术室准备好了，但当第一批 30 多名伤员被抬进来的时候，他刚一检查，马上气得脸都白了。

他立即让人把所有担架员都叫了进来，怒气冲天地冲他们吼道："这些伤员从火线到这儿，已经走了 3 天。自从团部的军医给他们上过药以后，他们中间没有一个人得到任何的照顾。为什么？为什么连一条绷带也没有换过？难道你们以为自己的任务就只是把这些伤员抬下来，把他们当成是行李吗？你们是医务工作人员，不是骡子！"

看到白求恩发这么大的脾气，大家都吓坏了，其中有一个人小声解释说："路上没有休息站，也没有救护队……"

白求恩立即说："这不成为理由！没有休息站，就应该临时凑几个出来。没有绷带，就应该用你们身上的衬衫。"

白求恩随后让通信员把王震同志找来，跟他说了伤员一连三天无人照料的情况，并指出那些本来可以避免的感染，那些没有及时治疗的轻伤以及两名由于用止血器后欠照料而生了坏疽的伤员。

王震也非常重视这个问题。经过商讨之后，决定在前线与后方之间的村子里设立一系列救护站。站上配备卫生工作人员，对向后方运送的伤员进行初步治疗。

这样一来，就大大地降低了伤员的死亡率。

为什么一连三天担架员都没有想到过要照顾一下伤员，只是像运送行李一样把伤员送到救护站？为什么他们没想过伤员会不会疼痛，要不要包扎，会不会感染？因为他们没有真正把自己的心和伤员连起来，没有做到感同身受，自然就没有那份责任感，甚至还会找理由为自己开脱。

而白求恩医生则恰恰相反，他把所有的心思都放在了病人身上，所做的一切都是从对病人的救治有利出发，自然就会有强烈的责任感。

有了这种责任感，就会想尽办法治病救人。就像他说的那样，没有休息站，就临时凑几个出来；没有绷带，可以用自己身上的衬衫。别人做不到这一点，他就通过自己的努力，将前后方之间的救护站建立了起来。

如果每一位领导者在执行工作中，也能像宝马公司的那位员工以及白求恩同志一样，那么就没有什么执行是做不好的。

★ ★

管理一点通

比尔·盖茨曾对他的员工说：“人可以不伟大，但不可以没有责任心。”责任心是一个人品格和能力的承载，是一个人走向成功所必不可少的素养。所有成功的人都有一个共同的品质——有责任感。聪明、才智、学识、机缘等固然是促成一个人成功的必要因素，但缺乏了责任感，他仍是不会成功的。一个人要想在社会上立足，就应当把责任感融入到自己的生活态度中，无论在工作上还是在生活中，都要时刻提醒自己做一个负责任的人。

负责任要找准位置

在生活或工作中，我们有没有关注过自己的位置？有人会问：“位置为何物?”位置，简单地说，就是处于某种环境中时，一个人的角色。比如，少年时代，我们与父母在一起，我们的位置就是做一个好儿女；为人妻、为人父(母)，就要做一位好妻子、好父亲（好母亲）；在工作中，我们更要找好位置、扮好角色、负好责任，做一个优秀的领导，模范的员工。找准位置才能够负起责任。一位员工曾经讲过这样的一个小故事：

有一段时间，公司的业绩差，员工们少有笑语。老总体恤下情，组织了一次郊游。有人带了毽子，大家围成一个圈左右横传，没两三下便有人踢偏，所有人一拥而上，结果撞得人仰马翻，毽子却如失羽的鸟，“啪”地掉进草丛。接二连三，屡试屡败。结果谁都不承认是自己的错。让大家挨个踢了一回，人人都能轻轻松松地踢几十下，甚至上百下的高手也大有人在。有人灵机一动，拖一个人到圆圈中央去，毽子一旦出险，让其立即冲上前救援。这一招果然有效，连续踢的最高纪录上升到了几十下。

兴尽，随着夕阳下山来，路上大家却七嘴八舌地若有所得：所有的圆周都需要圆心，它是一点与另一点的援臂桥，在人所共有的鲁莽、犹豫、偏差间，不单单是衔接，也是随时紧盯，查缺补漏。这个位置，不可或缺。一个同事说：“领导是必需的。”另一个同事说：“但最重要的并不是他的才华和能力，而是……”经理慢吞吞地接口：“他的位置和责任。”众人相视而笑。

这次郊游对公司的震动很大，公司上上下下都明白了一个道理：在工作和生活中，每个人都要找准自己的位置，并承担起这个位置的责任。

许多人找不准自己的位置，自然也就不明白自己的责任，就像踢毽子的运动一样，你越努力，结果越糟糕。从那以后，公司进行了一系列调整，人人都确定了自己的位置，个个都明白了自己的责任。公司的效益直线上升。

在我们的周围，有好多人不知道自己的工作是干什么，更不知道责任是什么。他们从来不去考虑对组织的贡献是什么，也不去考虑自己在整个团队工作中应发挥什么作用，责任在哪里。

找准位置，对自己的工作内容、工作范围和工作性质有了相当的了解，自然就会明白自己在整个位置上的责任是什么，同样明白自己逃避责任的后果是什么。

如果在一个团队中，每个人都有自己的位置，承担起自己的那份责任，责任空缺和工作空白区就会减少。犯了错误，是谁的问题，谁该受到处罚，就会很清楚，就不会有扯皮现象的发生。像这样，工作中具体的责任（整个工作责任中对应自己的位置的那部分）已经被划分得很清楚了，我们没有理由做不好。

★★★★★★★★★★★★★★★★★★★★★★★★★★★★

管理一点通

责任心是金。一个人有了责任心，他的生命就会闪光；一个人有了责任心，就拥有了至高无上的灵魂；一个人有了责任心，在人心中就如同一座高山，不可逾越，不可移动；一个人有了责任心，世界才更精彩、更迷人！

懂得主动地承担责任

A 学校校长把“天下兴亡，匹夫有责”，改成了“天下兴亡，我的责任”。他说，“我们每个学生如果人人都说：学校秩序不好，是我的责任；国家教育办不好，是我的责任；国家不强盛，是我的责任……人人都能主动负责，天下哪有不兴盛的国家？哪有不团结的团体？所以说，每个人都应该把责任拉到自己身上来，而不是推出去。”

在当地的报纸招聘广告上，经常出现这样的字样：“只招 A 校毕业生。”经过这么多年，人们已经知道 A 校培养的学生，都是非常有责任心的。

能够主动把责任拉到自己身上来的人，肯定是受欢迎的。所以，那些在找工作上处处碰壁的人，是不是应该问一问自己：在别人眼里，我是不是一个缺乏责任心的人？

看来，对待责任的态度无非就是这两种：或者是往身上拉，或者是往外推。

把责任往自己身上拉，实际上就是让自己成为一个肩负重任的人。一个人，只要他用一种肩负重任的心态去学习去工作，去与人打交道，他对自己的要求自然就高，他自然就会满腔热情，一丝不苟，精益求精。这自然更容易学有所成、更容易干出成就、更容易受人器重。许多成功的杰出人士，他们就是这样出人头地的。那些喜欢把责任往外推的人，却更容易从平庸走向失败。

员工都要有“企业兴亡，我的责任”这样的责任意识。任何一家公司，显然不可能每件事情都只由规定的人员来做，一旦出现什么变故，每个人都有义务负起责任来。公司的每个员工都要树立“公司兴亡，员工有责”这样的意识，这样的公司才能在日益激烈的市场竞争中立于不败之地。

企业员工不仅要做好本职工作，更应该努力为企业多做一些自己力所能及的事情，只要是有益于公司的，都应该怀揣高度的责任心和使命感去做。因为，有益于企业的事情，必然也是有益于自己的事情。

微软公司之所以能傲视群雄、始终处于领先地位，并不是只靠一个天才的比尔·盖茨外加一个史蒂夫·鲍尔默，微软的成功与每一位职员都拥有强烈的责任心是密不可分的。微软的每一位职员都以“让人人用上最优秀的软件”为自己的职责，并且深信只有微软才能最终肩负起这个使命。更关键的是，他们每个人都懂得，要完成这项庄严的使命，只有人人在各自的工作岗位上恪尽职守、高度负责，微软才能不断向世人推出优秀的软件。

人们常把企业比作一个家，这个家是由众多成员共同组成，每天都在发生着上千上万个意料之中或意料之外的事情，如果我们每个人每天都能主动发现并去完成一件小事，每个人每天都能主动承担或帮助他人解决一个小小的问题，企业的发展就不是一句空话。

汤姆是一家钢铁公司主管过磅称重的小职员，他到这家钢铁公司工作还没有一个月，偶然发现有些矿石中还残留着许多没有被冶炼好的铁。于是，他找到了负责这项工作的工人，跟他说明了问题，但是这位工人说：“如果技术有了问题，工程师一定会告诉我，现在还没有哪一位工程师跟我说明这个问题，说明现在没有问题。”

汤姆于是又找到了负责技术的工程师，对工程师讲述了他看到的问题。工程师自信满满地说我们的技术是世界一流的，怎么可能会有这样的问题。工程师并没有把汤姆所说的现象看成一个很大的问题，还暗自以为：一个刚刚毕业的大学生，能懂得多少，不会是因为想博得别人的认同而表现自己吧？

汤姆认为这是个很严重的问题，于是拿着没有冶炼好的矿石找到了公司负责技术的总工程师，他说：“先生，我觉得这是一块没有冶炼好的矿石，你认为呢？”总工程师说：“年轻人，你说的没错。哪里来的矿石？”汤姆赶忙说：

“我们公司的。”“怎么会，我们公司的技术是一流的，怎么可能会有这样的问题?”总工程师大吃一惊。“工程师也这么说，但事实确实如此。”汤姆坚持道。“看来是出问题了。怎么没有人向我反映?”总工程师有些恼怒了。总工程师召集负责技术的工程师来到车间查看，果然发现了一些冶炼并不充分的矿石。经过检查最终发现，原来是监测机器的零部件出现了故障，才导致了冶炼不充分。

发生了这件事情以后，公司不但奖励了汤姆，而且还提拔汤姆为负责技术监督的工程师。总经理感慨地说:“我们公司并不缺少工程师，但缺少的是负责任的工程师，这么多工程师就没有一个人发现问题，并且有人提出了问题，他们还自以为是。对于一个企业而言，人才固然重要，但认真负责的人才更重要。”

汤姆能获得工作之后的第一步成功，就是来自于他具有高度负责的精神，处处为公司的利益着想。“企业兴亡，员工有责”。只要是有益于公司的事情，员工都应该全力以赴地去做。

如果企业每个员工都有“企业兴亡，我的责任”这样的思想境界，把企业当作自己的家一样看待，那么企业就会健康成长，员工当然就能得到企业的呵护，和企业一同成长。

管理一点通

责任心体现在三个阶段：一是做事情之前，二是做事情的过程中，三是事情做完后出了问题。第一阶段，做事之前要想到后果。第二阶段，做事过程中尽量控制事情向好的方向发展，防止坏的结果出现。第三阶段，出了问题敢于承担责任。勇于承担责任和积极承担责任不仅是一个人的勇气问题，而且也标志着一个人的内心是否自信，是否光明磊落，是否恐惧未来。

让员工富有使命感

使命感不论对于企业还是个人来说，都是十分重要的。企业的使命感是企业活力的加压泵；员工的使命感是员工行为的驱动力。赋予员工使命感，就能使个体产生出一种情绪高昂、奋发进取的力量和激情。这样，员工就时时受到鼓舞，处处感到满意，从而就会有极大的荣誉感和责任心，并自觉地为获得新的、更大的成功而瞄准下一个目标。

员工竭尽全力做好每一件事，是一个企业成功的基础。所以，成功的企业家总是能够通过赋予员工使命感，把员工身上的各种潜质统统激发出来，并让全体员工协同起来，为企业而战斗。

从心理学的角度来说，每个人都有自尊心和自信心，其潜在心理都希望自己被人们认为是重要的人物，这种潜在心理就是自我优越的欲望。有了这种欲望，人就会主动行动，也就是说这种欲望是构成行动的基本驱动力。

所以，如果管理者能够让员工感到自己的工作非常有意义，且自己在这项工作中担任着某一角色，他们就会认为自己是在做一件很伟大的事情，对完成工作产生一种“神圣”感，那么，他们就会义无反顾、勇往直前地应付执行中所要面对的各种挑战。

杰克·韦尔奇认为，改变人们的行为方式和工作方式，最重要的就是给员工灌输使命感。为此，他在通用电气提出了“软性价值”一说。他说:“我希望通用电气的表现可以超越国民生产总值的成长，但是我不希望设定出一个数字化的目标，而是通过类似使命感的灌输来挖掘出全体员工的聪明才智，达到我们的目标。使命感的灌输将所有的积极因素完全地融合在一起，进而让公司能够提供出有价值的商品与服务。”为了实现他提出的软性价值，韦尔奇充分地发挥通用设在纽约克罗顿维尔市的学习中心。韦尔奇明白，只建立一个企业哲学是不够的，重要的是要将企业的使命感传达至每一个通用员工，或者说至少绝大多数的通用人，都能尽快地搭上这艘“使命之船”。

韦尔奇认为，拥有使命感的员工会使通用变得百折不挠、更具弹性，并且更为敏捷。正是在这种使命感的驱动下，1998 年通用电气除了创造出 1000 亿美元的收入外，还打破了通用电气志愿者每年向青年提供 100 万小时服务的纪录。通用电气在全国范围内的自愿服务行动无疑为公司带来了巨大的荣誉——1999 年连续第二年被《财富》杂志评为全美最受人尊敬的公司。

韦尔奇说:“在通用电气的近 40 年中，我从未见过哪一个全公司范围的运动在向一个宏伟目标努力时会行动如此自愿与迅速。”

通用电气的成功，从一定意义上说，很大程度取决于其企业文化的成功，韦尔奇在通用掀起的一场文化革命，改变了人们的行为方式和工作方式，并因此激发出了员工真正的热情和忠诚度。

既然赋予员工使命感是如此重要，那么，应该如何才能做到这一点呢？那就是，为员工寻找到工作的意义。

管理大师查尔斯·汉迪说:“现在许多公司担心公司外的生活对那些自由独立的人来说，正在变得更具吸引力，使得公司可能失去他们最好、最有创造力的员工。因此，现在公司面临的挑战是，既要满足员工寻找富有意义的工作需求，又要在竞争中生存，还要赚取利润——这三者缺一不可。”

要使员工认为工作富有意义，就必须使员工对工作产生一种自豪感，对企业的前途充满信心。这需要管理者为员工描绘出企业的美好前景，用充满自信且热情洋溢的话语，向员工描述企业的广阔发展空间，并强调企业的发展同员工个人的发展息息相关，最大限度地调动员工的积极性，这样，员工才会主动地把个人的事业和企业的前途紧密地连在一起。所以有人说“选择了一个企业，就是选择了一种生活”。

企业要利用人才，就要为人才提供能够满足他们价值观的工作岗位以及发展空间。可以说，赋予员工具有意义的工作，让他们带着高尚的使命感投入到工作中去，是调动员工积极性的一种重要手段，也是企业提高执行力的有效途径。

★★★★★★★★★★★★★★★★★★★★★★★★★★★★

管理一点通

使命感是决定团队行为取向和行为能力的关键因素，是一切行为的出发点。具有强烈使命感的同仁不会被动地等待着工作任务的来临，而是积极主动地寻找目标；不是被动地适应工作的要求，而是积极主动地去研究，变革所处的环境，并且会尽力做出有益的贡献，积累成功的力量。所以，作为一个领导者，一定要激发全员为使命感而工作，而不是为了老板，为了企业，也不是单纯为了一份薪水而工作。

“我要做”而不是“要我做”

优秀的员工永远不会把“要我做”当作工作的前提，而是中意于“我要做”的那类人，并乐意为其效劳。无论面对的工作多么索然寡味、繁琐冗赘，“我要做”的主动精神都会创造出非凡的业绩。

很久以前，有一个严厉的主人要到外国去，临行前他将仆人们叫到面前，给了他们每人一笔银子，一个给了 5000 塔拉（古犹太银币单位），一个给了 2000 塔拉，一个给了 1000 塔拉，随后主人便出国去了。

那个领 5000 塔拉的仆人，把这笔钱拿去做买卖，另外赚了 5000 塔拉。那个领 2000 塔拉的也照样赚了 2000 塔拉。但那个领了 1000 塔拉的仆人却在地上挖了个洞，把钱藏了起来。

后来，主人回来了，那个领了 5000 塔拉的仆人带着赚来的 5000 塔拉说：“主人，您交给我 5000 塔拉，您看，我又赚了 5000 塔拉。”主人很高兴，让他一同坐下享乐。

那个拿 2000 塔拉的仆人也同样献上赚来的钱，获得了主人的赞许。

最后那个仆人上前说：“主人啊，我知道您是很严厉的人，我就害怕把钱弄丢，于是把您交给我的 1000 塔拉埋藏起来，请看，您原来的银子还在这里，分毫不少。”

主人道：“你这又笨又懒的仆人，既然知道我是严厉的人，至少应当把我的银币放到银行里，等到我回来时，可以连本带利收回来，怎可将银币埋藏起来？”

主人大怒之余，吩咐左右夺过他手中的 1000 塔拉，交给了那个有 1 万塔拉的仆人，同时道：“凡有的，还要加给他，叫他有余；没有的，连他所有的也要夺过来。”

这个故事说的是“马太效应”，它具有非常大的现实意义，优秀员工就是那“有余”的人。因为他们比碌碌无为者拥有“有余”的智慧、能力和机遇。更为重要的他们之所以拥有这种“有余”，是因为他们能在没有“主人”命令的情况下，主动把 5000 塔拉变成 1 万塔拉，积极履行职责，从而逐渐拉开了与平庸者的距离。

所谓积极履行职责，就是不用别人告诉你，你都可以很好地完成工作，这也是优秀员工之所以优秀，之所以绩效高的最根本原因。

比尔在一家商店上班时，一直自我感觉良好。因为他总能保质保量地做完老板交代的任务。一天，老板让比尔把顾客的购物款记录下来，比尔快速完成，然后便与别的同事闲聊。这时老板走了过来，什么也没说，开始整理那批已经订出的货物，又把柜台和购物车清理干净。

这件事深深地震动了比尔，他忽然发现自己一直以来是多么的愚不可及，他懂得一个人不仅要做好本职工作，还应该主动地再多做一些，即使老板没要求你这么做也没有关系。这一观念的改变，使比尔更加努力地工作，他学到了更多的东西，工作能力突飞猛进，最终成了公司的副总。

要想成为一名优秀的员工，需要积极主动履行自己的职责，并把这种品质逐渐培养成自己的思维方式和行为习惯，时时处处表现出自己的主动性，使自己变得卓越，在工作中变得不可替代。

"积极主动"要落实到行动上，主要体现在以下几个方面：

1. 主动熟悉公司的一切

熟悉公司的一切是做好工作的基本前提，它包括公司企业文化、组织结构、运作模式经营方针、工作作风……主动使自己了解所在的公司，以使自己在今后的工作过程中得心应手，如虎添翼。

2. 不等待命令

优秀员工最为明显的特点就是积极主动履行自己的职责，这也是他们与平庸员工的本质区别。

3. 工作时要主动找事做

工作中别让自己闲下来，主动找点事做，你就能更加完善自己，在工作中提高自己的工作能力。在任何闲暇的时候积极主动地承担责任，你就能争取到更多的机会，不断提高自己、完善自己。

4. 主动做分外的事

许多著名的企业一致认为，一个优秀的员工所表现出来的主动性，不仅仅是能坚持自己的想法或观念，并主动完成它，还突出表现为主动承担自己工作以外的责任。

★★★★★★★★★★★★★★★★★★★★★★★★★★★★★

管理一点通

执行力是现代企业注重强调的一种员工素质，责任决定执行，一个勇于承担责任的员工，其执行力一定很强。布置任务，先要落实责任，因为责任不清则无人负责，无人负责则无人落实，落实责任是抓好工作落实的重要保证。无论自己职务大小、身份差别，都应当把自己当作“第一责任人”，是谁应该承担的责任，不推诿，不扯皮，体现出一种责任至高无上的精神。保证一级对一级负责、人人对工作负责，同时要增强工作执行力，使得工作完成不走样、不偏差。

积极地为问题寻找方法

哪一种员工在老总的心中最有分量呢？在职场中，哪一种员工最能脱颖而出呢？回答无一例外：就是积极找方法解决问题和困难的员工。为什么人们如此认可主动找方法的员工呢？因为，只有积极地找方法，才能最好地出效益；只有积极找方法的人，才能弥补领导的不足，成为老总们的左膀右臂。

有位老总讲述了自己的故事：

几年前，他在一家建筑材料公司当业务员。当时公司最大的问题是如何讨账。产品不错，销路也不错，但产品销出去后，总是无法及时收到款。

有一位客户，买了公司十万元产品，但总是以各种理由迟迟不肯付款，公司派了三批人去讨账，都没能拿到货款。当时他刚到公司上班不久，就和另外一位姓张的员工一起，被派去讨账。他们软磨硬磨，想尽了办法。最后，客户终于同意给钱，叫他们过两天来拿。

两天后他们赶去，对方给了一张十万元的现金支票。

他们高高兴兴地拿着支票到银行取钱，结果却被告知，账上只有九万九千九百元。很明显，对方又要了个花招，他们给的是一张无法兑现的支票。第二天就春节了，如果不及时拿到钱，不知又要拖延多久。

遇到这种情况，一般人可能一筹莫展了。但是他突然灵机一动，于是拿出一百元钱，让同去的小张存到客户公司的账户里去。这一来，账户里就有了十万元。他立即将支票兑了现。

当他带着这十万元回到公司时，董事长对他大加赞赏。之后，他在公司不断发展，五年之后当上了公司的副总经理，后来又当上了总经理。

与此相反，另外一个老总的故事，可以让我们对员工素质的问题，从另一个角度进行深刻的思考。

这位老总曾经正式招聘过一位员工，但没想到，还不到半个月时间，他就不得不把她辞退了。那位员工是一位刚毕业的女大学生，学识不错，形象也很好，但有一个明显的毛病：做事不认真，遇到问题总是找借口搪塞。

刚开始上班时大家对她印象还不错。但没过几天，她就开始迟到，办公室领导几次向她提出，她总是找这样或那样的借口来解释。

一天，领导安排她到北京大学送材料，要跑三个地方，结果她仅仅跑了一个就回来了。领导问她怎么回事，她解释说："北大好大啊，我在传达室问了几次，才问到一个地方。"

老总生气了："这三个单位都是北大著名的单位，你跑了一下午，怎么会只找到这一个单位呢？"

她急着辩解："我真的去找了，不信你去问传达室的人！"

老总心里更有气了：我去问传达室干什么？你自己没有找到单位，还叫老总去核实，这是什么话？

其他员工也好心地帮她出主意：你可以找北大的总机问问三个单位的电话，然后分别联系，问好具体怎么走再去；

你不是找到了其中的一个单位吗？你可以向他们询问其他两家怎么走；

你还可以在进去之后，问老师和学生……

谁知她一点也不理会同事的好心，反而气鼓鼓地说："反正我已经尽力了……"

就在这一瞬间，老总下了辞退她的决心：既然这已经是你尽力之后达到的水平，想必你也不会有更高的水平了。那么只好请你离开公司了！

像她这样遇到问题不是想办法解决而是找借口推诿的人，在职场中并不少见。而他们的命运也显而易见。前面的那位员工，哪怕遇到再棘手的问题，首先想到的绝不是退缩，而是想办法解决。与此相反，那位年轻的女大学生，尽管面临的问题很简单，但仍然找借口不去做，找理由为自己辩护。

找借口的人，是不会主动想办法解决问题的，哪怕有现成的办法摆在他面前，他也难以接受，这就是一流员工与末流员工的根本区别。

主动找方法的人永远是职场的明星，他们在单位创造着主要的效益，是今日单位最器重的员工，是明日单位的领导乃至领袖。

"只为成功找方法，不为失败找借口！"这是一流员工关于一流的宣言，有精神，有心态，有执著。是的，找理由为自己的失败辩解只会加倍失败，只有去找方法才会有成功。那么我们为何不选择找方法呢？

管理一点通

"没有问题"才是最大的问题，问题其实真的并不可怕，重要的是面对问题的态度。一流的人找方法，末流的人找借口。一件事你不做你就不会知道能不能做。你不去拜访客户怎么会知道客户其实也特别想与你合作呢？你害怕过竞争对手吗？那么你是否知道竞争对手也非常害怕你呢？只要精神不滑坡，方法总比问题多。只要以积极的态度对待每一件事，认真地找方法把每一件事情解决好，你会因为在困难面前永不退缩、努力寻找解决方法而脱颖而出。

不找借口拒绝敷衍

在每一个借口的背后，都隐藏着丰富的潜台词，只是我们不好意思说出来，甚至我们根本就不愿说出来。借口让我们暂时逃避了困难和责任，获得了些许心理的慰藉。但是，借口的代价却无比高昂，它给我们带来的危害一点也不比其他任何恶习少。

在某大型机构一座雄伟的建筑物上，有句感人至深的格言。那句格言是:“在此，一切都追求尽善尽美。”“追求尽善尽美”值得我们每个人做一生的格言。如果每个人都能采用这一格言，实行这一格言，决心无论做任何事情，都要竭尽全力，以求得尽善尽美的结果，那么人类的福利不知要增进多少。

人类的历史，充满着由于疏忽、畏难、敷衍、偷懒、轻率而造成的可怕惨剧。200 年前，在宾夕法尼亚的奥斯汀镇，因为在筑堤工程中，没有照着设计去筑石基，结果堤岸溃决，全镇都被淹没，使无数人死于非命。像这种因工作疏忽而引起悲剧的事实，在我们这片辽阔的土地上，随时都有可能发生。无论什么地方，都有人犯疏忽、敷衍、偷懒的错误。如果每个人都凭着良心做事，并且不怕困难、不半途而废，那么不但可以减少不少人为的惨祸，而且可使每个人都具有高尚的人格。

养成了敷衍了事的恶习后，做起事来往往就会不诚实。这样，人们最终必定会轻视他的工作，从而轻视他的人品。粗劣的工作，不但使工作的效能降低，而且还会使人丧失做事的才能。所以，粗陋的工作，实在是摧毁理想、堕落生活、阻碍前进的大敌。

要实现成功的唯一方法，就是在做事的时候，要抱着非做成不可的决心，要抱着追求尽善尽美的态度。而那些为人类创立新理想、新标准，扛着进步的大旗、为人类创造幸福的人，就是具有这样素质的人。

有人曾经说过：“轻率与疏忽所造成的祸患不相上下。”有许多人之所以失败，就是败在做事轻率这一点上。这些人对于自己所做的工作从来不会做到尽善尽美。

大部分青年，好像不知道职位的晋升是建立在忠实履行日常工作职责的基础上的，也不知道只有做好目前所做的职业，才能使他们渐渐地获得价值的提升。

有许多人在寻找发挥自己本领的机会。他们常这样问自己：“做这种乏味平凡的工作，有什么希望呢?”可是，就是在极其平凡的职业中、极其低微的位置上，往往藏着极大的机会。只有把自己的工作，做得比别人更完美、更迅速、更正确、更专注，调动自己全部的智力，从旧事中找出新方法来，这样才能引起别人的注意，才能使自己有发挥本领的机会，从而满足心中的愿望。所以，不论月薪是多么微薄，都不该轻视和鄙弃自己目前的工作。

在做完一件工作以后，应该这样说：“我愿意做那份工作，我已竭尽全力、尽我所能来做那份工作，我更愿意听取人家对我工作的批评。”

成就最好的工作，需要经过充分的准备，并付出最大的努力。

英国的著名小说家狄更斯，在没有完全预备好要选读的材料之前，决不轻易在听众的面前诵读。他的规矩是每日把准备好的材料读一遍，直到6个月以后才读给公众听。

法国著名小说家巴尔扎克有时因为写一页小说，会花上一个星期的时间去体验生活和思考，而一些现代的写作者，还在那里惊讶巴尔扎克的声誉是从哪里来的。

许多人做了一些粗劣的工作，借口是时间不够，其实按照各人日常的生活，都有着充分的时间，都可以做出最好的工作。如果养成了做事务求完美、善始善终的习惯，人的一辈子必会感到无穷的满足。而这一点正是成功者和失败者的分水岭。成功者无论做什么，都力求达到最佳境地，丝毫不会放松；成功者无论做什么职业，都不会轻率疏忽。

★★★★★★★★★★★★★★★★★★★★★★★★★★★★★

管理一点通

提高工作执行力，有两个重要条件，一个是工作能力，一个是工作责任心。两者孰轻孰重？答案是：责任胜于能力！

工作干得好坏，责任心起决定作用。现实中，“B级人才办成A级事情”,“A级人才办不成B级事情”，这样的事例比比皆是。原因何在？责任心使然！作家爱默生说：“责任具有至高无上的价值，它是一种伟大的品格，在所有价值中它处于最高的位置。”

学会把公司的利益放在首位

西方人是这样调侃企业的兴衰的：企业就像一棵树，树上攀满了猴子，每层的枝丫上都有，还有更多的正往上爬。如有果子，总是顶层的猴子先吃。当树上的果子快吃没时，上面的猴子就会用枝条打下面的猴子，以便赶走一些。在挥打中，猴子们纷纷往下一层掉，你挤我，我压他，一片混乱。树木的枝条弄断不少，树干也几乎被折断，最后大都纷纷掉在地上。至于它们的赔偿，就是摇落在树下的一些果子。猴子掉下去后，树的负担轻了，生活又开始恢复正常。

这个故事写尽了企业中的世态炎凉。显然，故事中的这些“猴子”无论是

“上面的”，还是“下面的”，都各怀私心，都只想让自己吃到果子，而没有考虑怎样使树多长果子。这样的“猴子”，理所当然要掉到“树”下去，被“树”抛弃。

那些只想自己吃到果子，不能与公司同舟共济的员工，心中普遍存在两个错误认识：一是认为个人利益与企业利益是对立的；二是认为个人前途与组织前途没有关系。事实上，个人利益与企业利益是统一的。在一个企业里，利益分配是这样的：一部分以税收形式上缴国家，一部分以公益支出形式给了社会，一部分以分红的形式给了股东，一部分以薪金福利等形式给了员工，一部分留在企业里作为企业下一步发展所需的公积金。

个人利益与企业利益之间难免存在着你多我少，或者你少我多的选择，从某一个时间点上看，个人利益和企业利益是冲突的。但从一个较长的时期来看，个人利益与企业利益绝对是统一的。这是为什么呢？你看看那些效益好的企业，员工的收入不是很高吗？反之，那些效益差的企业，员工的收入不是很微薄吗？不要太计较一时的你多我少。如果每一个员工都把目光放长远一点，今天少索取一点，让企业发展更快，明天获取的就不会是这一点了，而是许多倍。

员工一定要明白一个道理：公司的利益永远是第一位的，在工作中绝对来不得半点得过且过和任何偷奸耍滑的行为。

“公司兴我荣，公司衰我耻”，公司发展了，员工才能获得施展才华的土壤，才能有用武之地，才会获得发展的机遇。

员工要把公司的利益放在首位，我们要牢固树立“把公司当成自己的家，把公司的事当成自己的事来办”的工作思想，全身心地为公司奉献自己的忠诚。忠诚于公司，忠诚于事业，忠诚于自己的岗位。

公司不能没有员工，员工也离不开公司，公司与员工，二者是利益的共同体。我们要以主人翁的积极心态去做事，事事尽心尽责，倾力而为。这样做，无论是对公司的发展，还是对个人的成长，都是大有裨益的。

不管从事什么职业，处在什么岗位，作为公司的一员，都应该以主人翁的精神对待自己的工作，任何一位员工，只要把公司当成自己的家，把自己当成这个家的主人，才会付出十二分的努力。只有把自己当成公司的主人，才能够主动维护公司利益，才能够顾全大局。

一个没有主人翁精神的员工不会成为一个好员工。不管你到哪里工作，都不要把自己当成员工，而应该把公司看作是自己的公司。作为公司的一员，把自己当成公司的主人是做好一切工作的前提。

“这不是我分内的事”，有些员工以此来逃避责任，当额外的工作分配到他头上时，当顾客、同事或上司交给他某个难题时，他通常采取推诿的态度，能不干的尽量不干。这种员工缺乏主人翁精神，这种“事不关己，高高挂起”的心态，对自己未来的事业发展是极其有害的。

一家大型餐饮机构招聘厨房行政总监，应聘的地点是公司的厨房。面试当天，一下子来了200多人，厨房里挤满了准备要面试的人。面试进行了整整一个下午，从头到尾，厨房的洗碗间有一个水龙头一直在“哗哗”地流水，但却没有一个人去主动关一下。

最后，公司宣布，这次前来面试的人没有一个人合格，所以一个也没有录取。事后，这家餐饮机构的负责人说：我们只是希望找到一个对后厨工作认真负责的人，可令人遗憾的是，这样的人太少了。

对很多人来说，公司不是自己的，就没有必要做得很详细、很彻底。他们如果把工作当作自己家的事来做，绝不投机取巧。只有为自己家工作他们才会做到思考周全，全心全意。但凡是公司的事，他们认为只要过得去就可以了。这是一种缺乏责任心的表现。

有人说“我怎么把公司当作家啊？公司的大事小事又不是我说了算”，这样说的人，就没有把公司当成自己的家，没有“公司属于自己”的心态。

缺乏主人翁意识的员工就不是好员工。真正把公司当作自己家的人会认真地工作，并把工作的每一个细节都做到位。

每一个老板，他掌握的是公司大的方向，不可能去关注每一个工作细节。

但员工是直接执行任务的人，他们知道怎样高效地工作。他们有时间、有条件也最容易看清如何改进工作，如何在工作流程中节省费用。

有责任让公司的产品更好，有责任让公司更成熟、更完善。当你以一个主人翁的心态去做事情的时候，你知道什么是自己应该做的，什么是自己不应该做的。

任何一名员工，只要愿意为公司的利益着想，对自己的所作所为负起责任，就能持续不断地寻找解决问题的方法，把工作做得更好、更到位。

高报酬的薪水意味着更高的责任，想要在工作上有一番成就，就必须扩大自己对公司的贡献。不要只想着从公司获取什么，要想想还能为公司做什么。

成就和梦想掌握在自己的手中，就看你如何去把握。公司就是员工的第二个“家”，每一个员工都把公司里的事当成自己家里的事一样去重视，那么这个公司将无人可敌，而员工自己也必将在公司的不断发展中得到机遇，实现自己的梦想。

管理一点通

对于企业来说，无论是普通员工还是中高层的管理者，如果都只为自己的利益着想而不考虑公司的利益，那么企业将很难在市场竞争中立足，更谈不上发展壮大了。因此，应该有“公司利益高于一切”的意识，无论在什么情况下，都把维护公司利益当作自己的首要任务。

公司才是你的船

一对父女在马戏团表演，父亲要把一根很长的竹竿放到前额上，女儿则要爬到竿顶。他们做这个表演时，人们就会给他们一些钱。一天，父亲对女儿说:“亲爱的女儿，我们必须照顾好对方。你必须照顾好爸爸，我也要照顾好你。这样我们就安全了。我们的表演太危险了。”因为如果女儿摔下来，摔断了腿，他们就没有饭吃，无以为生了。

但聪明的女儿却这样说道:“爸爸，你应该这样说，我们每个人都要照顾好自己，只有这样我们才能维持生计。因为在表演中你应该照顾好你自己，你也只管照顾好你自己就行了。你站得稳稳的，随时保持警惕，你这就算帮了我的大忙。爬竿时我也会照顾好我自己，这样我们才能继续维持生计。”

一个企业的成功，完全依赖于公司所有员工的成功。每个人的成功，都会为整个公司增添业绩；每个人的失败，也会为企业最终的失败埋下伏笔。我对你负责任，你对我负责任。我做错了任何事情，你会遭殃；你做错了任何事情，我也会遭殃。

在这样一个充满竞争的现代社会里，谋求个人利益和自我价值是天经地义的。但是在一个公司里，对老板而言，公司的生存和发展需要职员的敬业和服从；而员工需要的则是丰厚的物质报酬和精神上的成就感。从表面上看，彼此之间存在着对立性，但是在更高的层面，两者又是和谐统一的。

公司需要有忠诚和有能力的员工，业务才能进行；员工必须依赖公司的业务平台才能发挥自己的聪明才智。公司和员工的关系就像前面提到的那对父女的关系一样，只有先照顾好自己，才能照顾好别人，才能谋得共同发展。

出海打鱼的人都有这样的经验，船经常会被困在波涛汹涌的大海中或狂暴的风浪中，人们如果惊慌失措，到处乱跑，船很快就会沉没。但是，如果甲板上每个人都能保持冷静、清醒，知道自己该做什么、不该做什么，各自坚守自己的岗位，船就有可能脱离危险。如此一来，每个人不但拯救了自己，也拯救了他人。

在经济大潮中，一个公司就像大海中的一只小船一样，经受着经济波涛的洗礼。员工和老板都是这只船上的乘客，一荣俱荣，一损俱损。

只要你还在船上，就应当抛开任何借口，投入自己十二分的忠诚和责任心，将身心彻底融入公司，尽职尽责，处处为公司着想，对投资人承担风险的勇气报以钦佩，对管理者承受的压力表示理解，那么任何一个老板都会视你为公司的栋梁。

一个将公司视为己有并尽职尽责完成各自工作的人，他会得到工作给他的最高奖赏。这样的奖赏可能不是今天、下周甚至明年就会兑现，但他一定会得到奖赏，只不过表现的方式不同而已。当你养成习惯，将公司的资产视为自己的资产一样爱护时，你的老板和同事都会看在眼里，这样的员工在任何一家公司都是受欢迎的。

不要感慨自己的付出与受到的肯定和获得的报酬不成比例，不要老是觉得自己得不到理想的工资，不能获得上司的赏识。这样的情绪是产生逃避责任思想的温床。记得提醒自己：你和公司在同一只船上，船能否脱离危险，取决于每个乘客的表现。

管理一点通

每个在船上的人都要肩负起自己的责任，而这个责任是关系公司这艘船是否航行下去的关键，从船长到普通的水手，一个命令的下发、一个措施的施行、一个任务的执行程度都关系到船能否在大海上继续拼搏，也关系到每个人在大海上的命运。责任二字，重若泰山，推卸二字却轻于鸿毛，责任难当、推卸好做，而我们要做的是稳稳地踏在公司这艘船的甲板上，手握着船舵，扬起公司的信念之帆，坚定不移地负担起自己的责任，让大海上的狂风暴雨变成推动船前行的动力，让公司、让我们的船载着我们驶向光明。

让员工真心地认同企业

企业要想获得成功，就必须通过对员工的内在精神的控制来激发其对工作的热情，这才是执行力得以发挥的根本之源。通过实践不难发现，任何的控制手段对于员工来说都只是一种外在控制，效果难以维持，对于执行力的提升作用甚小。而当员工的内在精神被某种东西激发之后，他们就会自觉主动地投入到工作之中，为企业的目标发挥着自己的能力。

那些具备优质执行力的企业管理者，都深谙此道。所以，他们从不对员工强加管制，而是从改善员工精神状态入手来对其加以导引，通过对员工灌输信念，来提高员工的执行力，进而使得企业不断发展壮大。

有这样一则寓言：耶稣带着他的门徒彼得远行，途中发现一块破烂的马蹄铁，耶稣希望彼得捡起来，不料彼得懒得弯腰，假装没听见。耶稣自己弯腰捡起马蹄铁，用它在铁匠那儿换来 3 枚硬币，并用这些钱买了十几颗樱桃。出了城，两人继续前进，经过茫茫荒野，耶稣猜到彼得渴得厉害，就让藏在袖子里的樱桃悄悄地掉出一颗，彼得一见，赶紧捡起来吃。耶稣边走边丢，彼得也就狼狈地弯了十七八次腰。于是耶稣笑着对他说：“要是按我想的做，你最开始弯一次腰，我也就不用一次又一次重复地扔樱桃，你也就不会在后来没完没了地弯腰。”

将寓言中的含义套用到企业执行中，我们就可以发现这样一种问题：在企业中，管理者所想的和员工所想的，往往不能得到有效统一。这无疑是一种执行力的缺失，它导致管理者的工作变成了一纸空文或一场空谈。

企业要想提升执行力，就必须使员工服从管理者的领导，而想要员工服从管理者的领导，员工就必须认同企业的价值观。只有当员工能够认同企业的价值观后，员工才会全身心地为企业效力，企业的整体执行力才能获得提高。一个公司的成功，执行力起着至关重要的作用。而要想获得这种执行力，就必须向员工灌输一种能够达成共识的企业信仰，从中员工们便可以看到自身价值的存在。

企业文化不是用来标榜企业的美丽外衣，它是企业里每一个人心目中的价值观念和行为准则，是工作生活的自然习惯，它需要企业中每个员工的参与和认同。如果每一个员工都能融入企业文化中，企业的人性化管理就实现了。

企业领导者或管理者有必要向员工灌输本企业的企业文化，并使员工从心底认同企业文化。领导者若能创造出一种良好的企业文化氛围，就能凝聚起员工的人心和力量，员工就会与企业融为一体。

如今，越来越多的企业逐渐认识到无形的企业文化比有形的机器设备对企业发展更有影响力，因为最先进的管理是用“文化”来管理的。所以，只有当员工和企业的价值观保持一致并完全融为一体的时候，员工的潜能才能充分发挥出来，才能创造出奇迹。

1. 培养员工的认同感

一般来说，成功的企业都有自己独具特色的文化，并且非常注重培养员工的认同感，能够让员工尽快融入企业文化之中。

IBM 公司创始人老托马斯·沃森早在 1914 年创办 IBM 公司时，就设立了“行为准则”：他希望他的公司财源滚滚，同时也希望能借此反映出他个人的价值观，于是，他把这些价值观标准写出来，让所有为IBM公司工作的人都明白公司的文化："必须尊重个人""必须尽可能给予顾客最好的服务""必须追求优异的工作表现"……IBM公司的每位员工都将这些准则牢记在心。

后来的事实也证实了"沃森哲学"对IBM公司贡献出的力量，比技术革新、市场销售技巧以及庞大的财力所贡献的力量更大。无疑，IBM公司的企业文化是成功的。

企业文化不能只是一条标语，它应该真正渗透到每一个员工的内心深处。

微软公司要求员工通过熟悉公司来了解企业文化。对此，总裁比尔·盖茨说："熟悉本公司是每个员工的必修课，因为只有熟悉本公司的情况，才有可能把公司情况介绍给你的客户，反之，必会引起客户的怀疑。"可见，微软公司对员工融入企业文化的要求是非常严格的。

管理者必须让员工"亲身体验"到企业的文化，让员工感觉到文化就在自己身边，跟自己的工作息息相关。

2. 企业文化要让员工处处感受得到

员工接触公司的第一天，就在感受公司的文化了。诸如面试时有没有人热情接待，考官的态度如何，进入公司后主管和同事是否真心帮助他，是否让他感觉到公司的温馨，这些都还是初步和浅层次的文化融合。当他在公司工作了一段时间，开始熟悉业务后，就会深刻体会到公司的流程、制度、规范、考核、激励机制等，这些是企业文化的深层次表现形式，会使他逐步形成自己对文化的理解。

3. 企业文化能影响员工的行为规范

思考并不能使我们养成一种新的行为方式，而实践却可以帮我们形成一种习惯。通过积极的沟通和培训可以使员工改变观念，按照企业文化的要求行动起来。

★★★★★★★★★★★★★★★★★★★★★★★★★★★

管理一点通

现代企业管理中，越来越多的人认识到了企业文化的重要性。如果管理者能够真正让员工从心底认同企业文化，那么员工就会与企业融为一体，从而为企业的发展做出自己的贡献。企业管理者一定要向员工灌输企业文化理念，并使员工从心底里认同企业文化。只有如此，企业的执行力才能得到真实有效的提高。

工作使人生价值最大化

美国心理学家马斯洛认为人的需要有五个层次，即生理需要、安全需要、爱的需要、尊重的需要、自我实现的需要。对于现代人来说，仅仅满足前几个需要是不够的，谁都希望通过工作，最大限度地满足生命的需求。因此，工作的本质不在于做多少事，得到多少回报，而是使人生价值最大化，最大限度满足自我实现的需要。

人的一生大部分时间都是在工作中度过的，正是工作创造出最大的人生价值。一个真正期望人生有价值的人，必定会用对待生命的态度对待工作。你如何对待工作，意味着你如何对待人生。所以，给工作“打折”，就是给人生“打折”；给工作“贬值”，就是给人生“贬值”。

小A是一个博士，到美国工作一直是他的梦想。但是，当他满怀豪情与梦想踏上异国的土地时，却被残酷的现实浇了个透心凉：找个像样的工作实在太难了。在万般无奈之下，他找了一份仓库保管员的工作。仓库在地下室，又黑又暗，终日不见人影。

小A觉得这样的工作与生活毫无意义，整天都在琢磨如何快点离开这个“该死的地方”。他经常质问自己：“难道我堂堂一个名牌大学的博士，读那么多书就是为了守仓库吗？干着这样的工作，对我来说有什么意义？”

在一次次反思之后，他想通了：“谁说博士就不能守仓库？谁说守仓库就没有发展？就算是守仓库，我也照样可以守出博士的水平来！”

心态一变化，工作状态立即就变了。他一改往日的无精打采，每天都热情饱满地去上班。在做好本职工作的同时，他开始运用自己所学的专业知识，研究起公司的经营战略来。其实，仓库是一个企业非常重要的窗口。哪些产品卖得好，哪些产品周转慢，都可以从库存上体现出来。这样，研究库存就成为了小 A 的重要工作。

小 A 每天都用心记录产品的进货、出货情况，据此分析公司哪些经营战略是对的，哪些地方需要改进，并写成报告递上去。刚开始的时候，根本没有人看他的报告，他的顶头上司甚至说：你守好仓库就行了，这些不是你该考虑的事！但他并没有气馁，他告诉自己：只要对公司有帮助，我就应该研究；只要不断地研究，就一定会有结果。

终于有一天，集团的一位高级副总裁来考察，无意中看到了他写的报告。看了之后，十分震惊，立即让人把他叫来。通过交谈，总裁发现这位小伙子不仅有水平，更有难得的主动性。于是一个月后，他被调到了集团的战略发展部工作。他的命运从此改变，凭着自己的能力和勤奋，一步步做到了这家集团的部门经理，年薪也达到了几十万美金。

在实现人生价值的过程中，责任是不可或缺的。有了责任，做事自然有动力，有方向。缺少责任，不仅会失去做事的方向，就连做人的方向也会迷失。

克里是一位火车后厢的刹车员，但是，就是因为一件不负责任的小事，让他的人生走向深渊。

一天晚上，一场暴风雪不期而至，火车晚点了。克里抱怨着，这场暴风雪不得不使他在寒冷的冬夜里加班，于是，他在考虑着用什么样的办法才能逃掉夜间的加班。

这时，两个车站间有一列火车发动机的汽缸盖被风吹掉了，不得不临时停车，而另外一辆快速车又不得不拐道，几分钟后要从这一条铁轨上驶来。列车长赶紧跑过来命令克里拿着红灯到后面去。

克里心里想，后车厢还有一名工程师和助理刹车员在那儿守着，便对列车长说:“不用那么急，后面有人在守着，等我拿上外套就去了。”列车长严肃地说:“1 分钟也不能等，那列火车马上就要来了。”

“好的!”克里说。列车长听完了他的答复后又匆匆忙忙向前部的发动机房跑去了。但是，克里并没有立刻就走，他认为后车厢里有一位工程师和一名助理刹车员在那儿替他扛着这项工作，自己又何必冒着严寒和危险，那么快跑到后车厢去。他停下来喝了几口酒，驱了驱寒气，这才吹着口哨，慢悠悠地向后车厢走去。

他刚走到离车厢十来米的地方，就发现工程师和那位助理刹车员根本不在里面，他们已经被列车长调到前面的车厢去处理另一个问题了。他加快速度向前跑去，但是，一切都晚了。在这可怕的时刻，那辆快速列车的车头撞到了自己所在的这列火车上，受伤乘客的嘶喊声与蒸汽泄漏的咝咝声混杂在了一起。

后来，当人们去找克里时，他已经消失了。第二天，人们在一个谷仓中发现了他。此时，他已经疯了，在凭空臆想中叫喊着:“啊，我本应该……”他被送回了家，随后又被关进了精神病院。

由上面两个故事可以看出，由于负责与不负责的区别，造成了两段迥异的人生。

工作是人生的使命。不要把工作当作一份差事，而要把工作当作一项事业，一份责任对待。责任感使我们有勇气排除万难，甚至可以把“不可能完成”的任务完成得相当出色。一旦失去责任感，即使是做自己最擅长的工作，也会完成得不好，甚至一塌糊涂。

管理一点通

工作意味着责任，有了责任心，就会使我们树立敬业、勤业的意识，时时刻刻把工作挂在心上、抓在手上，做到件件有落实，事事有回音；就会使我们把克服阻力、解决困难作为一种勇于担当的责任、推进工作的动力，以不完成任务食不甘味、夜不能寐的强烈意识，加快工作节奏，消除安全隐患，高效完成任务；就会使我们不找借口，不患得患失，以最佳的精神状态投入工作，将自己的潜能充分发挥。

敷衍工作就是在敷衍自己

职场中容不得半点不负责。作为一名员工，自己应该做的事情一定要保质保量地完成。不要以为自己不做自会有人来做，也不要以为自己的不负责不会被人发现，不会对企业有什么影响。当你在信守责任的同时，也是在信守一个人的人格和道德。

库伯曾经服务于一家大型建筑公司，他的主管不但是该家族公司集团中的总经理，又是第一位被提拔的非家族成员，他所承受的压力自然可想而知。所以，他对下属非常严格，甚至有点“鸡蛋里挑骨头”。不过，库伯觉得自己在公司待的时间长了，还是有能力驾轻就熟，应付他的各种命令的。

一次，主管要求库伯为一个董事会准备资料，库伯迅速整理了从各部门呈上来的报表，工作很快就完成了。但是当库伯把资料交上去之后，总经理只说了一句话：“不用心。”库伯很不服气，他告诉总经理，为了这份材料，他已经很久没有按时吃晚饭了。总经理叹了一口气说：“你自己对这堆资料满意吗？不满意，你就是在敷衍工作。记住：敷衍工作首先就是敷衍自己。”

库伯的问题，不是因为他不聪明，没有能力，而是不愿将问题看透，这样导致他习惯性地在工作中糊弄事。他虽然牺牲了吃晚饭的时间，但是他并没有用心去做。如果总经理拿着他给提供的资料上会议桌，肯定会受到董事们的批评。

喜欢敷衍的人们应该明白，“天上不会掉馅饼”，即使侥幸占过那么一两次小便宜，长此以往必然害了自己。

你也可以问问自己：是否对自己的工作很满意？如果不是，那么你正在采取的消极应对策略，如拖延、敷衍，会带来什么后果？这些后果是你可以或愿意承受的吗？你可以在纸上反复推敲这几个问题，最后你会发现，不利的后果比目前烦人的工作要可怕得多。具体来说，敷衍工作有这么几个害处：敷衍的工作必然有漏洞——既使你觉得自己“执行”得很好，可你能保证一点失误都没有吗？

敷衍的工作非常有可能被老板枪毙掉，白费工夫（因为敷衍也要花费一定工夫）。

被动执行、敷衍工作的人很难发挥什么创造力。

没有人会欣赏敷衍了事的人，不论是上司、同事，还是下属。

敷衍甚至比不忠诚、不勇敢更有杀伤力，因为它直接影响一个人的灵魂，损害人的责任感，损害人的敬业意识和诚实精神，而这些正是一个人立足职场并做出成绩的基础和保障。敷衍工作就是敷衍自己。

有个老木匠准备退休，他告诉老板，说要离开建筑行业，回家与妻子儿女享受天伦之乐。

老板舍不得他的这位出色的工人，问他是否能帮忙再建一座房子，老木匠说可以。但是大家都看得出来，他的心思已不在工作上。房子建好的时候，老板把大门的钥匙递给他。

“这是你的房子，”他说，“我送给你的礼物。”

老木匠震惊得目瞪口呆，羞愧得无地自容。如果他早知道是在给自己建房子，他怎么会这样呢？现在，他得住在一幢粗制滥造的房子里！

职场中的很多人又何尝不是如此？他们漫不经心地工作，其实是在漫不经心地“建造”自己的生活。他们不是积极行动，而是消极应付，凡事不肯精益求精，在关键时刻不能尽最大努力。等他们惊觉自己的处境时，早已深困在自己给自己建造的破“房子”里了。

人和机器的区别，就在于人有灵魂，有对他人和社会的责任与关爱，能通过工作找到人生的价值和意义。催一下、动一下，挨一下鞭子推一下磨，这岂不是对自己的人生不负责？

敷衍公司就是敷衍自己。敷衍公司一方面会给公司造成损失，同时也会给自己造成损失——损失了自己在事业上的前途。

一个聪明的员工绝不会在多数人都偷懒、敷衍的时候随波逐流，更绝不会向这些人学习，他有自己的职业追求，他不会敷衍公司，因为他知道，敷衍公司就是敷衍自己，到头来，对自己没有任何好处。

一个聪明的员工会时刻在工作中尽职尽责，努力做好自己的本职工作，不偷懒、不敷衍；一个聪明的员工会把公司的利益放在首位，不管任何时候都不会做有损公司的事；一个聪明的员工总是维护公司的形象，做自己力所能及的事，关心公司的发展。

克服敷衍，可以从以下几个步骤做些尝试：

首先，认清敷衍的后果。

其次，要改变心态，对周围的人抱有一颗责任心，积极自信。

第三，要区分“工作”与“做了”的界线，避免“我做了”的想法，因为这个想法最容易导致敷衍。要知道，工作就必须积极地解决问题。

第四，要做有益的工作，而不是牺牲时间、精力。

最后，还要主动地思考，设法使你目前的工作具有广阔的发展前景。

★★★★★★★★★★★★★★★★★★★★★★★★★★★★

管理一点通

员工看重的是任务，老板看重的是结果。有很多员工，也在努力工作，付出的辛苦有时候一点也不比老板少，可是最终的结果却是一无所获。说这样的员工敷衍工作，连老板都有些于心不忍，但实际上，他就是在敷衍工作，因为没有结果的工作，不能叫完成工作。人水平有高低，能力有大小，但要做成、做好每一件事，敬业尽职是必备条件。

要懂得顾全大局

在任何企业中，一个员工不论能力有多强，不以企业利益为重就不能算合格的员工；一个只知道追求私利的人，只会给企业带来损失。

一家企业有两位资深的主管，两个人为了争名逐利而明争暗斗，双方都不甘失败，不愿为了组织的整体利益而退让一步，更不要说是让对方获利了。这样，双方僵持了一年，给相关部门造成了极坏的影响。最后，总经理只好亲自出马，把两位主管找来，叫他们澄清他们对组织所担负的责任，他们两个人都不承认自己对整个企业大局负有责任，既然是这样，总经理只好让他们都走人。

身为主管都不能意识到自己对企业大局负有责任，他的员工又怎么可能有这样的意识呢？那么整个企业不就如同一盘散沙了吗？各个部门各怀心思，同床异梦，企业还能生存和发展吗？企业的所有成员都应对整个企业负有不可推卸的责任。

某零售业经理有一次在一家超市视察时，看到一名雇员对前来购买非自己所管物品的顾客态度冷淡，甚至对顾客发脾气，令顾客极为不满，他自己却毫不在意。这位经理对雇员说:“你的工作就是为顾客服务，让顾客满意，并让顾客下次还想到我们这里来，但是你的所作所为是在赶走我们的顾客。你这样做，丝毫没有担当起自己对企业的责任，反而使企业的利益受到损害。你无视自己的责任当然会失去企业对你的信任，一个不把企业当成是自己企业的人，就不能让企业把他当成自己人，所以你被解雇了。”

这里，这位经理没有把员工的问题简单地视为服务态度的问题，而是看到了态度恶劣背后的问题——对全局责任感的缺乏。

缺乏全局责任感的员工，不会视企业的利益为自己的利益，当然不会因为自己的所作所为影响到企业的利益而感到丝毫的愧疚，又怎么可能设身处地地为企业着想？解聘这样的员工，对员工而言是一次深刻的教训，至少让他明白，在任何时刻，全局利益是企业和员工生存的根基。

全球最大的连锁零售企业——沃尔玛，对员工的录用很简单也很重要的一个标准就是要求具有全局责任感。现在，这个简单的标准已转化为沃尔玛企业的一种重要精神。因为有全局责任感的员工会把顾客的利益和企业的利益放在第一位，想方设法地满足顾客的所需所求。

《对阵——和零售巨人竞争》的作者肯尼·斯通曾经有过这样的亲身经历：当他需要一个过滤器时，他先到五金商店去询问，但是他们没有货；于是他又去了当地的沃尔玛商店，他们也没有货。第二天，斯通按照同样的路线走了一遍，五金商店仍然没有货，而沃尔玛的陈列架上却已经摆上了最新款的过滤器。于是，肯尼·斯通说："我知道再遇到这种情况，我会到哪里去购买。"

沃尔玛的员工在顾客问及他们任意一种商品在哪里时，不仅能指出商品所在的位置，而且还会亲自带顾客找到这种商品。这就是沃尔玛员工顾全大局的责任意识。

★★★★★★★★★★★★★★★★★★★★★★★★★★★★★

管理一点通

维护公司利益应体现在员工职业生涯的每个阶段、每个方面。这个原则是无条件的，只有恪守这个准则的员工才能成为被老板认可的员工，才能赢得信任与尊重，才能获得事业与人生的成功。从某种程度上来说，不能维护公司利益的员工是相当可怕的，特别是那些身居要职的中层领导者。

将事情分出主次轻重

凡取得卓越成绩的员工，办事的效率都非常高。这是因为他们能够利用有限的时间，高效率地完成至关重要的工作。

任何工作都有主次之分，如果不分主次地平均使力，在时间上就是一种浪费。所以，在关键部位或在主要工作上，我们要用全部精力，将其做到最好。

德国诗人歌德曾说过："重要之事绝不可受芝麻绿豆小事的牵绊。"工作需要章法，不能"眉毛胡子一把抓"，要区分轻重缓急，这样才能一步一步地把事情做得有节奏、有条理。

时间管理专家特利克特曾在《时间有效使用》一书中建议我们在工作前先将各类事务按重要和迫切的程度排列好次序：

1. 本质上的重要性

非常重要必须做好；重要应该做好；不很重要可能不必要，但可能有用；不重要可完全免除。

2. 在时间上的迫切性

非常迫切现在就必须做好；迫切应该不久就做好；不很迫切可以拖一段；不迫切可以长期不做，没有时间因素。

显然，我们首先做"非常重要"和"非常迫切"的事。只有这两项完全重叠才是最主要的事，才是生活、工作中的真正“大石头”。

“非常重要”和“非常迫切”之事又可分为：必须亲自去做和可以授权他人去办，我们只做“非我办不可”的事。这样按事情的轻重缓急排列次序、安排日常工作，我们就可以节省出大量时间去做紧急而又重要的事，摆脱事务缠身而又非常超脱。

要集中精力于紧急的要务，就要排除次要事务的牵绊。如果不断地被一些次要事务所干扰，那么就会阻碍你向目标前进的脚步。

员工不管做什么，都要从全局的角度来进行规划，将事情分出轻重缓急，将大目标分成若干个小目标，并坚持“要事第一”的做事原则，久而久之就会培养起自己的“先做最重要的事”的好习惯。

任何一名员工都应有“做要事不做急事”的好习惯。要事是有利于实现个人目标、有价值的事，比如规划、技能培训；急事是必须立即处理的事，比如即使你忙得焦头烂额，但电话响了，你就不得不放下手边的工作去接听。在紧急但不重要的事情和重要但不紧急的事情之间，或许我们很难做出选择。对于每个人来说，有精力做事的时间往往是有限的，所以你必须把有限的时间用在最重要的事情上，也就是把要事放在第一位，而不要迷失在那些看似紧急的、琐碎的、次要的事情当中。只有这样，才能高效地利用时间，出色地完成工作。

工作中一定要养成“先做重要的事”的习惯。问题思考：

美国某公司董事长赖福林说：“你应当计划你的工作，在这方面所花的时间是值得的。如果没有计划，你肯定不会成为一个工作有效率的人。工作效率的中心问题是：你对工作计划得如何，而不是你工作干得如何努力。”

结合赖福林的话，思考以下问题，并做出自己认为最合适的回答：

（1）今天一整天，你已经完成的工作有哪些？

（2）你打算完成但却没有完成的工作有哪些？

（3）你认为这些工作当中的哪几件有助于你未来的发展？

如果你长期把大量时间花在重要而且紧迫的事情上，可以想象你每天的忙乱程度，一个又一个问题会像海浪一样向你冲来，你只有被动地一一解决。长此以往，你早晚有一天会被击倒、压垮，相信老板再也不敢把重要的任务交付给你。只有合理高效地解决了重要而且紧迫的事情，你才有可能顺利地进行别的工作。

管理一点通

成功学大师卡耐基说过："人并非生来就具有某些恶习和不良习惯，而是后天慢慢养成的。对于我们的生活和事业来讲，有些习惯虽然不好，但它可能无碍大事，不会产生直接的冲突和严重危害；而有些则是我们获得幸福与成功的大敌。对于后者，我们应该努力改正，并坚决摒弃，否则，这些恶习会影响我们终生。"这就是好习惯使人终身受益的道理。

学会在工作中自动自发

一个优秀的员工必须要主动承担责任，做到自动自发的工作，千万不要让你的上司总是提醒你该做什么，而是自己要知道该做些什么。

大多数老板不喜欢让自己总是操心的员工，他们更欣赏那些积极、主动、知道自己该做什么的员工。所以我们每个人都应该学会在工作中"自动自发"。

什么是自动自发？即没有人要求强迫你做事，而你也能自觉、出色地做好自己的事情。这句话说简单些就是积极主动地做事。主动地要求承担更多更大的责任，并为之努力，胸怀满腔热忱，积极地去思考、去解决问题，去圆满完成分内、分外的工作，在不断增加自己的工作经验和阅历的同时，我们的能力就会不断增强。当你在考虑一项困难的决策时，当你所采取的行动不仅是为了满足生存的需要，同时也是实现个人人生价值的需要时，你就会摆脱最初的平庸思想，站在一个新高度，用一种新的观念去看待周围的事物。相反，一味地逃避与推脱所造成的结果往往是把与责任一同而来的机遇和馈赠也拒之门外了，没有了机会，我们去哪里展现自我，去实现自己的人生价值，何谈出色与成功？

自动自发是高效工作的前提，特别是现今社会，商业环境的节奏正以令人炫目的速度快速运转着，大至企业，小至员工，要想立于不败之地，都必须奉行主动执行、自动自发的工作理念。作为一名老板，为了生存，他恨不能把一分钟掰成两分钟用。所以，如果你不能自动自发，凡事都让老板多替你操心，要老板多花时间等你的工作出成果，这比浪费金钱更叫他痛心。失去一分钟，他就有可能失去整个计划。没有哪个不讲效率者能成为老板，也没有哪个老板能长期容忍不能自动自发的员工。

想在职场中一路顺风，最实际的方法就是对老板交代的工作要在第一时间内处理掉，同时考虑到与自己工作相关的一些事情，以及公司的各方面利益点，争取让工作早日完成，把最完美的结果呈现给老板，让老板放心。

不能自动自发的员工迟早会被社会淘汰，优秀人才总是为社会所需要。

“适者生存”的法则并不是仅仅建立在残酷的优胜劣汰基础上，而是基于公平正义，是绝对公平原则的一部分。若非如此，美德如何能发扬光大？社会又如何能取得进步？许多老板费尽心机地寻找能够胜任工作的人，这些老板所从事的业务并不需要出众的技巧，而是需要谨慎、朝气蓬勃与自动自发，然而他们聘请的一个又一个员工却因为粗心、懒惰、没有做好分内之事而频繁遭到解雇，却还在抱怨现行的法律、社会福利和命运对自己的不公。

你不要这样想：我是一名不需要当“将军”的“士兵”，所以我在最低限度内完成工作就可以了，无论公司怎样，我的利益都是有保障的。这种想法是错误的，无论什么公司，无论什么工作，都需要具有主动执行精神、全身心地投入到公司生存发展、与公司荣辱与共的人。

成功也是一个长期努力积累的过程，没有谁是一夜成名的。所谓的主动，指的是随时准备把握机会，展现超出他人要求的工作表现，以及拥有“为完成任务，必要时不惜打破常规”的智慧和判断力。知道自己工作的意义和责任，并永远保持着一种自动自发的工作态度，为自己的行为负责，是那些成就大业之人和凡事得过且过之人的根本区别。

以主动的态度来审视我们的工作，工作就不再成为一种负担，即使是最平凡的工作也会变得意义非凡。在各种各样的工作中，当我们发现那些需要做的事情，哪怕并不是分内事的时候，也就意味着我们发现了超越他人的机会。因为这自动自发地工作的背后，需要你付出的是比别人多得多的热情、智慧、创造力和想象力。

管理一点通

工作需要自动自发，每个公司也都努力把员工培养成对待工作自动自发的人。自动自发的员工不会墨守成规，像机器人一样吩咐他做什么就做什么，他们有独立思考的能力，能自觉发挥主动性，积极、有效地执行，并出色地完成任务。所以说，一个任务被自发、有效地执行时，就会及时、甚至有可能提前完成，一个创新的战略或经营方式才不会被对手模仿或赶超。而一个公司一旦形成这种自发执行的企业文化，就没有什么战略执行不下去，就没有什么业绩不可能实现。

第九章 高效执行的重中之重是要到位

联想公司有一句名言:“不重过程重结果,不重苦劳重功劳。”只有以结果为导向,才能产生业绩,才能预防敷衍塞责的风气盛行。“执行”不只是要“做”,还要“做对”“做成”“做好”。

执行不到位的原因

经常听到这样的说法，公司执行力不行，公司老板有好多想法，也有了方向，但在做的过程中，总是落不了地，甚至老板一些简单的想法在执行中也出现了问题。

员工做事不到位，看似小事，却会带来人力效率上的低下和战略目标实施过程中的偏差。不仅直接影响员工个人的发展命运，而且对企业发展更具有重要的影响。

一直强调结果的企业管理者一直困惑的问题就是员工为什么执行不到位？为什么不能按质按量地完成任务？总结一下企业员工工作中的表现，执行不到位的原因有以下几方面：

首先，员工主观意识不到位。人的主观意识是一种无形的力量，它不停在告诉人们，应当做什么以及怎样去做。它能对人体的生理活动产生重大影响。员工在着手一项工作之前，可能主观意识里总是联想太多，瞻前顾后，前怕狼，后怕虎。结果，越想越怕，越怕就越不敢主动去面对新生事物。到头来，做什么工作都是缩手缩脚，被动参与。试想，因主观意识的不到位，要求员工把事做细做活简直就是勉为其难。

日常工作中，员工只有预先规定了意识活动的目标，而且为实现这一目标预先规定了活动的步骤，才能有的放矢，抓住要点，把事情做得更好。

其次，责任心不到位。责任心体现在细微之处。俗话说：润物细无声。需要责任心的地方，并不一定都马上涉及企业的生存，反而往往是那些看似无大碍的小节之处。而这些小节的积累，往往就注定了企业的命运。

责任心体现在三个阶段：一是做事情之前，二是做事情的过程中，三是事情做完后出了问题。第一阶段，做事之前要想到后果；第二阶段，做事过程中尽量控制事情向好的方向发展，防止坏的结果出现；第三阶段，出了问题敢于承担责任。勇于承担责任和积极承担责任，不仅是一个人的勇气问题，而且也标志着一个人的心地是否自信，是否光明磊落。

再次，执行力不到位。员工对工作拖拖拉拉，习惯了不痛不痒、马马虎虎；习惯了得过且过、敷衍了事；一旦认真起来，却又呆头呆脑不知灵活变通。他们会私下给自己找理由："毕竟，公司于我何有哉！"一旦整顿来临，头一低，风头过了，"又是一条好汉"，依然我行我素。

几乎每一个企业中都活跃着这样一些员工：他们是高谈阔论的"思想家"，他们是牢骚满腹的"改革者"；他们左右逢源关心每一个人和每一件事，却最擅长"搬弄是非"。有意思的是，恰恰是这种人，常常对公司决策的执行大打折扣，或是因为他们的既得利益受损，或是不愿接受挑战。

执行力，就个人而言，就是把想干的事干成功的能力。

面对一项崭新的工作，员工的首要任务是想方设法找到问题的切入点，进而不断探索其中规律，然后用智慧和毅力，恒心加决定，因地制宜地解决碰到的实际困难，跨越一步，前进一步，直到把事情干成功为止。怎样才能提高我们的执行力呢?

1. 执行要到位，首先责任要到位

只有责任落实到了每一个细节当中，才会打造出一流的执行者。责任一缺位，执行必缺位。让责任不缺位？明白所有人都有责任，实际上就是所有人都没有责任。执行中最怕说"这是你们所有人共同的责任"。所有人都负责，结果往往是所有人都负不起责：有了问题你指望我、我指望你，结果是谁都不去解决；出了问题则互相推诿。明确"这就是你的责任"，也就是将执行的责任分解到每一个人，明确告诉执行者执行的范围和标准，哪一点、哪一个环节出了问题，那么“就是你的责任”。

2. 提高素质

每个人都应该彻底认识到要对工作的结果负责，全面正确理解领导的意图，发挥主观能动性积极执行，同时要懂得及时执行的重要性，绝不错过机会。“做事”只是基础，“做成事”才是目的，只做事而不是做成事，对任何组织的发展来说都是致命的，还会培养出一支涣散、没有思考能力和动手能力的团队。要想从“做事”到“做成事”，要做到任务一旦明确，就必须做成，不允许用任何借口和理由来拖延，另外，要善于变通，用智慧保证执行的完成。

3. 认真实施

在执行的过程中，要避免形式主义。执行容不得半点形式主义，并不是制定一些政策就能“万事大吉”。以会议贯彻会议，以文件落实文件就是一种典型的形式主义。要知道，文件下达了，制度制定了，未必是执行了。执行了，未必就执行到位了。如果仅仅是满足于制度的制定和为不到位的执行而沾沾自喜，最终要掉入自造的陷阱。

4. 回避风险

在执行的过程中，要随时警惕隐患的危害。一是“隐患常常隐藏在我们的不经意之中，但它有着巨大的爆发力，当我们未对隐患有足够警觉的时候，就很容易被隐患‘吞噬’”。这些隐患就像一颗颗地雷时刻危及你的有效执行。二是在执行的过程中，要密切注意细节。“执行不到位，往往是由于细节出了问题。”魔鬼总选择在细节中下手，稍不留神，就会带来严重的后果，甚至造成很大的灾难。

5. 强化考核

制定的各项制度一定要从墙上走下来，必须落实到执行的层面。出了差错，一定要有相应的惩罚措施，如果没执行，也一定要对不执行的人采取惩罚措施，以强化执行。

工作，敷衍了事是做，认认真真也是做，但做与做是不一样的。执行到位，我们就会有成就感，就有可能享受工作给我们带来的快乐。

★★★★★★★★★★★★★★★★★★★★★★★★★★★★

管理一点通

任何一个组织都必须有制度的保障才能正常运营，企业也同样如此。每个企业都有自己的规章制度，也有自己的员工手册，这些绝不是墙上的摆设，也不是员工看完就可以置之脑后的，而是要求全体员工严格遵守的企业制度。没有员工的严格遵守执行，企业的制度就形同虚设。制定一项好的制度不易，能够坚决执行则更重要。管理不到位，很重要的一点，就是看规章制度是否真正地落实到底。

只有结果才能证明员工的价值

职场中，我们经常见到很多人兢兢业业、勤勤恳恳，两眼一睁，忙到天黑，可是依然得不到老板的赏识，这是老板没有看到结果所致。

对于企业的生存和发展而言，不管员工的苦劳有多高，只有结果才能证明员工对企业的价值。也就是说，员工只有为企业提供了满足企业实际需求的产品或服务这样的结果，才会换来回报。

任何企业都是要靠结果生存和发展的，结果不理想，企业就难以在市场中立足。为什么这样说呢？因为任何一家企业都要遵循一种商业关系，即价值交换的关系，这种关系的本质就是不同结果间的互换，或者叫利益交换：企业提供相应的结果，客户付给你费用。

那么员工做到什么程度，才算是为企业做成结果了呢？

举个简单的例子，快递公司要为客户快递一份重要的文件，费用大概是20元，如果公司员工因为赶上刮风下雨的恶劣天气，或者赶上交通拥堵没有按时将文件送达，客户会不会付给你20元钱？或者你在承诺的时间内将文件送达，但是不小心文件被雨淋湿了，客户还会不会按原价付给你费用？或者你克服种种不利的条件，付出了比平时多得多的汗水，终于万无一失地按时将文件送达，客户又会不会因为你的辛苦而多付给你费用呢？不会的。因为20元钱交换的就是你把文件保质保量地送到客户手中这样的结果，而不是你为这个结果付出的劳动。

结果对企业如此重要，可以说是企业的生命线，任何没有达到最终所要结果的行为不仅是毫无价值的，而且还会造成时间和资源上的浪费。这就如同挖井，挖井的目的是为了能得到可用的水源，如果没有这样的结果，不管你挖了多少坑都只是徒劳的。这是人人都明白的简单道理，但是为什么员工往往完不成企业领导想要的结果呢？这与员工对执行结果抱有的心态有关。一般来说，员工对执行结果抱有四种心态：

第一种心态是只重过程不重结果。如果员工只注重过程，交代的事情办了，该走的程序走了，这种现象必然会导致企业执行力低下。举例来说，有的建筑承包商在谈项目时，接触了几十家公司，但是没有一家公司与其签订合作合同，只有希望没有结果，一年下来也挣不到钱，而有的承包商虽然洽谈的公司不多，但是谈一个成一个，这样承建的工程就多，收益就多。这就是重过程与重结果的巨大差别。

第二种心态是“干不好我认赔”。这类员工会对上司交给的某项任务毫无怨言地去执行，如果没有达到结果愿意承担任何损失。这是有责任心、对结果负责的表现，但是这种心态仍然无法保证按质按量地做成结果。如果最后把事情办砸了，不管你支付多高的赔偿金都是无法挽回已出现的损失的。试想一个员工总不能将任务执行到位，总是做不好结果的企业怎样在市场竞争中生存和发展呢？

第三种心态是“结果是什么，我不敢保证，但我一定尽力而为，哪怕结果不一定好，但我一定要做到问心无愧”。有这类心态的员工会尽最大的努力去实现某个结果，如果结果并不理想，达不到预期，就会说“我已经尽力了”。言外之意是说这不是我的责任了，公司不应该再惩罚我了。如果你是一个管理者，你会对这种自欺欺人的心态感到满意吗？在现实工作中，有多少任务是只要尽力去做就可以保障达到结果的呢？

举个简单的例子，假如把过马路当作一种执行，要达到的结果就是安全地走到马路的对面。如果你在绿灯转换黄灯时横穿马路，被一辆抢灯的车撞伤致残，从内心里说，你能说自己一点责任没有吗？你能说发生被撞致残这样的结果自己一点都不后悔吗？每个人都要珍惜自己的生命，为自己的人身安全负责，怎样才算是百分之百的负责？就是保证自己不会因为任何缘由受到任何伤害，不要因为是黄灯，就可以忽视周围的路况，就可以放心大胆地往前冲，因为你不违规，不去撞别人，不等于人人都遵守交通规则，不等于别人不会撞到你，只有提防被撞，才会保障圆满实现结果，安全地到达马路对面。

所以，要想使员工执行到位，不仅要看一个人的办事态度，还要看结果，对于那些工作态度虽好，但办事结果欠佳的员工，公司也不应随随便便地网开一面，而应当按制度论处。否则，以后员工因态度不认真、工作不努力而完不成任务时，也可能会编造出“我已经尽力了”这样的理由逃避责任。时间长了，受到相应的惩罚还会产生“执行就是做任务，做任务等同于做结果”的错误认识。

举例来说，经理让秘书安排会议，秘书只是打电话通知了一下有关部门的人员就完事了，这是在做任务，只是实现结果的一个过程，而不是在做结果，只有应邀参加会议的人员都到齐了才算是做成了结果。而只通知一下参会者是不能确保每个人都能按时出席会议的。但是按照秘书的思维逻辑，通知了就等于做成结果了。所以当与会者恰好都出席了这次会议时，秘书会说这是自己的功劳，向经理说自己总能保质保量地完成任务，而当有人没有出席会议时，秘书则会把责任推得一干二净，因为他已经都通知到了，至于参加不参加，为什么不参加就不关自己的事了。

以上对执行结果抱有的几种态度都是在做任务，而不是在做结果，只有“真正对结果负责”这样的心态才是在做结果。拥有这种心态的员工会主动地克服为逃避责任找借口、应付工作的形式主义、做任务就等于做结果等消极的执行心态和做法，而是在接受任务的那一刻起，就会想着采取怎样的办法才能更好地实现结果，怎样创造性地开展工作才会创造更多的效益。

有了“真正对结果负责”的心态，永远锁定“结果”这个目标，才有可能消灭借口，不管遇到多大的困难，不管遇到怎样的挫折都会为了获得结果而坚持到最后。

管理一点通

“坐着不动永远也赚不到钱”，所以要行动。但与此同时，要想使成功的机率增大，就要尽可能在最短的时间内采取最多的行动。这就意味着在执行的过程中，我们除了要把握“行动”之外，还要切记“速度制胜”。追求完美，为了100而放弃1，结果得到0，那是执行的敌人。

成果要经得起检验

“干工作经得起子孙万代的检查”是大庆人的一种工作态度，是大庆人社会责任感和求实精神的具体表现。无论是集中会战，还是分散作业，大庆人都坚持“好字当头，质量第一”，做什么事情都要让人信得过，不马虎、不凑合。为了使“工作经得起子孙万代的检查”，大庆职工在工作中还坚持进行自我检查、相互检查和专项检查，坚持有错就改、有偏就纠，保证做出的事情过硬。

责任有多大，事业才有多大。无论在哪个岗位上，都要牢记自己的责任，认识到自己所处位置的重要性，这就是高度的责任感。它能唤起企业每个人的工作热情和团队精神，从而达到企业的既定目标。当一个人在心中形成了责任感时，他就能自觉地意识到自己所担负的责任，有了自觉的责任意识之后，才会产生积极、圆满的工作效果，整个队伍才是一支优秀的团队。

石油会战时期，广泛流传着一件“一公分见精神”的事情，直到今天，这件事大庆人仍铭记在心。

事情发生在 1963 年 6 月 14 日凌晨，射孔中队值夜班的共青团员、助理技术员金世英接到大队转来的一份射孔测井图。经过认真查对，发现上面标的井口四通高度是 43 公分，比惯常的四通高度少了 1 公分，这时他想:“射孔虽然允许有一定的误差，但那是在地下真正无法防止的情况下才允许的。而这 1 公分可能的误差是在地面上，不能马虎，一定要搞清楚。”

金世英不顾工作了一天又值了一个夜班的疲劳，立即到大队调度室去查对井号和射孔时间。这时才得知作业队已经上井，这口井当天就要射孔。他心里更着急了，赶紧又跑到地质室叫醒地质员，出射孔设计书和汇报记录本，查出测这口井的是测井七队，但这个队了解情况的人也到井上去了。

跑完这几个单位，已是早上 8 点钟了。一天一夜没合眼的金世英肚子饿得咕咕叫。怎么办？他想，一定要负责到底，不能让差错从自己手里放过。他立刻带上图纸和卷尺，徒步赶到井场。这时射孔工作已经就绪，他说明了情况，在其他同志的帮助下，立即对井口四通进行实地测量，实测结果是 44 公分。

就这样，金世英先后跑了 6 个单位，询问了 9 个人，往返奔波了 40 多公里，连续工作了 30 多个小时，终于消灭了这 1 公分射孔深度的差错。

大庆人对工作高度负责的精神在金世英的身上得到了完美的体现。

对于手头工作和自己的行为百分之百负责的人，更愿意花时间去研究各种机会和可能性，因而更值得信赖，也能由此获得别人更多的尊敬。与此同时，他也获得了掌控自己命运的能力，这些将加倍补偿他为承担百分之百的责任而付出的额外努力、耐心和辛劳。

所以，任何一位组织成员，都应该把组织所提出的光辉前景、理想和目标，当作自己的前景、目标来追求；都应该把组织所描绘的蓝图，当作自己的蓝图来描绘；都应该把组织制订的计划、措施，当作自己肩负的责任来实施；都应该把组织制定的规章制度当作对自己的严格要求来遵守，而不能事不关己，高高挂起。

有了这种责任意识，我们才能不折不扣地完成组织所部署的各项任务，才能不畏一切艰难险阻，做好组织所分配的每一项工作，才能保证做出的事情过得硬，“经得起子孙万代的检查”。

★★★★★★★★★★★★★★★★★★★★★★★★★★★★

管理一点通

衡量抓工作的成效，可以用“三查”来衡量。一查完成任务、实现目标的情况。二查各项工作所处的位次，这是检验抓工作成效的一个重要标尺。既要纵向上同自己比，又要横向中同他人比，看各项工作的位次是否前移了，是否位于前列。三查是否经得起时间的检验。时间是一个好裁判。干工作决不能求一时之功、图一时之名、贪一时之利，而必须深谋远虑，是坚持说实话、办实事、求实效，还是盲目攀比、华而不实；是脚踏实地、扎扎实实，还是搞花架子、好大喜功；是立足当前、着眼长远，还是急功近利、做表面文章，时间都能做出检验。有些功过一时分辨不清，日久自然分明。

保持主动的执行精神

什么是主动？主动就是不用别人告诉你，你就能出色地完成工作；次之，就是别人告诉了你一次，你就能去做，也就是说工作要做的出色，会得到很高的荣誉，但不一定能得到相应的回报；再次之，就是这样一些人，别人告诉了他们两次，他们才会去做，这些人不会得到荣誉，回报也很微薄；更次之，就是有些人只有在形势所迫时才能把事情做好，他们得到的只是冷漠而不是荣誉，回报更是微不足道了；最等而下之的就是这种人，即使有人追着他，告诉他怎么去做，并且盯着他做，他也不会把事情做好，这种人总是失业，遭到别人蔑视也是咎由自取。

员工要想获得最高的成就，就要永远保持主动率先的精神，在工作中投入自己全部的热情和智慧。成功取决于态度，时刻牢记自己肩负的使命，知道自己工作的意义和责任，并永远保持一种自动自发的工作态度。那些获取了成功的人，正是由于他们用行动证明了自己敢于承担责任而让人百倍信赖。

美西战争爆发之时，美国总统需要马上与古巴的起义军将领加西亚取得联络。加西亚在古巴的大山里——没有人知道他的确切位置，可美国总统麦金莱必须要尽快地与他取得联络。

怎样才能找到他呢？有人对总统说："如果有人能够找到加西亚的话，那么这个人一定是罗文。"

于是总统把罗文找来，交给他一封写给加西亚将军的信。至于罗文中尉如何拿了信，用油纸包好、上封，放在胸前藏好；如何坐了 4 天的船到达古巴，再经过 3 个星期徒步穿过这个危机四伏的岛国，终于把那封信送给加西亚——这些细节都不是我们这里要讨论的重点。

需要强调的是，当美国总统麦金莱把信交给罗文让他交给加西亚时，罗文接过信并没有问“他在什么地方”“为什么要找他”“怎么才能找到他”“别人去不行吗”等一系列的问题，而是立即行动起来，自动自发、坚持不懈地完成了“把信送给加西亚”的任务。

由阿尔伯特·哈伯德所写的《把信送给加西亚》一书，首次发表于 1899 年。之所以很快就风靡全球，至今还能畅销不衰，是因为它倡导了一种理念：对上级的命令，自发执行，并以结果为导向，全心全意完成任务。

《致加西亚的信》的作者写道：“我钦佩的是那些不论老板是否在办公室都会努力工作的人，这种人永远不会被解雇，也永远不会为了加薪而罢工。”如果只有老板在身边时或别人注意时才有好的表现，卖力地工作，这样的员工永远无法达到成功的顶峰。

有些员工，每当领导交代工作任务时，总要问该怎么办。他们总是被动地应付工作，虽然他们遵守纪律，循规蹈矩，做事却缺乏热情、创造性和主动性，只是机械地工作，这种做事方法长此以往就会使他们失去对工作有效执行的态度。

有 3 个人到一家建筑公司应聘，经过考试，他们从众多的求职者中脱颖而出。人力资源部经理对他们说了一声“恭喜你们”后将他们带到一处工地。那里有几堆摆放得乱七八糟的砖瓦。

经理告诉他们先每人负责一堆，将那些砖瓦码放整齐，然后在三人疑惑的目光中离开了。甲说：“我们不是被录取了吗？为什么把我们带到这里？”乙对丙说：“经理是不是搞错了，我可不是来干这个的。”丙说：“别说了，既然让我们干，我们就开始干吧。”说完就开始干了起来，甲和乙也只好跟着干。还没完成一半，甲和乙就慢了下来，“经理已经走了，我们还是歇会儿吧。”甲说，乙跟着也停了下来，丙却还在继续干着。

等经理回来的时候，丙还有十几块砖就全码齐了，甲和乙完成的还不到一半。经理说："下班时间到了，先下班吧，下午接着干。"甲和乙如释重负般扔掉了手里的砖，丙却坚持把最后十几块码齐了。回到公司，经理郑重地对他们说："这次公司只聘用一人，刚才是最后一场考试，恭喜丙，你被录用了。至于甲和乙，你们回去不妨想一下这次自己之所以落聘的原因。"

在职场中，像甲和乙这样的人大有人在，他们接到任务后推三阻四，不能立即执行到位。老板在与不在他们的表现完全不同，老板在的时候表现出一副忙碌、认真工作的样子，老板不在身边就偷奸耍滑，糊弄事。还有一种人，他们严格"遵守"老板的指令，让干什么就干什么，多一点都不会干。这种人完全属于只做别人交代的工作的人。

听命行事固然是员工的神圣职责，但主动进取更被公司所提倡。哪些该做，就应该立刻采取行动，不必等到别人交代。清楚了解公司的发展规划和你的工作职责，就能预知该做些什么，然后一一着手去做！

当员工主动工作，通过自身的努力或借助他人的力量并不断解决一个个难题的过程中，员工自身的价值就在不断地增加，这样领导对员工的依赖就会增加，当机会出现时，晋升、晋级就是自然的事情了。那些用鞭子抽着，用脚踢着才去工作的人，工作对他们来说就像是负担。这样的人必然不能得到领导的赏识和提拔，随时都可能处在失业的边缘。

公司的生存发展完全依赖员工的努力程度，一个优秀的、有责任心的员工，都会主动地去工作，尽自己最大的努力把工作做好。主动工作的员工具有一流的执行力，他们能够将工作落到实处，甚至更为有效，并能仔细、注重细节地去完成某项工作或任务。

主动要求承担更多的责任或自动承担责任是成功者必备的素质。大多数情况下，即使员工没有被正式告知要对某事负责，也应该努力做好它。如果员工能表现出胜任某种工作，那么责任和报酬就会接踵而至。

在没被人告知却在做着恰当的事情的员工，就是积极主动的员工。每个公司都需要这样的员工。

管理一点通

老板不在身边却更加卖力的员工，是具有主动性的员工。如果只有在别人注意时才有好的表现，那么你永远无法达到成功的顶峰。最严格的表现标准应该是自己设定的，而不是由别人要求的。如果你对自己的期望比老板对你的期望更高，那么你就无需担心会失去工作。同样，如果你能达到自己设定的最高标准，那么加薪晋职也将指日可待。如果想登上成功之梯的最高顶端，你得永远保持主动率先的精神，纵使面对缺乏挑战或毫无乐趣的工作，终能获得回报。当你养成这种自觉自愿的习惯时，你就有可能成为老板或领导者。

细节到位执行才能到位

世上不可能有真正的完美，但应该有一个追求完美的心态，并将其作为工作习惯。目前，很多企业虽然有远大的目标，但在具体实施时，由于缺乏对完美的执著追求，事事以为“差不多”便可，结果是：由于执行的偏差，导致许多“差不多的计划”到最后一个环节时已经变得面目全非。

企业经常面对的都是看似琐碎、简单的事情，却最容易忽略。其实，无论企业也好，个人也好，无论有怎样辉煌的目标，如果在每一个环节连接上，每一个细节处理上不能够到位，都会导致最终的失败。只有“大处着眼，小处着手”，才能达到管理的最高境界。

沃尔玛是世界“零售第一巨头”，他们对服务细节的完美追求让人瞩目。就拿员工微笑的标准来说，沃尔玛规定，员工要对3米以内的顾客微笑，甚至还有个量化的标准：“微笑时要露出8颗牙”；为提高服务水平，还规定员工回答顾客提问时，永远不要说“不知道”。沃尔玛曾经以天天平价著称，但今天我们真正去买它的东西时发现其实也便宜不了多少，今日强大的沃尔玛帝国的成功，就是因为它注重了一些微小的细节。

但现实中有诸多的领导者对细节不够执著，对细节欠缺强有力的执行力度。要么是对细节视而不见，从不细究，要么是想到了却敷衍了事，没有养成一种习惯。

其实，企业核心竞争力的大小往往就取决于企业要素中最薄弱的细节，也就是所谓的“木桶理论”，而细节管理又是难以复制的。企业要想安心做大做强，必须从产品设计、价格政策、渠道建设、品牌培植、技术开发、财务监控、员工培训、文化理念、战略定位等各方面做到不放过任何一个细节，因为任何一个细节的薄弱都有可能导致企业的最终失败。

2003年1月16日，美国“哥伦比亚”号航天飞机升空80秒后发生爆炸，全世界人民为这一突发事件感到震惊。为什么会发生这一意外事件呢？美国的航天飞机的整体性能等很多技术标准在当时都是一流的，美国宇航局负责航天飞机升空计划的官员罗恩·迪特莫尔也是个经验丰富的优秀专家，他曾经在美国宇航局工作了26年，并已担任过4年的航天飞机计划主管，这是他从未遇到过也从未想到的大灾难。

事后专家调查组经过调查发现，摧毁价值连城的航天飞机和7条宝贵生命的元凶竟然是一小块脱落的泡沫！一个小小细节上的失误居然会有如此大的破坏力。这给人们上了生动的一课：在执行环节必须要细致到位。执行任务绝不像做算术题“100-1=99”这么简单，在很多情况下，如果执行者疏忽了一个细节，前期所有的努力都将付诸东流：一百次决策，有一次失败，就可能导致企业破产；一百次经济预测有一次失误，企业就可能陷入绝境；一百件产品有一件不合格，就可能失去整个市场……

有一家乳制品企业的经理非常注重产品的宣传推广工作，在宣传方面投入了大量的资金，他还购买了100辆崭新的送奶车，这100辆车都是统一的车型、统一的颜色，并且在车身上制作了醒目的品牌标志。这100辆车每天都穿梭在城市的大街小巷执行送奶任务，很是威风。即使不执行任务也会空着车在马路上兜上几圈，进行一下企业宣传。这种做法还挺有效，很多市民都选择了这个牌子的牛奶。但是后来人们都抛弃了这个牌子。

原来，这些送奶车开的时间长了，都忽视了清洗，车身上都沾满了油污，有些车厢表层油漆大片脱落，但还像原来一样在马路上开来开去，人们受到这样的视觉刺激，早就没有了胃口，还由此会联想到这样不注重卫生的企业生产出来的牛奶能达标吗？就这样，一个企业的经济效益仅仅因为一个被忽视了的细节而受到很大影响。

管理一点通

想做大事的人很多，但愿意把小事做细的人很少。我们不缺少雄韬伟略的战略家，缺少的是精益求精的执行者；也绝不缺少各类管理规章制度，缺少的是对制度条款不折不扣的执行。

小事成就大事，细节成就完美。凡事无小事，简单不等于容易，只有花大力气，把小事做细，才能把事情做好。大量的工作都是一些琐碎、繁杂、细小事务的重复，所以，我们只能从基层做起，不能眼高手低。浮躁应被扎实所代替，冲动应被理智所折服，这才是成就大事不可缺少的基础。

保证每个环节执行落实到位

经常有人讲，公司执行力太差，所以要制定流程。但有了好的流程就一定有好的执行力吗？更常见的是很多企业流程制定了一大堆，可就是执行力照旧不行，为什么？流程等于执行力吗？企业的运营流程能够正常运转对于企业的生存发展有着极其重要的意义，由于资源共享和工作任务关系的缘故，企业中的各种流程实际上都存在相互制约、相互影响的关系，只有这些流程能够像正常运转的机器一样齿轮紧紧相连，环环相扣，企业才能高效快速运转。如果任何一个流程环节出现了问题，企业整部机器就陷入瘫痪，企业的战略目标就无从实现。而要保障企业流程顺利运转，就要保证每个环节的每个细节都能将执行力落实到位。

为了更生动地说明各个细小环节的执行力对企业整体运营流程的影响，我们将企业整体运营流程比作人体内的几根大的神经系统，各个流程部门就相当于分支于每一个神经系统的细小神经带，而各个部门最直接的执行者就是最细微的神经末梢。要保证企业整个肌体有机运作，就要保证各个神经系统在同一指令下，互不干扰，亦互不纠缠，各自完成属于自己职责分内的事，还应该特别重视流程之间的相互匹配。也就是说，不仅各个流程部门内部执行要到位，而且流程之间要彼此协调，减少摩擦和阻力。如果企业某个流程部门的执行出现问题，不仅会影响到部门自身的运转，还会影响到企业整个生产链条，使得其他本来运转正常的流程环节也无法进行。

此外，即便每个流程环节没有执行问题，但是如果企业流程部门与部门之间的执行力问题解决不好，当执行过程中出现了问题时流程各部门之间就会寻找各种理由为自己开脱罪责，流程的运行效果无法达到最佳状态，企业损失在所难免。

要避免各个流程部门之间产生纠纷和相互扯皮现象，避免对企业发展战略产生不利影响，就要保证各个流程部门人员思想觉悟的一致性，让员工明白各个流程职责分工，以保障每个流程环节都能将任务执行到位，进而促进各流程部门之间的相互协调。

对于人员较少的小规模企业来说，做到环节清楚，流程清晰，分工明确，执行到位比较容易一些，但是对于人员较多的大型企业来说做到这一点就显得比较困难一些了，但是企业规模越是庞大，流程管理的细节问题及人员对流程的执行问题对于企业的高效快速运转和良性健康发展就显得异常重要。

管理一点通

很多公司不是缺少流程，而恰恰是流程太多，太复杂，缺少良好方法，不会把工作分解和汇总。通常人们只会对自己的战略负责，而不会对他人的战略负责，所以必须把任务进行详细地分解到人，越清晰的指令越能得到有效执行，要想真正有执行力，必须有配套的工具和方法。

执行绝不能忽视细节

细节绝不仅仅是指细枝末节，而是用心，是一种严谨的态度，只有用心，才能看到细节，才能看到细节背后事物之间的内在联系，才能把握好细节。忽略了细节，代价将会是惨痛的。

1485年，当时的英国国王到波斯沃斯征讨与自己争夺王位的里奇蒙德伯爵。决战马上就要开始了，战斗双方剑拔弩张。他们都知道胜败将在此一举，他们当中总有一方要戴上大英帝国的王冠，而另一方则只能沦为阶下囚。

决战开始的前一天，国王责令全军将士都要严整军容，并且要把所有的战斗工具调整到最好的状态，比如，确保足够的盾牌和长矛数量，使自己的钢刀更加锋利，以及使自己的战马更加勇往直前等。一位叫作杰克的毛头小伙子在这场战役中担任国王的御用马夫。他牵着国王最钟爱的战马来到了铁匠铺里，要求铁匠为这匹屡建奇功的战马钉上马掌。

钉马掌只是一件小活儿，却因最近战事频繁，铁匠铺的生意都好得不得了，所以铁匠对这个年轻的马夫有些怠慢。身为国王的马夫，杰克当然容不得对方这种轻视的态度，于是他端着架子对铁匠说："你知道这匹马的主人是谁吗？你知道这匹战马将要立下怎样的战功吗？告诉你，这可是国王的战马，明天国王就要骑着它打败里奇蒙德伯爵。"铁匠再也不敢怠慢眼前的小马夫了，他把马牵到棚子里开始为马钉马掌。

钉马掌的工作其实很简单，这个技艺娴熟的铁匠不知道已经为多少战马钉过马掌了。但是今天，就在为国王的御用战马钉马掌的这一刻，他却感到了为难，原来他手中的铁片不够了。于是他告诉马夫需要等一会儿，自己要到仓库中寻找一些能用于钉马掌的铁片。可是马夫杰克却很不耐烦，他说:“我可没有那么多时间等你，里奇蒙德伯爵率领的军队正在一步一步地向我们逼进，耽误了战斗，无论是你还是我都承担不起责任。”看到铁匠愁眉苦脸的样子，他又说:“你可以随便找其他一些东西来代替那种铁片吗？难道在你偌大的铁匠铺里就找不到这样一些东西吗?”杰克的话提醒了铁匠，他找到一根铁条，当铁条被横截之后，正好可以当成铁片用。

铁匠将这些铁片一一钉在了战马的脚掌上，可是当他钉完第三个马掌的时候，他发现又有新问题出现了，这一次是钉马掌用的钉子用完了，这不能怪铁匠储备的东西不够丰富，实在是战争中需要用的铁制工具太多了。铁匠只好再请求马夫等一会儿，等自己砸好铁钉再把马掌钉好。马夫杰克实在是等不及了，让铁匠再凑合凑合得了，铁匠告诉他恐怕不牢固，但马夫坚持不愿意再等了。这匹战马就这样带着一个缺少了钉子的马掌离开铁匠铺，载着国王冲到了战斗的最前沿。

最后的结果就如同那首歌谣唱的那样，国王在骑着战马冲锋的时候，没有钉牢的马掌忽然掉落，战马随即翻倒，国王滚下马鞍被伯爵的士兵活活擒住，这场战役以国王的彻底失败而告终。

千里之堤，溃于蚁穴；一个庞大的王朝，却被一个铁钉毁掉。过去听到类似的劝诫时，我们总是将其当作耸人听闻的耳旁风，当我们亲身体验到其中的滋味时，常常为时已晚。

管理一点通

小事成就大事，细节决定成败，没有任何工作是不值得好好去做的。如同演艺圈流传的名言:“无所谓小角色，只有小演员。”换句话讲，职位能带给你什么东西并不重要，重要的是，在这个职位上你可以奉献什么。怎样对待工作不仅能反映出一个人的工作态度，更能反映一个人是否有责任心。“把工作做到极致”的工作态度将会让你的上司和顾客都愿意加倍地信赖你，从而给你更多的机会。

把小事做到极致就是大事

或许有人会说:“我的工作太琐碎，既体现不出才华，也发挥不了什么能力。”

这也是借口。著名教育家陶行知先生说:“本来事业并无大小；大事小做，大事变成小事；小事大做，则小事变成大事。”

如果我们总想着“我不行”，那即使处在重要的位置上也不可能把工作做好；如果我们能想着“我可以”“我能行”“我真棒”，那即使是不起眼的工作也可以展现出能力，并成为发展的跳板。

一个大学刚毕业的女孩，被分配到一家报社，本以为自己可以一进去就当记者，但万万没有想到，领导让她做的工作居然是到通联部抄信封。

“抄信封这种工作，只要是会写字的都能干，我大学苦读四年难道就是为了干这种工作吗？领导也太瞧不起人了！”

换了一般人，没准一生气干脆就辞职不干了。

刚开始的时候，女孩也有点想不通，但她又想：既然领导这么安排，肯定有他的考虑，或许这份工作正好缺人。抱着这样的心理，她没有抱怨，而是认真地把领导交代的工作做好。三个月后，她一个人就能完成三个人的工作量。

她的表现被领导看在眼里，觉得这个女孩真不错，别人不屑一顾的工作能做得如此出色，如果给她更重要的位置，一定可以做得更好。于是，领导重新安排了她的工作，从此以后，她先后担任了文摘版、理论版和副刊的编辑……

或许我们每个人都曾经有过类似的经历：当我们经验不足、能力还没有被认可的时候，分派给我们的是最不起眼的工作，这样的工作与我们的期望有着巨大的落差。

在这样的时候，我们往往就会消极怠工，苦闷，彷徨，觉得没有出路，甚至一走了之。

伯乐其实一直都在那里，关键是你有没有让人看到你具有千里马的潜质。这也说明一个最简单的道理：小事做到“放光”，才能承担大事。

机会不在外面，而在自己手中。与其把时间浪费在盲目的选择上，不如沉下心来，把手边的工作做好，哪怕是最简单的工作。

达·芬奇的名作《最后的晚餐》享誉世界，但是你可能不清楚，最开始的时候，请达·芬奇画这幅画不过是为了给圣玛丽亚修道院的一个饭厅做装饰。

就算是一个最普通的三流画家都可以完成这件工作，况且，谁也不会期待在饭厅的墙壁上看到什么绝世佳作。然而达·芬奇却没有看轻这项工作，他以自己一贯慎重的态度，夜以继日地完成了这幅作品。

结果这幅画震惊了全世界，名不见经传的圣玛丽亚修道院因此名声大震，而默默无闻的达·芬奇也因此名垂青史。

如果当初达·芬奇以此为小事而随便应付，那么，我们今天不仅看不到这幅名作，恐怕也不会在美术史上看到达·芬奇的名字了。

机会不是想来的，也不是抱怨来的。在职场中，越给自己找借口，越没有机会。连一件小事都做不好的人，怎么可能做好大事？换了你是领导，你愿意把机会交给一个做任何事情都敷衍了事的人吗？

与其去羡慕别人有好的机会，与其以“我可是干大事的人”为借口，不如把手边的小事情做到极致，做到“放光”，自然就会有更多的机会！

管理一点通

不要怀疑你的工作，这个世界上大概可以分成两种人，第一种人目标非常清晰，这种人只要认准了目标，踏踏实实地、一步一步地走下去他就一定能够成功；第二种人没有目标，或者目标不清晰，这种人更要把注意力集中在当下，认认真真地做好你现在的每一份工作，然后这样一步一步地走到一个比较理想的位置上去。

第一次就把事情做对

中国一汽大众的车间有一排巨幅广告“第一次就把事情做对”。初看之下，众皆哗然。怎么这么“现代”的车间里，竟然会有这么“不客观”的广告呢？这样的广告不禁让我们思考：第一次就把事情做对，可能性到底多大？

静下心来想一想，不禁为一汽大众的广告所折服：要把事情做对，需要多少次？是四次？还是三次？最好是几次呢？当然是——一次！

第一次就把事情做对，是对员工的期待，它时时刻刻警醒员工们，要尽最大的可能，在接手每一件事情时，抱着“一次就做对的”信念。第一次就把事情做对，是对“质量”品质的要求，只有“第一次就做对”，才能尽可能减少废品，保证质量。第一次就把事情做对，需要员工有扎实的职业技能基础，需要员工对“第一次”从事的工作有充分的准备。

在工作中，有时即使是最简单的工作，还是有人一再出错。比如，某广告公司的员工就犯过这样的一个错误，在为客户制作的宣传广告中，将客户的联系电话中的一个数字弄错了。当他们把制作的宣传单交给客户时，客户由于时间紧，第二天就要在产品新闻发布会上使用它，因此没有详细审核就接收了。直到新闻发布会结束后，在整理剩下的宣传单时，才发现关键的联系电话有错误，而这样的宣传单已发放了5000多份。

客户一怒之下，向广告公司要求巨额赔偿。由于错在己方，而且客户召开新闻发布会的费用的确巨大。无奈之下，广告公司只好按照客户的要求进行了赔偿。但事情并没有就此结束，这件事情传开后，广告公司便在客户中失去了信誉，渐渐没有生意可做了，因为没有人再敢把自己的业务交给他们去做，害怕再出差错给自己造成麻烦和损失。

一次小小的失误，就把一家本来极有前途的广告公司打垮了。我们不妨设想一下，假如广告公司的员工在工作中能细心点，能一次就把事情做对，那么，这样的现象是完全可以避免的。

也许有人会说："第一次没做对不要紧的嘛，我可以做第二次，做第三次。"是的，第一次没做对时可以重新做第二次，甚至是第三次，但是这样做既浪费时间又会浪费精力。假如没有及时发现错误，就会像上文中的广告公司那样，给自己和他人都造成损失。

"第一次就把事情做对"是著名管理学家克劳士比"零缺陷理论"的精髓之一。"第一次就把事情做对"不仅仅是员工应树立"第一次做对"的观念，企业的经营者同样也应重视这个观念，无论是在做一件普通的工作，还是像经营一个企业这样的大事，都要抱着"第一次就把事情做对"的态度，唯有如此，才能尽量避免错误发生，才能尽量减少损失。

★★★★★★★★★★★★★★★★★★★★★★★★★★★

管理一点通

质量改进过程的终极目标是"零缺陷"或"无缺陷"的产品和服务，即让质量成为习惯。"零缺陷"并不仅仅是一个激励士气的口号，而是一种工作态度和对预防的承诺。"零缺陷"工作态度是这样一种工作态度，即对错误"不害怕、不接受、不放过"。因此，"零缺陷"

并不意味着产品必须是完美无缺的，而是指组织中的每个人都要有决心第一次及每一次都要符合要求，而且不接受不符合要求的东西。

执行要有效率

两个同年龄、同学历的女子同在一家公司工作，小陈青云直上，而小黄总是低小陈一级。小黄很不满意老板不公平的待遇。

终于有一天，小黄到老板那儿发牢骚:“老板，你交代我做的事，我都努力去完成。我几乎每天都把做不完的工作带回家去做，即使牺牲睡眠，我也在所不惜。我那么为公司卖力，为什么你总是升小陈不升我?”

“小黄，恕我直言。”老板开口说话了，“同样是朝九晚五，同样性质的工作，但是小陈能在下班以前就把工作完成。她能做到‘今日事，今日毕’，你却只能做到‘今日事，今夜毕’。我感激你的苦劳，但我更欣赏她的功劳!”

小黄哑口无言。她终于明白自己是输在效率上。

进入市场经济的新时代，那些光知道苦干、穷忙的人，越来越得不到认可。社会越来越认可一个新的理念：做任何事情都要讲究效率和效益。

某公司的财务部总监可以说是工作狂，据她在例会上称，曾连续加班三昼夜。大家都在纳闷，如此黑白颠倒，白天上班能有多少效率可言？结果后来事实的发展让人大跌眼镜，在该总监任职不到一年离职时，居然有半年的账未做。

有些人认为，工作时间越长，越能显示自己的勤奋。其实，工作效率和工作业绩是最重要的，整天忙忙碌碌但不出成果，并不是一个有效的工作者。

在讲究效率和效果的现代社会中，苦劳是不等于功劳的，认真工作不等于业绩，效率才是第一位的。

有一个企业家在致公司全体干部的一篇文章中说：多少干部兢兢业业，任劳任怨，身心疲惫，但部门工作只是流于应付日常事务或以“没有功劳还有苦劳，没有苦劳还有疲劳”自我安慰。但是当今社会，“莫斯科不相信眼泪”，同样，市场经济只认功劳，不认苦劳和疲劳。没有效率和效益的苦劳和疲劳只是消耗了公司资源，影响了公司发展。

商业时代以效率为先，凭业绩说话。企业中员工不管多么辛苦忙碌，如果缺乏效率，没有业绩，那么一切辛苦皆是白费，一切付出均没有价值。

“拿业绩来说话”不仅是公司对员工的要求，更是市场对企业的要求。市场不关心员工是否忙碌。如果员工取得的业绩微乎其微，给企业创造的利润少之又少，或者再不时地给公司造成损失，那么即使整天在公司里忙得团团转，又有何实在意义？

在这个时代，多的是“忙人”。他们每天急急忙忙地上班，急急忙忙地说话、急急忙忙地做事，可到月底一盘算，却发现自己并没有做成几件像样的事情。他们往往以一个“忙”字作为自己努力的漂亮外衣，却没有想到，这种忙，只能是“穷忙”“瞎忙”，并没有给自己和单位带来效益。

如果员工已身心疲惫但是一无所获，那么员工可能不是工作不努力，而是没有掌握提高工作效率的正确方法，在无意中浪费了生命。

管理一点通

企业的管理者也要有效率，没有效率的管理也是对企业有很大危害的。如果一个管理者的能力还没有一个员工的能力强，这样的管理者在管理的过程中经常会遇到很多麻烦的，比如企业的员工不服从领导的领导，这样的状况管理者自己也是非常难受的，每个管理者都希望自己能把企业管理好，员工能听从自己的安排，但是执行者的执行力差，工作效率低，在员工的面前就很难树立威信，这样的企业也是让人很纠结的。

管理者在自己的日常管理中一定要有效率，如果自己没有效率就要想办法提升自己的效率，现在很多企业的管理者在通过提升自己的执行力来提升自己的效率。

高效工作才有好业绩

业绩对员工和公司的重要性不言而喻，企业要蒸蒸日上，需靠好业绩，员工实现卓越也需要好业绩，没有业绩，一切都免谈。

现在大部分公司都实行岗位薪酬制，除一定数额的基本工资外，其余诸如奖金、福利等完全根据个人工作业绩来决定，业绩高则收入高，否则就只能是低薪。在销售、保险等行业，其收入更是取决于工作业绩，可以说完全视乎个人能力。

所以，作为一名员工，无论你曾经付出了多少心血，做了多大努力，也不管你学历有多高，工作年限有多长，人品是如何的高尚，只要你拿不出业绩，那么老板就会觉得他付给你薪水是在浪费金钱，你的结局也就不言自明。

现实就是如此，千万不要因此而责怪老板和企业薄情寡义。一个员工，必须要把努力创造业绩，为老板和企业谋利当作神圣的天职、光荣的使命。非如此，便纵有千般好，万般优，归根结底还是等于零，因为，业绩才是硬道理。

在《与公司一起成长》一书中有这样一个案例：

这已经是杰西卡的第三份工作了，她不明白为什么无论在哪个公司、从事哪一份工作，每到年底考核之后自己都会成为被炒鱿鱼的那个倒霉的人。凯茜、南希和自己学历相当，而且都是同一批进入公司的，她们现在都有了丰厚的业绩，而且在新的一年里都有望得到进一步的提升。

回首这一年自己的成果确实有些恼人，整整一年，杰西卡都没接到什么大单，也许这是整个行业都不景气的缘故吧。可是凯茜的客户资源却依然丰富，她似乎整天都忙着和客户谈判。南希虽然没有像凯茜一样丰富的客户资源，但是她也没让自己闲着，她的业务能力一直令杰西卡羡慕不已，即使是最糟糕的去年也有好几笔大单进账。

杰西卡找到了业务主管，希望主管再给她一次机会，她觉得主管并不是一个苛刻的人。主管正在办公室里看文件，杰西卡敲门之后进去了。刚刚坐下，主管就接听了一个电话，是公司总部打来的，杰西卡听到电话的另一端正在向主管下达解聘自己的命令，而主管则竭力向对方证明杰西卡是个不错的员工，对方沉默了一会儿，然后说道："我们也相信她不错，但是她可能并不适合在我们公司待下去，因为她一直没有像其他员工一样用业绩证明自己的优秀。我也没有办法，她必须离开，因为公司要发展，不能让任何人拖后腿。"

还能说什么呢？杰西卡只有黯然离开公司了。

市场经济下，公司要想获得很好的生存和发展，必须创造价值，而公司价值的获得靠的就是员工的业绩。一个为公司着想的员工，应千方百计地想着如何为公司创造价值，而要做到这一点，关键的就是拿业绩说话。要提高业绩，最有效的途径就是提高工作效率，高效工作才有高业绩。所以，如何高效工作就成为优秀员工要掌握的必备技能。

★★★★★★★★★★★★★★★★★★★★★★★★★★★

管理一点通

公司想要的结果和员工个人想要的结果是两个不同的结果，最直接的体现就是承担结果的主体不同，公司运营结果的好坏最终是公司在承担，而不是个人；个人职业发展结果的好坏，最终的承担者是个人。但是，公司想要的结果和个人想要的结果又是紧密联系在一起的：

公司想要的结果必须通过个人创造一个又一个的结果来实现；而个人想要的结果又受到公司经营结果的很大影响。一方面是因为个人的人力资源受到公司的支配，另一方面则是因为公司经营结果的好坏会影响个人的经济分配和职业成长的结果。

执行不到位等于没执行

做任何一项工作，“做了”不等于“做好了”，仅仅停留在“做”事情上，不仅做不到位，而且也难以收到预期的效果。

高效执行的关键就是执行要到位，执行不到位等于没执行，所付出的努力没有任何意义，白白耗费人力、物力和财力，比不执行的结果还要糟糕。

布朗是美国一位人气很高的演说家，他演说成功的重要原因是他能让听众及时见到他本人的相关材料，为了保证这一点他雇用了两名助手，一个叫乔治，一个叫凯特。这两个人截然相反的办事风格给布朗留下了很深的印象。

有一次，布朗要去英国做一次重要的演讲，他分派乔治做准备工作，反复嘱咐要把相关材料按时送到演讲地点。他在登机前，对乔治还是不太放心，就给他打了一个电话，确认一下事情是否办稳妥:“乔治，演讲需要的文件送到演讲地点了吗?”

“两天前就已经把材料快递过去了。”乔治回答说。

“对方接收到了吗?”布朗还是有点不放心地问道。

“应该收到了，当时快递公司说两天能送到。”乔治回答说。

表面上看来，该做的乔治都做了，而且为了稳妥起见，他还提前将材料寄出，但是他却疏忽了很重要的一个环节，那就是对材料是否送达演讲地点这一结果并没有进一步确认。结果，意外发生了，当布朗赶到演讲现场时，发现这边并没有收到相关材料，他只能凭着自己多年的经验临场发挥了，最后的演讲结果并没有达到预期的效果。

演讲失败的很重要原因在于乔治的执行到位意识淡薄。在他看来只要按照布朗的意思将材料寄出去，就等于完成任务了，快递公司定会在演讲之前把材料送到演讲地点，误了时间应该由快递公司承担责任，就不关自己的事了。这种做了就等于完事的认识很容易导致执行不到位的结果。没能按期送达，从事理上说，快递公司理应承担相应的责任，但是任务没做到位，乔治并不是一点责任没有。布朗安排乔治负责寄材料的目的就是为了在演讲时拿到重要的参考资料，如果不能达到这一目的，不管哪个环节出了问题，都是乔治没有把事情执行到位。其实，为保证执行到位，防止意外发生，乔治应该尽快地确认材料是否按时送达地点。如果没有送达应采取什么样的弥补措施以减少损失。

与乔治相反，布朗的另一位助手凯特是办事认真、一步执行到位的下属。两年后，布朗再一次到英国的同一个城市做演讲，在上飞机前，他想起了两年前发生的一幕，为了确保万无一失，他给凯特打电话询问材料的处理情况："所需的材料都寄出去了吗?"

"一周前寄出去的，那边的负责人说材料两天前就收到了。负责人告诉我，听众人数可能比预计的多三四百人，我就多寄了500份专门给听众准备的材料。我告诉负责人在演讲开始前把材料发到听众手中，以取得更好的效果。如果你感觉这样做不妥，我可以提前告诉他。"凯特回答说。布朗听了凯特的答复非常满意，还表扬他办事能力强。

很多人之所以工作不到位，原因往往在于自认为工作已经完成了99%，就算差不多完成了，心理上一放松，便忽略了最后的1%。但是，这最后的1%却是至关重要的。它之所以重要是因为只有做好了最后的1%成果才会显现出来，少做一点儿都不行。往往就是因为少做了这一点，许多人与成功失之交臂。做任何事情，越到最后越关键，就像打锣一样，俗话说“一锤定音”，就是指铜匠打下的最后一锤是最关键的。

★★★★★★★★★★★★★★★★★★★★★★★★★★★★

管理一点通

一个人在工作中一旦养成了有始无终、半途而废的坏习惯，就永远不可能出色地完成任何任务。这时他也许会靠一些小伎俩来蒙混过关，可惜重过程更重结果的老板很少会连续上当。

如果你有能力，业绩却远远落后于其他人，不要埋三怨四，最好自我反省一下：自己是否善始善终地把工作进行到底了？如果不是，这就是你为什么失败的原因。对于任何一件工作，要么不做，要做就要有始有终、彻彻底底地去完成它。

工作要做到零缺陷

工作准则或信念必须是“零缺陷”，而不是差不多就好。差不多就好是说我们将在某些时候满足要求，或者是每次都符合大部分要求。而“零缺陷”的工作信念，则意味着我们任何时候都要满足工作过程的全部要求。它是一种认真地符合我们所同意的要求的个人承诺。如果我们要让工作有质量，那么我们绝不向不符合要求的情形妥协，我们会极力预防错误的发生，而我们的客户也就再不会得到不符合要求的产品或服务了。

创造了企业界神话的海尔集团之所以会有很高的执行力，这除了与它强大的企业文化有关之外，还与其“零缺陷”管理的做法有关。

1984年，张瑞敏入主青岛冰箱总厂后，他向员工反复强调产品质量的重要性，但是受到传统做法的影响，员工对产品质量的重要性还没有产生足够的认识。1985年4月，张瑞敏收到一封用户的投诉信，投诉海尔冰箱的质量问题。张瑞敏二话没说，立即到仓库中对储存的400多台冰箱进行一一检查，发现了76台存在质量问题的冰箱，其中有些质量问题看起来是微不足道的，但是张瑞敏却不依不饶地找到检查部，要求检查部搞一个劣质产品展览会，在展室里面摆放上那些劣质零部件和劣质的76台冰箱，通知全厂职工都来参观。

员工们对这些存在质量问题的产品参观完后，张瑞敏说，这些冰箱必须就地销毁，否则就无法杜绝以后出现类似的产品。于是，他当着全体员工的面，高高举起一把大锤砸向这些问题冰箱，然后与责任者一起把这些产品全都销毁，76台质量不合格的冰箱顷刻间成了一堆废铁。

砸冰箱事件强化了员工的生产责任心，砸出了把工作一步做到位的意识。在海尔的7个工业园40个制造单位中，每个工业园和制造单位都把“精细化，零缺陷”作为工作的目标和工作理念。海尔集团从1998年开始实施的内部市场链的流程再造活动中，每个岗位都定出了“零基目标”及实施标准，“零缺陷、零延误、零投诉、零冗员”，经过几年的实践，这些基础性的工作已见成效。较为典型的是冰箱事业部采取的新举措：将生产现场出现的每一个废品都换算成“现金”来衡量，并且都要落实责任人承担。“零缺陷”的理念一步步强化着员工认真执行的意识，促使员工主动发现出现质量问题的原因，找出改进的措施，降低了不合格产品的数量，提升了海尔产品的品质。

工作“零缺陷”，就是不放过任何一个会影响到执行结果的环节，高标准、严要求地实现零缺陷管理。企业管理者要发展壮大自己的企业，就要把任务的执行当作一个系统来看待，每一次和任何时候都不能松懈，不放过任何一个可能会对执行结果造成不利影响的瑕疵。管理者还应该从全局的角度使每位员工认识到认认真真做好本职工作的重要性，因为一位员工1%的闪失会让公司其他员工100%的努力化作泡影，1%的瑕疵都可能对顾客造成100%的损失，还给公司形象造成难以挽回的巨大损失。

★★★★★★★★★★★★★★★★★★★★★★★★★★★

管理一点通

如果把“零缺陷”放进企业运营的系统中，不难发现，管理和运营的最大漏洞，也就是“零缺陷”工作最大的障碍，就是管理与一线的脱节。公司规模越大，一层一层往上走的环节就越多，决策与现场的距离也就越远。“零缺陷”工作以现场为中心，所有的分析、改进、计划、实施，都发生在工作现场，因为一旦离开现场，人对问题的分析和判断就会脱离现场实际，这就会产生工作失误和缺陷。

把事情做得圆圆满满

管理者要带头执行到位，管理者不仅要让下属把事情做得无懈可击，而且自己也要执行各项规定，做到让别人无可挑剔自己的行为。为此，管理者要了解执行到位的三个层次或者说三个境界：保证完成任务，达到预定的结果；以最低的投入获得最大成效；把事情做得圆圆满满。前两个层次是执行到位的较低境界，它们只是满足了领导者单方面的要求和目标，或者创造了利润和价值，或者创造性地完成了任务。但不管是达到领导者想要的结果还是获得超额价值，讲的都是一方获益。对于行为的相对方来说，这样的结果算不算理想的结果，就不得而知了。

而执行的第三种层次或境界——把事情做得圆满，讲的不仅仅是执行的结果对组织有利，而且要实现双赢，也要实现客户利益的最大化，把事情做得没有任何缺陷和漏洞，达到客户的要求，在此基础上产生“品牌效应”，为单位带来额外效益。这是对一个优秀执行者的最高要求。

北京有一家位于市中心的普通的酒店，酒店领导层对基层服务人员的工作要求就是不仅要为酒店创造效益，而且要为旅客提供圆满的服务，把酒店的服务品质传播开去。

为了实现这样的结果，酒店的服务人员在平凡的岗位上几十年如一日地用自己的真诚感动着顾客。

有一次，一位外国游客第一次来北京办事，住在这家酒店，因为对北京路线不熟悉，就对酒店的一位服务员说:“我想明天去某某地办事，你能帮忙给我买一张地图吗?”服务员用英语微笑着说:“没问题，您等一会儿，我马上拿给您。”不一会儿，服务员就给外国客人拿来了地图。但是这位服务员并没有马上离开，而是很热情地对这位客人说:“北京的交通线路比较复杂，您方便告诉我要去的地点吗？我可以指给您最方便的乘车路线。”这位客人一听，心里很是高兴，就把要去的地点告诉给了服务员。服务员打开地图，先指给客人现在的位置和要去的位置，告诉他几条可以选择的公交路线，并对每条路线的路况进行一一分析，最后建议他选择路程较长的乘车路线。因为较短的路线并不省时，容易堵车，而较远的路线虽然有些偏僻，但是车辆较少，红绿灯也少，要比较短的乘车路线节省半个多小时。第二天，这位客人按照服务员的建议，很快就到达了办事地点。办完事后，他有意地选择从较近的路线返回，果然像服务员说的那样堵了很长时间的车，心想幸亏当时没有选择走这条近路，否则非耽误事不可。

回到酒店，这位外国客人对酒店提供的贴心而周到的服务感到非常满意，从这以后，他每次来北京办事或者带领团队来北京参加会议，都会毫不犹豫地选择这家酒店。酒店处处注重服务的圆满，时时为客户着想，耐心细致地为客户解决问题，不仅为客人提供了超值的服务，而且在客户心中树立了很好的品牌形象，为自己创造了超额的价值回报。这就是圆满所创造的效果和奇迹。

达到执行到位的这一最高境界绝不能仅仅依靠口头上的教条，而是要靠用心把事情做圆满的实际行动。

★★★★★★★★★★★★★★★★★★★★★★★★★★★★

管理一点通

身体力行干工作，更要注重“用心”做事。在工作中，我们往往按部就班，按照岗位要求去完成工作，缺乏创新思维。例如领导交代或安排做什么工作，便按照既定的路线去完成，这种工作方式是“用手”，是“身”的实践，这种典型规规矩矩的工作套路，只能停留在做了的层面上，工作只会是一成不变。执行的最好境界，“要做就要做到最好”。

抱定“只有更好”的进取心

对待自己的工作，千万不要因为99.9%的成功而沾沾自喜，只要你还有0.1%的错误和不足，你的成功就不是完美的，随时可能被他人取而代之。

如果满意于自己的现有成绩，不思进取，最终会被自己的“优秀”打败、击垮，由盛而衰……抱定“没有最好，只有更好”的进取心，坚持负责到底，永远把自己当新人，才能永远立于不败之地。

千万不要仅仅满足于99.9%的成功。

许多公司沾沾自喜于99.9%，认为质量合格率达到99.9%，就可以心满意足了；认为服务水平和客户满意度达到99.9%，就可高枕无忧了；认为计划完成率达到99.9%，就可万事大吉了……难道99.9%就足够好了？殊不知，99.9%并不意味着无可挑剔。

对公司来说，产品合格率达到99.9%，失误率仅为0.1%，看似已经无可挑剔了，但对每个消费者而言，如果遇到0.1%的失误却意味着100%的不幸！

某电热水器生产厂，声称自己的产品质量合格率为99.9%，各项指标安全可靠，并有双重漏电保护措施，让消费者放心大胆使用。一位消费者购买了该厂的电热水器，恰恰不幸摊上了0.1%的失误。

像往日一样，这位消费者未关电源就开始洗澡，意想不到的是，热水器漏电，而漏电保护装置又失效，他正好被电流击倒，一只胳膊当即被打断。按说，带电使用电热水器属于正常操作范围，不应出现这样的事故，即便发生漏电，漏电保护装置也会立刻断电，以确保使用者的安全，然而，这家公司99.9%而非100%的合格率，却对那位消费者造成了莫大伤害。

物美价廉，是客户选择产品的第一理由，否则，客户根本不可能选择你，更不可能让你得以实现自己的利益。对此，海尔公司深有体会，并有许多令人效仿和称道的地方。海尔认为:“有缺陷的产品，就是废品”，不应该生产出来，更不能流通到市场上坑害消费者。

一次，海尔公司副总裁杨绵绵到分厂检查工作，在一台冰箱的抽屉里发现了一根头发丝。她马上召开相关人员会议，有的人不服气地说一根头发丝又不会影响冰箱质量，拿掉就是了，何必小题大做呢？杨绵绵却态度坚决地告诉在场的干部职工:“抓质量就是要连一根头发丝也不放过!”

又有一次，一名洗衣机车间的职工在进行“日清”时，发现多了一颗螺丝钉。大家都意识到，这里多出一颗螺丝钉，就意味着哪一台洗衣机少安了一颗，这可是关系到产品质量和公司信誉的大事。为此，车间职工下班后主动留下，复检当天生产的1000多台洗衣机，用了两个多小时，终于把问题查了个水落石出——发货时多放了一颗螺丝钉。

对质量的追求几近偏执狂的做法，才可以使产品优质可靠。而公司里所有的人，包括管理者和员工同样对质量一丝不苟，视缺陷为废品的态度，又怎能不使产品尽善尽美，赢得顾客的广泛信任和喜爱呢？

在客户服务中有一个公式：99.9%的努力+0.1%的失误=0%的满意度。这个公式说明：你纵然付出了99.9%的努力去服务于客户，去赢得客户的满意，但只要有0.1%的失误、瑕疵或者失误，就会令客户产生不满，对你的满意度降到最低。

如果这0.1%的失误，正是客户极为关注和重视的方面，或给客户带来的损失及伤害巨大，就会使你前功尽弃，以往所有的工作全部付之东流，被客户无情地抛弃。

无论是公司还是个人，如果仅仅满足于99.9%的成功和优秀，是骄傲自满、不思进取的表现，只能裹足不前，不可能有什么大的作为和发展，更可怕的是，当竞争局势发生变化时，他很可能第一个遭到市场抛弃，淘汰出局。实际上，做到"零缺陷、零失误"并非不可能，只要每个员工牢记自己的工作使命，保持高度的责任心和敬业精神，就必定能将工作做到尽善尽美，就能赢得客户的满意和认可，形成公司强大的竞争力。

★★★★★★★★★★★★★★★★★★★★★★★★★★★

管理一点通

千万不要得意于99.9%的成功，只要你还有0.1%的错误和不足，你的成功就是不完满、有缺憾的，随时可能被他人替代和颠覆。就像特洛伊战场上的阿喀琉斯，纵然有千军之力和金刚不破之身，但因脚后跟上那一点小小的"破绽"，便使其横尸疆场，无以复生。

用企业文化提高执行力

企业文化是企业的独特个性，它是企业组织的一部分，是企业提高执行力的内在动力。如果一个企业没有自己独特的价值观、行为规范、办事作风，那么这个企业就很难发展壮大。

领导大师约翰·科特说过:“只要你是成功者，你就会有一种企业文化，不管你是否想要。而没有企业文化的，只能是那些长期以来不断失败，而且预兆着继续失败的公司。”执行力的关键在于通过企业文化来影响员工的行为，因此，营造一个适合企业自身执行力的文化，就显得尤为重要。企业文化是指一个企业认可并推行的一系列价值观、行为方式与处理事情的原则。

国际著名的战略发展研究机构——兰德公司通过长期研究发现，以企业理念、企业价值观为核心的企业文化，是企业最核心的竞争力。他们还发现，优秀的企业文化在成功企业的发展过程中起着举足轻重的作用。任何一家成功的企业都有自己独特的文化，都有着非常明确的原则以及坚定的信念。这些原则和信念似乎很简单、很平常，但正是这些简单、平常的原则和信念成为了推动它们发展的强大力量。

国际商用机器公司的经理要求每位成员都遵循三项基本的原则：尊重个人、争取最优、提供优质服务。这三条原则经过长期不懈的坚持，就形成了适合这个公司的企业文化。该公司的每一任经理对所有雇员一视同仁，任何下属，除非他或她一直达不到明确的标准或违犯道德准则，他将不会失去工作。白领、蓝领在这个公司没有什么差别。国际商用机器公司正是因为该公司的经理把适合该公司的企业文化搞得好且做到了随时代变迁而变化，终于保持了百年历史而长盛不衰。由此可见，企业的执行力是产生于企业文化之中的，同时它又反作用于企业文化，所以成功的企业应该将执行力融入企业文化之中。

企业文化是企业发展的深层推动力。在当今时代，企业的发展比任何时候都更需要文化的支持。任何一家想成功的企业，都必须充分认识到企业文化的必要性和不可估量的巨大作用，在市场竞争中依靠企业文化来带动生产力，从而提高企业的竞争力。拥有自己文化的企业未必都能成功，但没有自己文化的企业注定不会成功。

哈佛商学院通过对世界各国企业和组织的长期分析研究得出结论："一个企业本身特定的管理文化，即企业文化，是当代社会影响企业本身业绩的深层重要原因，判断企业文化是否会促进企业的发展和提高企业的竞争力的唯一准则就是该企业文化是否提高了企业的执行力。"

国际上那些大企业，如可口可乐、IBM，它们之所以能够成功，就是因为它们拥有具备执行力特征的企业文化。总部设在加州的惠普公司不但以其卓越的业绩跨入全球百家大公司的行列，更以其对人的重视、尊重与信任的企业文化闻名于世。作为大公司，惠普对员工有着极强的凝聚力。到惠普的任何机构，你都能感觉到惠普人对他们的工作是如何满足。这是一种友善、随和而很少压力的气氛。在挤满各阶层员工的自助餐厅中，用不了3美元，就可以享受丰盛的午餐，笑声洋溢，仿佛置身在大学校园的餐厅中。

惠普的成功，靠的是"重视人"的宗旨，惠普重视人的宗旨源远流长，目前还在不断地自我更新。公司的目标总是一再重新修订，又重新印发给每位员工。每次都重申公司的宗旨："组织之成就乃系每位同仁共同努力之结果。"然后，就要强调惠普对有创新精神的人承担的责任，这一直是驱使公司取得成功的动力。惠普的创建人比尔·休利特说："惠普的政策和措施都是来自于一种信念，就是相信惠普员工想把工作干好，有所创造。只要给他们提供适当的环境，他们就能做得更好。"这就是惠普之道。惠普之道就是关怀和尊重每个人和承认他们每个人的成就，个人的尊严和价值是惠普之道的一个重要因素。

惠普公司的成功相当程度上得益于它恒久的企业文化：惠普公司对员工的信任表现的最为清楚，实验室备品库就是存放电器和机械零件的地方，工程师们不但在工作中可以随意取用，而且还鼓励他们拿回家去供个人使用。惠普公司认为，不管工程师用这些设备做的事是否和他们手头从事的工作项目有关，反正他们无论是在工作岗位还是在家摆弄这些玩意儿，都能学到一些东西。因为它充分相信员工，公司员工才会与它有难同当、有福同享。归根到底，它是一种精神、一种理念，员工感到自己是整个集体中的一部分，而这个集体就是惠普。

在惠普有一个理论，在新招来的员工中，5 年后，大概只有 50%的人留下；10 年以后，大概只有 25%会留下。比如 10 年前惠普招了 4 个人，5 年以后就剩下 2 个人，10 年后就剩下 1 个人。“可是留下来的这个人，肯定已对惠普文化坚信不疑，行为举止也是惠普化的，这样的人肯定会帮助惠普做出很多有益的贡献。”惠普的成功，其企业文化发挥了至关重要的作用。那么如何才能创造出像惠普的文化一样有执行力的企业文化呢？

其实，任何企业文化的塑造都没有现成的模式可照搬，它都需要经历建造、修正、完善这一过程，并因时因势地不断创新。但是，这并不是说无章可循，因为任何成功的企业文化都有一个共同特征，就是它一定是围绕企业执行力创建的。

管理一点通

企业文化是企业及成员的价值追求和精神动力的凝结，是企业基业长青的灵魂；执行力是左右企业成败的重要力量，也是区别企业平庸与卓越的重要标记。文化与执行，看似独立，却又息息相关、相辅相成，若能将二者完美结合，便能激发其无限的力量。

成就强有力的执行力文化

许多企业常常是策略、愿景一大箩筐，议而不决，光说不练，流于“口号管理”，策略、愿景没有落实到具体的目标、计划上，也未将目标、执行方法列出时间表，更没有根据达到的程度订立赏罚标准。这些公司的管理常常粗而不精，只是按照一些基本的规章制度大而划之地进行。

这样的企业，必然患上一种“组织末梢神经麻痹症”，越到执行最关键的基层，员工越是对工作拖拖拉拉，习惯了不痛不痒、马马虎虎，习惯了得过且过、敷衍了事；一旦认真起来，却又呆头呆脑不知灵活变通。他们会私下给自己找理由:“毕竟，公司于我何有哉!”一旦整顿来临，头一低，风头过了，“又是一条好汉”，依然我行我素。这就是公司基层执行力败落的表征。执行力说起来很简单，那就是说到做到，言行一致，快速地执行，彻底地执行。但是这一看似简单的事情却成为许多企业难以解决的头疼问题，这除了与个人的执行能力有关之外，还在很大程度上与企业是否有着成功的执行力文化有关。

强大的企业文化是落实执行力的有力保障，那些取得很好经济效益的知名企业都非常注重执行力文化建设，以良好的企业文化激发员工的积极性、主动性和执行力，从而实现了企业的预期发展目标。

作为世界知名家电制造商的海尔集团就是一个善于营造企业文化，用文化培育人，用文化塑造人，用文化激励人，用文化培育创新意识和打造超强执行力的品牌企业。而且在兼并企业时也非常注重文化的融合和同化作用，以保持企业在激烈的国内国外市场竞争中占有有利的地位。海尔有着怎样的执行力文化，又是如何打造超强的执行力文化的呢?

首先，海尔将员工的价值观与企业的价值观融为一体。企业价值观指的是企业在经营过程中推崇的基本信念和奉行的目标，是为企业绝大多数成员共有的关于企业意义的终极判断，它是企业文化的核心或基石。

企业价值观一旦为全体成员所接受，并以之为自豪时，员工就会把为企业工作看作是为自己的理想奋斗，不管遇到怎样的困难都会坚决地执行。为了做到这一点，海尔集团采取了“现场、案例、纪实、互动”的宣传形式，通过企业电视台、广播站等内部媒体传播内部消息，对发现的问题或者经验即时播报。一周播报三期，同样内容重播两天。这样，员工在食堂吃一顿饭的时间就能收听或收看四遍，两天就是八遍。

当员工的价值观与企业价值观融为一体，企业的价值观得到认同之后，海尔还注重将企业的执行文化植根于每个员工的内心深处，使员工按照企业所倡导的理念去做，做事方式符合企业文化要求。

为此，1998 年开始，海尔就组织员工以画漫画的形式来表现企业的核心理念，员工画的漫画定期发表于《海尔人》报纸上，并且有员工署名并标注员工所在单位。当你走进海尔后，你会发现车间、食堂、办公区的墙壁上甚至楼道里，随处可见员工所画的漫画。这种做法在全世界的企业文化建设领域是一种很好的创新，它使海尔人加深对企业文化的理解，许多事情执行起来更容易一步到位。

在强化企业价值观的同时，海尔还高度尊重和认可每位员工的个人价值，干好了就表扬和激励，这是海尔文化的一个特色。为了将执行力落到实处，海尔还营造了一种高度负责的企业氛围。在海尔的空调事业部的每部电梯旁边都可以见到一个蓝色的标签，上面标明了电梯的“设备状态”“维修人员”“操作人员”“编号”等内容。就连一个小小的开关都有编号、负责人和检查人。

在一般企业不容易得到执行或者容易被疏忽的地方，在海尔都很好地得到了落实，这反映了海尔集团优秀的执行力。在这种浓厚的责任氛围的影响下，在一般工人看来单调重复、枯燥乏味的工作：取配件、拧螺丝、接电线、检查机器……海尔的员工不但不会感觉到枯燥，还会产生了无穷的干劲，这就是海尔企业文化的力量。这正如海尔集团总裁所说，如果没有执行力文化的支撑，员工只是被动地执行，就如同下雨了才去买雨衣，就无法适应外界环境的变化。只有迅速反应、马上行动、主动执行，高层的决策才能不走样地落实到位。

海尔还提倡“思方行圆”的企业文化，也就是对工作的基本原则、基本理念在思想上要坚守不渝，而在实际执行中更加注重灵活性和创造性。这种文化从公司中心大楼的建筑外观可以得到很好的体现，中心大楼的外面是方形的，但从内部看，却是一个圆形的空间从底层贯通至顶。海尔将这种企业文化很好地融入每位员工的实际行动中。

★★★★★★★★★★★★★★★★★★★★★★★★★★★★

管理一点通

对于执行不力，头痛医头、脚痛医脚当然不行，它只会让企业更加忙乱。根本的解决之道，是建立一种执行文化，让所有文化的终极——执行文化来影响执行者的意识，进而改变他们的心态，最终让执行者自觉改变行为。所有企业文化都以改善执行效果为最终目的。那么，我们为什么不可以直接建立一种“执行文化”呢？执行文化，就是把“执行”作为所有行为的最高准则和终极目标的文化。所有有利于执行的因素都予以充分而科学的利用，所有不利于执行的因素都立即排除。这样的团队注重现实、目标明确、简洁高效、监督有力、团结、紧张、严肃、活泼。这样的团队，战无不胜。

执行要加强协调

每个企业都是由若干不同的个体组成的团队，但团队的整体力量并非所有个体力量的简单相加，关键是个体之间的组合和协作程度。

在一个企业中，我们通常会看到这样的场景：为同一个项目，同一部门之间的员工常常发生撞车，互相竞争、互相拆台，搞得项目无法执行，不仅浪费人力、物力、财力，也有损部门的整体形象，甚至在整个组织系统中产生不好的影响。

如果哪位中层领导总是坐在办公室里苦思索下属为什么总像一盘散沙，那么他应该看看赛龙舟。看完赛龙舟后，他一定会大受启发，茅塞顿开。

赛龙舟的场面甚是壮观。“当”的一声锣响，十来条披红挂彩的龙舟在江岸边数万名观众的呐喊中箭一般地冲出去。你看那龙舟上的十几名划船人，在号令员的指挥下，动作是多么的协调一致！似乎有一条无形的绳索将他们连接在一起，而绳索的一端，紧紧地握在号令员的手中，随着号令员的指挥，他们强壮的手臂同时地举起来，又同时地挥下去，那种高度一致的行动确实令人赞叹。最先到达终点的肯定是行动上最协调一致的船。胜利的荣誉不是属于某个人的，而是属于龙舟上的群体，包括号令员和每一位划船手。

作为企业领导，重中之重是协调各方面的关系，把团队的所有员工的努力拧成一股绳，使他们朝一个方向发挥合力的作用，指导他们去执行一项共同目标的活动，体现出团队精神，让他们成为最快的那条“龙舟”。

协调是管理、执行工作的一项基本职能，加强协调是执行工作的客观要求。

卡耐基说过:“组织的第一个原则就是协调。协调是一个首要的法则。”协调的过程是体现中层领导执行水平的过程，协调的效果关系到整个管理行为的成败。

概括地说，协调的意义有以下四点：

(1) 协调是实现目标的重要条件。协调的目的在于谋求组织和全体人员思想的统一和行动的一致，以实现组织目标。

(2) 协调是组织和人员团结统一的需要。通过协调使组织内的各部门、各要素之间密切配合、互相支持开展工作。

(3) 协调是提高效率，减少浪费的重要手段。协调可免除工作中的扯皮和重复，减少摩擦、冲突和内耗。

(4) 协调是调动广大领导、员工积极性的重要途径。

最成功的中层领导，不一定是最优秀的行业带头人，但一定是最优秀的中间协调员。只有这样，才能产生协同效应，提高组织的执行力。

★ ★

管理一点通

执行中的协调，是指执行者为了实现决策目标，而引导执行组织之间、人员之间建立良好的相互配合、协作关系的行为。其目的是消除执行过程中各环节之间的不和谐现象，因此，协调与合作是平行的。

执行要选对人才行

执行力是组织贯彻落实领导决策、及时有效地解决问题的能力，它包括众多的内容，而任务由谁来执行，执行者的业务素质如何是决定执行力高低最关键的因素。从某种意义上说，选对人意味着执行成功了一大半。

在用人上，柳传志有着自己的一套标准，那就是唯才是举、唯德是举。能力强我就用你，能力不强我就不用你；道德上没有问题我就用你，道德上有问题我就不用你；你不行我就让你下台，开除你。以这样的标准，柳传志发现了后来担任联想公司总经理的杨元庆这名“得力大将”。

柳传志在与杨元庆接触一段时间之后发现，杨元庆并不是像企业里其他领导者一样运筹帷幄、决胜千里的帅才，而是事业心很强、政治野心很弱、执行能力很强的将才。在柳传志心中，杨元庆这样的人才是公司的宝贵资产，比什么都重要。

杨元庆超强的执行力表现为在千变万化的环境中处理危机的能力。1993年，国外计算机品牌大量进入中国市场，一直飞速增长的联想第一次没能完成既定的目标，柳传志决定让杨元庆将联想的业绩从低谷之中拯救出来。

临危受命的杨元庆有一股牺牲奉献的精神，没有个人的患得患失，没有考虑过做得好会怎么样，做得不好会怎么样，也很少考虑是否太冒进了会影响到自己前程的问题，所以执行任务时能义无反顾，当仁不让。当时柳传志虽然对杨元庆能不能将联想计算机搞上去，心里还没有十足的把握，但是他对杨元庆的这种做事风格看得一清二楚:“杨元庆看准目标后，会用命去做，不屈不挠，义无反顾，不达目标绝不善罢甘休。”

这种高效的做事风格使杨元庆为联想创下了很高的业绩。1994年，联想在港支所上市后一个月，杨元庆就被任命为电脑事业部总经理。在短时间内，杨元庆重组电脑事业部，电脑的销量大幅度提升，最终给柳传志上交了一份比较满意的答卷。

柳传志对杨元庆这样评价道：杨元庆对于联想的最大贡献之一，就是他在别人不可能成功的地方，把联想电脑做成了中国第一品牌。1996年，联想PC（个人电脑）曾经在杨元庆的带领下打败了戴尔、惠普和康柏，由此打破了国外品牌PC一直霸居中国市场的局面，登上了国内市场的第一名，树立了中国品牌个人电脑主导中国市场的信心。杨元庆身上体现出来的这种全力以赴、高效执行的能力是做事成功的必备能力之一，有很多本来很优秀的人最后未能取得成功，原因就在于缺乏全力以赴的牺牲精神。

杨元庆不仅注重自身执行力的提高，而且还注重整个企业执行力的建设。1997 年，杨元庆将“严格文化”引入联想，并确立了“认真、严格、主动、高效”的管理方针，还毫不客气地细数联想执行力下降的症状。2001 年，联想自 1993 年以来第一次没有完成季度任务。半年后，杨元庆开始大张旗鼓地向联想“大企业病”和“体内病毒”开火。对杨元庆雷厉风行的工作作风，柳传志评价说：“杨元庆的为人特点是，丝毫不隐瞒自己的观点，对什么事有什么意见都能明确地提出来。”

除了杨元庆的办事风格，柳传志也非常欣赏杨元庆在电脑方面的业务能力，他对此的评价是：“他坚持每天看专业技术、企业管理、各种信息资料，知识底蕴非常深厚；善于总结经验教训，能根据实际情况及时调整自己的思维，可塑性比较强。”“杨元庆对 PC 业务的感觉非常好，从 1994 年后一路过关斩将，对于如何定产品、如何销售、如何服务，都由其一人定夺，最后效果都不错。”因此，柳传志对杨元庆这颗新星的冉冉升起常说的一句话就是“这个人用对了”。

柳传志不仅善于任用会执行的人，而且其人本身就是有着很强执行力的领导者，这与他所接受的军事教育是一脉相承的。首先，他能够把握企业发展的大方向，这是正确执行的前提条件。在联想 20 多年的成长历程中，方向性决策没有出现过大的错误。在发展方向上，2000 年之前联想一直专注于电脑行业，没有进入其他行业，这是源于其内部的能力。联想出身于中科院计算所，有一个路径依赖，使他最大限度地发挥了企业的核心能力，这保障了联想的成功。其次，柳传志对执行监督有力，自己以身作则，要求下属做到的自己首先会做到，说到的就会办到，说要上交 200 万利润就上交 200 万利润。最后，他非常重视企业的执行力文化建设，这种基于文化的领导力使得自己获得了企业上下的一致信任和广泛的尊敬，也使得自己在位二十几年能够牢牢控制局面。

管理一点通

要获得超强的执行力，领导者不仅要选对人，自身也应是执行力很强的人，唯有执行力意识强的领导，才能率领具有良好执行力的下属，完成出色的业绩。

执行要抓住问题的关键

抓住问题的关键才能把事情做对做好，关键部分往往对事物的发展起着决定性的影响，在工作中，只有抓住问题的关键才能从根本上解决问题，否则一切都将是徒劳一场。

从前，有一位守园人看守着一座官家园林。

园子中长着一棵毒树，这棵毒树虽有毒，但长得非常好，大大的枝丫伸向空中就像一把撑开的伞，引来许多游人到园中游玩观赏，停在这棵毒树下乘凉休息，结果沾上了毒气，有的头痛欲裂，有的腰酸背痛，有的甚至躺在树下再也起不来了。

守园人知道这是一棵毒树，又亲眼目睹众人在树下休息不是得病就是亡命的遭遇，就决心用斧子砍掉这棵毒树。

他找来一把一丈长的长柄斧子，远远地站着砍倒了毒树。可奇怪的是，不到十几天，毒树又重新长起来了，而且枝叶变得更加茂盛，团团簇簇，煞是好看，还有那说不出的种种奇妙之处，众人见了没有不喜欢的。

由于众人不知底细，看到这么一个好地方都纷纷争着抢着到这棵树下来乘凉。可是还没等太阳的影子移开，人们就又遭到了毒害的厄运。

守园人见了。又像以前一样，拿着长柄斧子远远地砍树。可是没多久，树又长出来了，而且长得比被砍之前的更加好看。就这样，守园人砍了一次又一次，但每次砍后不久毒树又重新长出更好看的枝叶来。

那个守园人的族人、亲戚、仆人等，都是因贪图在这树阴下乘凉享乐而中毒身亡。只剩下守园人孤身一人，日夜忧愁苦闷，哭哭啼啼地在路上走。

不一会儿，他碰到了一位老者，就向老者哭诉自己的不幸遭遇。

老者听后，对守园人说："你的这些不幸遭遇和痛苦，完全都是你自己造成的！要想堵住流水，就得高筑堤坝；要想砍倒毒树，就必须挖掘树根啊！像你每次砍掉的仅是毒树的枝干，就好比是给毒树修剪枝叶一样，怎么能叫砍树呢？你现在赶紧去挖掉这毒树的根吧！"

从这个故事中我们可以得到这样的结论：落实执行力关键是要到位，而把事情一步执行到位就要抓住问题的关键点，这样才可以减少不必要的麻烦，提高执行的效率。

在企业管理中，许多管理者可能也遇到过因没有抓住问题的关键，虽然采取种种措施，又是监督，又是培训，又是颁布新标准，还有其他的措施，最终企业的战略目标还是落空的现象。但是抓住了问题的关键之后，将管理者的目标变成执行者的目标，执行者在为自己的利益而努力的同时，就相当于为企业的目标而努力，这样许多问题都会很容易地一步执行到位了。

★★★★★★★★★★★★★★★★★★★★★★★★★★★★

管理一点通

抓住问题的关键才能把事情做对做好，关键部分往往对事物的发展起着决定性的影响，只要你坚持这种工作方法，你将会变得越来越富有成效，你取得的成就也会越来越多。你的工作成果，你的表现以及你的报酬将会增加，并且最终会成倍增长。

问题总会有方法

主动找方法解决问题的人，总是社会的稀缺资源。不管是国内还是国外，只要有这样的人出现，他们就能够像明星一样闪耀。哪怕他没有刻意去追求机会，机会也会主动找上门来。假如你通过找方法做了一件乃至几件让人佩服的事，就能很快脱颖而出，并获取更多的发展机会。

最优秀的人，是最重视找方法的人。他们相信凡事都会有方法解决，而且是总有更好的方法。有问题就要解决。怎样解决？当然是用方法解决。只要找对了方法，再难的问题也不是问题。

1. 类比法

类比法是从两个和两类对象具有某些相似或相同的属性的事实出发，推出其中一个对象可能具有另一个或另一类对象已经具有的其他属性的思维方法。类比在指导发明和解决问题时，是有很大的指引作用，但如果使用错了，就会适得其反。

庄子在《至乐》篇中讲了一个“鲁侯养鸟”的故事：鲁侯这个人喜欢人奉承，喜欢听音乐，而且喜欢喝酒吃肉。有一天一个人抓来了一只鸟送给他，他非常喜欢，于是用车子把它送到供祭祀用的庙堂里去，每天叫人给它演奏庄严肃穆的《九韶》乐曲，向它敬酒，给它吃肉，结果鸟不但没有养好，三天就死掉了。庄子叹息说，鲁侯是用养自己的办法养鸟，而不是用养鸟的办法养鸟。

2. 逆向法

逆向法就是大违常理，从反面探究和解决问题的方法。很多时候，对问题只从一个角度去想，很可能进入死胡同，因为事实也许存在完全相反的可能。有时，问题实在很棘手，从正面无法解决。这时，假如探寻逆向方法，反倒会有出乎意料的结果。

致富最怕的就是总跟在人家后面走。如果这样，你得到的永远是残羹剩汤。不想跟着走，那该怎么办？办法只有两个：不是跑到人家前面去，就是与其背道而驰。如果你是一个脑筋转换特别灵活的人，那就不妨多去想想反面的路。

3. 侧面法

侧面法就是在思考问题时不从“正面”角度出发，而是通过出人意料的侧面来思考和解决问题。

毛姆是英国著名作家。在他未成名前，生活很困窘，写的书卖不出去。后来，他想了一个办法，在一家最有名的报纸上登了一则广告:“本人是一位年轻有教养、爱好广泛的百万富翁，希望找一位与毛姆小说中的女主角一样的女性结婚。”毛姆的小说很快就被抢购一空。本来是卖书的事，结果却通过一则征婚广告来实现。这就是侧向的魅力！

4. 设身处地法

卡耐基曾用某家大礼堂讲课。有一天，他突然接到通知，租金要提高 3 倍。卡耐基前去与经理交涉。他说:“我接到通知，有点震惊，不过这不怪你。如果我是你，我也会这么做。因为你是旅社的经理，你的职责是使旅社尽可能赢利。”紧接着，卡耐基为他算了一笔账，将礼堂用于办舞会、晚会，当然会获大利。但你撵走了我，也等于撵走了成千上万有文化的中层管理人员，而他们光顾贵旅社，是你花 5000 元也买不到的活广告。那么，哪样更有利呢？经理被他说服了。

卡耐基之所以成功地说服了经理，在于当他说“如果我是你，我也会这么做”时，他已经完全站到了经理的角度。接着，他站在经理的角度上算了一笔账，抓住了经理的兴奋点——盈利，使经理心甘情愿地把天平砝码加到卡耐基这边。

汽车大王福特说过一句话：假如有什么成功秘诀的话，就是设身处地地替别人着想，了解别人的态度和观点。因为这样不但能得到你与对方的沟通和理解，而且更为清楚地了解了对方的思想轨迹及其中的“要害点”，从而做到有的放矢，击中“要害”。

5. 以退为进法

遇到困难与问题，应该百折不挠，不达目的誓不罢休。这是一种很好的精神。然而，具体解决难题的过程，并不是任何时候都要一味地往前冲，撞了南墙也不懂得回头。有时候，就得特别强调退。能进，也能退，这才是一种完整的智慧。

曾经有一位留美计算机博士学成后在当地找工作，他每天抱着博士证，进这个公司，出那个集团。在他看来，博士生就业标准自然要高。谁知，他四处碰壁，被各家公司拒之门外。想来想去，他决定收起各种学位证书，以一种最低身份去求职。

很快地，博士生被一家公司应聘为程序录入员。这件工作对他来说，堪称小菜一碟，但他吸取前几次找工作的教训，不敢马虎。不久，公司经理发现他能找出并纠正程序中的错误，这不是普通的程序员所能比的。这时，博士生亮出了自己的学士证，老板给他换了个和他相称的工作。过了一段时间，经理发现他能经常提出一些有价值的建议，比普通的大学生要强得多，这时，他亮出了硕士证书，老板见后又提升了他。最后，老板觉得他还是和别人不同，就和他谈了一次，此时，博士生终于拿出了自己的博士证书。于是，老板对他的实际水平有了全面的认识，毫不犹豫地重用了他。

这位博士生找工作的经历表明，做事时如果直接进取就容易失败，后退一步曲线再进，却能如愿以偿。以退为进，由低到高，这就是自我表现的一种艺术，也是做事的一种策略。

6. 相似联想法

所谓相似联想，即由此事物的某一特点，联想到彼事物相似的某一特点的过程。相似联想是进行创造性劳动经常使用的思维方法。

运用相似联想一个关键点就是寻找事物之间的共同点，相似点。世界上没有两片完全相同的树叶，同样，世界上也没有两片完全不同的树叶。任何两种事物或者观念之间，都有或多或少的相似点。一旦在思维中抓住了相似点，便能够把千差万别的事物联系起来思考，从而解决问题。

在欧洲中世纪，活版印刷机是由古登堡发明的。据说，古登堡首先研究了硬币打印机，它能在金币上压出印痕。可惜印出的面积太小，没办法用来印书。接着，古登堡又看到了葡萄压榨机，那是两块上下相对的很大的平板，成串的葡萄放在两块板之间便能压出汁水。古登堡仔细比较了两种机械，从“求同视角”出发，把二者的长处结合起来，经过多次试验，终于发明了欧洲第一台活版印刷机，使长期被僧侣和贵族阶层所垄断的文化知识迅速传播到民间。

★★★★★★★★★★★★★★★★★★★★★★★★★★★★

管理一点通

一把钥匙开一把锁，而一个问题却可以有多种解决方法。要想成为职场中的成功者，在遇到问题时就不能逃避，应该勇敢面对，勤于思考，寻找方法，努力创新。在人生的天平上摇摆不定的人，请不要再彷徨、迷惑，只要心态不滑坡，方法总比问题多。

执行要善始善终

对待工作始终要保持一种善始善终的态度，这不仅是一种职业品质，更是一种职业使命。善始善终是一种优秀的职业品质，也是管理者选拔、录用、提升员工时最优先考虑的因素之一。

乔治和杰克同时在一家工厂找到了工作。上班第一天，经理把他们带到车间生产流水线旁，让他们跟领班熟悉岗位，对他们说:“公司为你们提供一个月的试用期，是否继续聘用你们，就看这个月中你们自己的表现了。”

开始的时候，他们工作都比较有积极性，虽然每天重复简单的劳动难免让人厌烦，而且上夜班的时候非常辛苦，不仅要聚精会神工作，还要与不时袭来的瞌睡虫做斗争，但他们还是非常努力地去工作。

一个月的试用期快结束了，他们两个人对自己通过试用期都信心百倍。但试用期的最后一天恰好是夜班，经理在晚饭后叫住了他们，说:“真的很抱歉，通过公司人事部的考察，你们两人都没有通过公司的试用，上完这个夜班，你们就可以离开了。”说完，他把这个月的工资交给他们，就走了。

没想到会是这样的结果，两人都呆呆地站在那里。也不知道过了多久，乔治说:“该去上夜班了，我们走吧。”杰克说:“你傻吗?我们已经被解雇了!”

乔治说:“是的，可是，如果我们都不去上夜班了，那厂里的生产线怎么办?”杰克说:“你想吃亏你去吧，我反正不去了。”

杰克离开了，乔治决定继续去上夜班，他想这怎么能算吃亏呢，公司给了自己一个月的薪水，自己虽然被解雇了，但那是明天的事，只要在职一天，就应该负责到底。于是，他就像什么都没发生一样换上工作服，去上夜班了，没有因为已经被解雇而有丝毫的马虎和懈怠。

第二天一早，当乔治收拾好东西走出车间，正想着又该去找工作时，没想到经理迎了上来，他说:“恭喜你，你的试用期正式结束，请你明天到办公楼去接受新职位的安排。”

乔治大惑不解，经理说:“你们两个人都很优秀，但我们只能留下一位，和你的同伴相比，你对待工作的态度让我们敬佩!”

当员工将自己强烈的责任心化为一种善始善终的工作态度时，员工就可以改变平庸，赢得管理者的赏识。

当员工从事一份工作时，就要勇敢地承担起这份责任，别给自己留有推卸的余地。即使是最后一班岗，也要站好，以积极的态度将工作做完、做好。当员工履行完这份职责时，员工会认识到这份职责的分量与价值所在。

善始善终地工作，不仅是一种责任，更是一种良好的品行。只有这样，才有可能成功。

★★★★★★★★★★★★★★★★★★★★★★★★★★★★

管理一点通

认识的高度决定执行的力度，对上级的指示和下达的工作任务，认识不到位，不能很好地领悟领导的意图和工作的重要性，就会消极懈怠，马虎应对，在工作中放不开手脚。凡事都要等到万事俱备，有十足的把握才敢去做，怕有闪失，怕犯错误，怕负责任，就会在等待观望中失去良机。认识到位是我们提升执行力的原动力，只有把思想切实统一到上级的决策高度上来，才能不折不扣、善始善终地执行各项指令。